CORPUS
SCRIPTORUM CHRISTIANORUM ORIENTALIUM

EDITUM CONSILIO

UNIVERSITATIS CATHOLICAE AMERICAE

ET UNIVERSITATIS CATHOLICAE LOVANIENSIS

Vol. 5

SCRIPTORES SYRI

TOMUS 5

CHRONICA MINORA

III

EDIDERUNT

BROOKS, GUIDI, CHABOT

LOUVAIN

Secrétariat du CorpusSCO

Waversebaan, 49

1905

I. CHRONICON ANONYMUM AD ANN. P. C. 813 PERTINENS

II. CHRONICON IACOBI EDESSENI

III. NARRATIONES VARIAE

IV. EXPOSITIO GENERATIONUM, FAMILIARUM ET ANNORUM

V. DESCRIPTIO POPULORUM ET PLAGARUM

VI. DE FAMILIIS LINGUARUM. — FRAGMENTUM EPITOMES EUSEBIANAE

EDIDIT E.-W. BROOKS

VII. PSEUDO-DIOCLIS FRAGMENTUM

EDIDIT IGN. GUIDI

VIII. DOCUMENTUM NESTORIANUM

EDIDIT I.-B. CHABOT

ܡܟܬܒܢܘܬ ܙܒܢܐ

ܕܥܕܡܐ ܠܫܢܬ. ܬܬܝܓ. ܠܡܫܝܚܐ :·:[1]

. . . .] ܗܘܐ . . ܐ . . . .

:·: . . . .

Brit. Mus. Add. 14, 642 36 v°.

ܘܒܫܢܬ ܐܠܦ] ܘܫܬܝܢ ܘܫܬ ܐܬܬܢܝܚ ܡܪܝ ܝܘܐܢܝܣ ܦܛܪܝܪܟܐ ܒܚܝܪ[ܬܐ. ܘܐܬܬܩܝܡ ܦܛܪܗ ܒ[ܒܕܝܐ[2] ܡܪܬܐ ܕܟܠ ܦܪܬ ܢܗܪܐ. ܘܗܢܘܢ ܦܩܕ ܐܒܘܓܥܦܪ ܕܗ̇ܘ ܚܕ ܐܠܗܐ [ܡܠܟܐ] ܠܐܦܝܣܩܘܦܐ. ܘܐܠܨ ܐܢܘܢ ܕܢܣܪܚܘܢ ܠܦܛܪܝܪܟܐ[3] ܠܐܝܣܚܩ ܐܦܝܣܩܘ" ܕܚܪܢ : ܕܐܬܘܗܝ[، ܗܘܐ ܕܝܪܝܐ] ܡܢ ܕܝܪܐ ܕܩܪܬܡܝܢ. ܠܗ ܕܝܢ ܠܗܢܐ ܐܝܣܚܩ. ܐܬܢܣܝܘܣ ܣܢܕܠܝܐ ܡܛܪܘܦܘܠܝܛܐ ܕܓܙܪܬܐ ܐܫܘܝܗ ܥܠ ܚܪܢ ܡܪܘܕܐܝܬ ܘܠܐ ܐܠܗܐܝܬ. ܗܘܐ ܓܝܪ ܪܚܡܐ ܠܐܬܢܣܝܘܣ[4] ܘܐܦ ܠܡܠܟܐ ܡܢ ܥܠܬܐ ܕܐܝܟ ܗܕܐ. ܡܬܐܡܪܐ ܓܝܪ ܕܚܕ[5] ܚܒܪ[6] ܗܘܐ ܒܛܘܪܐ ܕܐܘܪܗܝ، ܒܕܝܪܐ ܗ̇ܘ، ܕܡܬܩܪܐ ܒܝܬ ܦܘܪܩܘܣܐ. ܐܬܐ ܠܘܬܗ ܐܢܫ ܕܝܪܝܐ ܐܟܣܢܝܐ. ܘܫܪܐ ܠܘܬܗ ܘܐܬܝܕܥ ܥܡܗ ܕܠܝܠ[ܗ] ܕܐܝܣܚܩ. ܘܟܕ ܒܥܐ ܕܢܐܙܠ. ܐܡܪ ܠܗ ܗ̇ܘ ܐܟܣܢܝܐ ܠܐܝܣܚܩ ܕܢܣܒ ܠܗ ܡܢܬܐ ܡܢ ܐܒ[ܪ]ܐ. ܘܟܕ ܦܐܪܗ. ܐܦܩ ܡܢ ܥܘܪܒܗ ܙܪܘܥܐ ܚܕ ܡܕܡ ܕܐܝܬ ܗܘܐ ܒܗ ܒܟܐܪܝܡ.[7] [ܘܐܡܪܗ][8] ܒܟܝܗ ܥܠ ܗ̇ܘ ܐܒܪܐ ܘܐܬܦܪܥ ܘܗܘܐ ܟܠܗ ܕܗ[ܒ]ܐ. ܘܟܕ ܚܙܐ ܐܝܣܚܩ ܟܠܗ ܒܪܓܬܗ̇ ܕܐܘܡܢܘܬܐ ܘܫܐܠܗ ܐܦܝܣܩܘܦܐ ܕܢܠܦܝܗ̇ ܠܗ. ܘܗ̇ܘ ܐܡܪ ܗܘܐ ܕܠܐ ܡܨܐ ܠܗܕܐ[9] ܡܕܡ. ܐܠܐ ܡܢ ܐܚܪܝܐ ܐܫܬܡܥܬ ܠܗ ܗܝ ܒܟܐܪܝܡ. ܘܐܡܪܬ، ܕܢܦܩ ܕܢܐܙܠ ܒܡܕܝܢܬܐ. ܐܙܠ ܥܡܗ ܐܝܣܚܩ

[1] Inscriptionem addidi. — [2] E Barh., *H. E.*, I, 315, suppl. (cf. 249, 6); in textu Mich. (p. 473): ܒܚܝܪ. — [3] Ms. ܠܦܛ̈ܪ". — [4] Ms. ܠܐܬܢܣ. — [5] Vox supra lineam scripta. — [6] Ms. "ܕܝ. — [7] Ms. ܒܟܐܪܝܢ. — [8] E. Mich. Syri Chronico suppl., ed. Chabot, p. 474. — [9] Ms. ܠܗܕ.

ܕܢܒܝܪܗ. ܘܒܪ ܐܘܠܝܢ ܣܢܩܠܗ ܘܐܦܠܛܗ ܒܢܝܪ ܡܢ ܓܘܕ̈ܐ ܒܬ[ܪ̈]ܘܡܐ ܕܐܝܬ ܒܓܘܪܐ [ܘ]ܥܒܕܪ ܒܬܪܗ ܒܐܦܐ ܚܕܐ ܪܒܬܐ ܘܡܩܠܠܗ. ܘܗܕܐ ܫܒܪ ܒܪ ܡܫܡܒܪ ܕܫܘܓܠܐܐ ܐܝܬ ܒܒܗ ܡܢ ܗ̇ܝ ܒܫܐܪܝܢ. ܘܒܪ ܒܢܝܢܗܝ ܠܫܘܪܒܗ. ܠܐ ܐܫܒܚ ܒܗ ܐܠܐ ܗ̇ܘ ܙܪܘܥܐ. ܘܫܦܝܪ ܐܬܬܘܗܝ ܘܐܬܒܪܟ ܒܢܦܫܗ ܒܠ ܡܩܠܠܗ ܕܗ̇ܘ ܕܪܝܫܐ. ܘܡܢ ܒܠܬ[ܗ̇ ܕ]ܗܕܐ ܒܫܐܪܝܢ ܫܒܪܢ ܕܢܘܗܪܐ ܪܝܫܢܐ ܠܫܘܕܥܐ. ܘܕܢܫܪܝܘܬܗ ܐܦܝܣܩ̈ܘ[ܦܐ] ܠܝܪܢ ܒܫܒܪܐ ܕܗ̇ܝ ܕܒܠܠ ܠܗ̇ ܠܗ ܠܐܘܡܢܘܬܐ. ܗܟܘܬ ܘܡܒܝܢ ܕܠܠܬܐ ܐܬܒܢܬ ܠܐܒܘܓܒܦ[ܪ] ܟܠܒܐ. ܘܒܠ ܗܕܐ ܒܬܪ ܡܘܬܗ ܕܐܘܢܝܣ ܒܢܫ ܐܢܘܢ ܠܐܦܝ̈ܣܩܘ. ܘܟܠܗ ܐܢܘܢ ܕܢܒܕܘܢܝܗܝ ܦܛ[ܪ]ܝܪܟܐ ܡܛܪܢܐܝܬ. ܘܐܫܪܢܘܗܝ ܒܪܫܝܬܐ. ܘܡܛܠ ܕܢܒܕ ܗ̣ܘ ܕܘܝܐ ܕܠܐ ܡܬܬܒܠ ܢܘܫܐܝܬ ܬܒܥ ܡܢ ܡܠܒܐ ܫܒ[ܝ]ܠܝܢ[1] ... ܬ. ܬܐ ܕܢܬܬܒܠ ܡܢ ܒܠܝܫ. ܘܢܗܒ ܒܢܝܪܘܬܐ ܘܫܒܘܩܬܐ ܡܢ ܚܛ̈ܝܐ ܕܒܠܗܘܬܗ. ܘܐܫܬܘܕܝ ܠܗ ܕܢܦܩ ܘܡܒܢܫ ܒܡܬ̈ܐ ܕܢܫܢܝܢ ܠܗ̇ ܠܐܘܡܢܘܬܐ: ܘܡܠܦ ܠܗ̇ ܠܗ. ܗ̇ܝ ܕܒܬܪ ܕܢܐ ܩܠܝܠ ܒܪ ܫܒܪ ܒܬܪܗ ܘܒܡܒܒ[2] ܒܒܗ ܘܢܒܒ ܕܕܓܠܐ ܗ̣ܘ ܘܠܐ ܢܒܒ ܠܗ̇ ܘܡܓܠܝܢܘ[3] ܡܓܠܝܐ ܒܗ. ܦܩܕ ܘܢܫܩܘܗܝ ܘܫܒܩܘܗܝ ܠܦܓܪܗ ܒܦܪܬ. ܘܐܬܦܪܒ ܢܘܒܠܐ ܕܫܪܐ ܗܘܐ ܢܠܦ ܡܓܠܠܗ ܕܗ̇ܘ[4] ܕܪܝܫܐ ܒܫܘܒܠܐ. ܘܗܒܝܐ ܐܬܬܒܝܢܬ ܒܡܘܬܐ ܒܢܫܐ. ܗܟܘܬ ܘܒܬܪ ܡܘܬܗ ܕܗܘܐ ܐܫܘܢܐ. ܬܘܒ ܐܠܝ ܐܢܘܢ ܡܠܟܐ ܠܐܦܝܣ̈ ܘܡܒܕܘܗܝ ܦܛܪܝ̈ ܠܐܬܢܫܘ ܡܢܓܪܘ̈ ܕܡܦܪܘܣܛ ܕܗ̣ܘ ܫܘܕܥܐ. ܘܢܗܒ ܠܗ ܫܒܝܠܝܢ ܘܦܠܝܢܐ ܡܪ̈ܝܢܐ[5] ܘܦܘܡܕܢܐ ܡܪܝܢܐ ܕܐܠܝ ܕܢܬܬܒܠ ܡܢ ܒܠܝܫ. ܘܒܪ ܐܬܬܐ ܠܝܪܢ ܐܠܝ ܗܘܐ ܠܒܢܝܢܫܐ ܕܢܦܫܘܢ ܠܐܦܪܒܗ ܘܢܫܒܠܘ ܒܝܘܢܐ. ܘܒܪ ܒܠ ܠܡܒܕܢܘܬܐ ܒܝܐ ܕܢܫܪܝ ܠܗܘܢ ܐܦܝܣ̈ ܠܒܒܕܢܝ ܬܠܡܝܕܘܗܝ

[1] Ms. ܚܝ̈. — [2] Videtur littera una sub lineam scripta esse. — [3] Ms., ut videtur, ܘܡܓܠܝܢܘ. — [4] Ms. ܘܗ̇ܘ ܕܪ. — [5] Ms. ܡܪ̈ܝܢܐ.

ܕܐܘܣܛܣ ܗܘ ܕܐܡܪܝܢ ܡܢ ܠܒܠ. ܘܠܐ ܢܦܩܝܢ ܗܘܘ. ܐܠܐ ܕܓܚܝܢ ܗܘܘ ܐܦ ܡܢܗ ܕܠܒܗ. ܘܠܫܗܪܒܪܐ ܒܪ ܐܬܐܠܝ[1] . . . . ܡܕܡ ܠܐ ܦܐܫܐ ܘܡܕܝܢܐ ܒܝܬܐ. ܕܠܝܬ ܠܦܘܪܣܐ ܗܘ ܓܝܪ . . . . ܒܠܗ ܒܠܗܘܢ، ܒܠܠܝܐ ܐܢܫܝܢ ܒܪ ܢܬܫܘ ܒܢܝܢܐ ܘܡܫܪܘ ܒܠܗܘܢ، [. . . ܘܢܣܒܘܗܝ]،[2]. ܐܢܫܝܢ [ܕܝܢ] ܐܡܪܝܢ ܕܒܐܝܕܝ، ܐܡܪܝܢܐ ܕܡܕܝܢܬܐ ܗܕܝܪܘ ܗܕܐ. ܘܫܕ[ܘ . . . .]ܪܓܠܐ ܘܩܛܠܘܗܝ. ܒܙܒܢ ܕܦܘܪܣܝܐ ܗܘܐ ܒܡܬܘܬܐ ܠܡܙܓܝܐܐ ܐܣܬܒܪ[ܬ][3]. ܘܒܢܝ ܕܦ[ܪ]ܣܐ ܚܒܠܘܗܝ، ܠܦܓܪܗ ܘܐܣܩܘܗ ܫܒܩܘܗܝ، ܒܕܢܚܗ ܘܩܒܪܘܗܝ، [ܒܓܘܪܢܐ][2] ܒܐܣܩܪܐ ܀

ܒܬܪ ܗܠܝܢ ܐܬܒܢܝܘ[4] ܐܦܝܣ" ܘܐܣܛܪܛܝܓܘ ܒܠܝܣܛܘܢ ܦܛܪܘܢ [ܠܦܪܣ] ܡܢ ܒܝ[ܬ]ܠ[2] ܡܪܝܬܐ ܗܝ، ܕܝܘܕ ܠܗܒܛ ܕܒܐܬܪܐ ܕܫܚܝܢ. ܗܢܐ ܕܒܝܫܘܪ، ܦܠܝܛܘܬܗ [ܐܬܪܝ،[2] ܒ[ܡ]ܡܠܡܪܐ ܕܡܬܡܪܐ ܕܝܪܐ ܕܡܢܫܪܐ. ܐܬܬܣܪܚ ܕܝܢ ܒܡܒܘܠ ܚܘܬ ܐܠܦ [ܘܫܒܥܝܢ][2] ܕܫܢܝܐ ܒܐܢܪܝ ܒܗܝ. ܐܝܬ ܗܘܐ ܕܝܢ ܡܢܗܘܢ ܕܐܦܝܣ" ܢܘܚܝܢ ܕܩܠܝܢܝܩܘܣ [ܘܕܘܝܕ ܐ]ܦܝܣ" ܕܕܝܪܐ. ܕܠܐ ܐܝܬ ܗܘܐ ܠܗܘܢ ܒܦ[ܘ]ܪܣ ܢܒܝܐ. ܘܡܚܝܢ ܗܘܘ ܠܗ. [7]ܘܐܝܟܢܐ (ܘܐܡܪܝܢ)[5] [ܕܠܐ] ܢܫܒܩܘܢ ܠܐܢܫܐ ܕܕܝܪܐ ܘܕ[ܝܫܐ][6] ܘܢܦ[ܩ]ܘܢ ܠܒܢܝ ܟܠܡܢܐ. ܡܦܩܠ ܗܝ، ܕܒܝ[ܬ ܒܝܠ ܗܘ ܒܘ]ܪܟ. ܚܘܪܐ ܠܒܫ ܗܘ[ܐ ܒܪ ܒܬܠܒܢܐ] ܕܡܫܡܫܢܐ ܡܒܝܐ ܗܘܐ ܀ ܘܗܕܐ ܗܘܐ ܗܦ[ܟ]ܘ ܡܦܩܠ ܕܠܫܡܗܘܢ ܒܠܫܪ ܝܗܒ ܗܘܐ][2] ܠܗ ܠܦܛܪܝܪܟܘܬܐ. ܘܒܪ ܦܪܫܘ ܐܦ[ܝ]ܣܩ". . . . .]ܗܘܐ [ܘܣܦܩܘ ܐܦܝܣܩ"][2] ܠܕܝܪܐ ܘܡܒܪܘ ܦܪܬ ܐ[ܒܒܕ ܒܗܘܢ ܫܦܠܐ ܘܐܣܝܒܘ ܠܗܘܢ ܪܫܐ ܠܗܘܢ][2] ܐ]ܦܝܣ" ܕܩܠܝܢܝܩܘܣ[7] ܘܐܣܛܪܛܝܓܘܣ، * 37 r°. *ܦܛܪܝܪܟܐ. ܗܘ ܕܐܦ ܒܕܝܪܐ] ܕܩ[ܪ]ܛ[ܦ]ܢܬܐ ܐܝܬܘ" ܗܘܐ ܬܠܡܝܕܗ. ܘ[ܒ]ܬܪ . . . . ܩ[ܪ]ܬܐ] ܕܒܠ

[1] Ms. ܐܬܐܠܝ. — [2] E Mich. Syr., p. 475, suppl. — [3] Ms. ܐܣܬܒܪ[ܠ] — [4] Ms. ܦܝܣ". — [5] Ms. ܘܐܡܪܝܢ. — [6] Ita coniec. Fraenkel (*Z.D.M.G.*, LIV, 560). — [7] E Mich., p. 476, suppl.

ܠܒܢ ܐ[ܘܪ]ܗܝ. ܘܗܝ ܗܪܟܐ ܢܦܠܬ ܦܠܓܘܬܐ ܘܫܓܘܫܝܐ ܒܥܕܬ[ܐ. ܘܒܝܘܡܘܗܝ¹ ܕܝܢ] ܗܦܟ ܗܘܐ ܠܦܢܝܬܐ ܡܕܝܢܚܝܬܐ ܘܠܡܕܝܢܬܐ ܡܢ ܐܬܪܐ ܕܓܙܪܬܐ. ܗ̈ܘܡܪܓ[ܝܐ ܕܝܢ ......] ܒܢ̈ܝ ܡܐܠܝܩܘܣ ܦܪܕܘ ܠܗܘܢ ܡܢ ܡܕܝܢܬܗܘܢ ܘܠܐ ܐܬܪܚܩܘ ܐܦܠܐ [ܕܢܒܙܘܢ ܡܢܗܘܢ܀]¹ ܘܠܫܢܬܐ ܐܚܪܬܐ ܕܐܝܬܝܗ̇² ܕܐܠܦ ܘܡܒܝܢ³ ܘܬܠܬ ܒܢܝܐ ܡܠܟܐ ܚܕܪ ܐܝܠܗ ܐܒܓܪܦܐ ܡ[ܦܪܣܝܐ ܟܠ] ܕܫܠܛ ܠܟܠ ܡܢ ܡܝܬܝܗܘܢ ܘܡܒܥܝܗ̇ ܒܝܘܕܐ.⁴ ܘܒܗ̇ ܒܫܢܬܐ ܒܗ̇ ܢܘܚ. [ܘܗܘܐ ܒܗܕܐ] ܫܢܬܐ ܒܪܕܐ ܩܫܝܐ ܘܫܘܒܠܐ ܕܐܢܫ ܕܒܬܐܒܪܐ ܐܝܟ ܗܘܐ ܗܘܐ ܒܟܠ ܒܐܦܐ ܒܒܝܬ [.ܫ. ܠܝܘܪ̈ܐ.]⁵ ܒܗ ܕܝܢ ܒܝܬ ܢܘܚ ܡܢ ܕܘܝܐ ܗܘ ܕܗܕܐ ܗ̇ܘ ܕܒܝܬ ܕܢܘܚ ܐܬܦܪܫ ܕܝܬܝܢ ܠܡܪܕܬܐ. ܘܐܬܒܝܢܘ ܐܦܣܩܘܦܐ ܠܗܪܩܠ ܘܒܝܕܗ⁶ ܡܠܟܐ ܒܝܬ ܠܗ ܠܗܪܩܠ⁷. ܒܫܢܬ ܐܠܦ ܘ[ܬܫܥܝܢ] ܘܬܡܢܝܐ. ܘܒܗ̇ ܠܐ ܡܢ ܐܘ ܒܬܪ ܗ̇ܘ ܫܢܝܐ. ܐܙܠ ܗܘ ܢܦܩܐ ܕܗܘܐ ܠܗ ܒܡܠܟܐ. ܘܦܪܣܝܐ ܕܬܫܥ[ܝܬܐ] ܒܥܕܢܐ ܗܘܐ ܠܡܠܟܐ ܒܠ ܠܗܪܩܠ. ܘܐܡܪ ܗܘܐ⁸ ܕܡܟܐܢ ܠܝ ܡܢ ܟܘܪܗܢܐ [ܦܓܪ̈ܝ] ܡܣܬܪܩܬ. ܘܒܗ ܐܡܪܝܢ ܠܗ ܕܒܠ ܒܗܘܢ ܠܐ ܫܒܩܘܢ ܐܢܬ ܒܟܠܝ ܗܘܝܢ ܕܡܠܟܐ⁹ [ܐ]ܡܪ¹⁰ ܠܝ ܕܠܐ ܒܢܘܕܩ ܐܢܐ ܕܢܦܠ ܫܒܩܐ ܕܢܒܝܐ ܕܠܗܘܢ ܠܒܢܝܢܐ ܕܝܠܝ. ܘܒܗ ܫܒܪ ܡܠܟܐ ܘܡܢܝܗܝ ܫܐܠܗ ܒܠ ܗܕܐ ܗܘܐ ܘܒܢܝܢܗ ܕܫܪܪܐ ܐܒܘܗܝ ܕܐܡܪܬ ܗܘ ܕܠܐ ܠܐ ܒܐܠ¹¹ ܫܒܩܐ ܕܢܒܝܐ ܕܠܝ ܠܒܢܝܢ[ܝ.] ܐܡܪ¹² ܠܗ ܕܠܐ ܐܠܐ ܐܡܪܬ. ܗܘܐ ܫܒܩܗ ܒܒܝܬ ܒܣܘܒܪ̈ܢܐ¹³ ܦܓܪ̈ܐ ܩܕܝܫܐ ܕܒܝܪܬܐ ܗ̇ܘܐ ܕܦܠ[ܓܘ]ܬܐ [ܕܝܠܝ.] ܘܒܕ ܡܠܟܐ ܕܡܢ ܣܘܒܠܐ ܐܬܠܒܫܘܗܝ. ܒܬܪ¹⁴ ܒܐܘܪܚܐ ܕܬܝܒܘ ܠܫܠ[ܛܢܬܐ]

¹ E Mich., l. c., suppl. — ² Ms. ܗܘ″. — ³ Ms. ܚܡ″. — ⁴ Ms. ܚܝܪ. — ⁵ E Mich., p. 474, suppl. — ⁶ Ms. ܒܝ″. — ⁷ Hic voces ܠܐ ܠܐ scriptae et deletae sunt. — ⁸ Hic insertum est ܘܐܡܪ, litteris ܐܡܪ deletis.— ⁹ Ms. ″ܡܢ ܡܕ″. — ¹⁰ Lectio incerta. — ¹¹ Ms. ܒܐ. — ¹² Littera ܐ e ܘ correcta. — ¹³ Puncta plur. desunt. — ¹⁴ Hic litterae ܠܒ scriptae et deletae sunt.

ܘܟܠܒ[1] ܬܠܬܐ ܬܝ̈ܠܝܬܐ ܒܠܚܘܕ. ܒܬܪ ܬܟܒܘܗ ܕܢܠܦܘܢ ܐܘܟܝܘܬܐ ܕܒܝܬܝܢ. ܘܐܡܪ [ܠܗ] ܠܒܪܗ ܕܐܝܟܢ ܗܘܝܢ. (..............)[2] ܘܒܬܪ ܫܐܠܗ ܕܟܠ ܕܝܢܐ ܠܐ ܠܐ ܫܡܥܬ ܒܥܒ[ܪܝ ܡܫܠܡ] ܕܝܢ. ܐܡܪ ܕܫܛܠ ܕܠܐ ܦܫܩܐ ܠܘ ܕܐܠܗܝ ܠܐܢܫ ܒܡܬܪܓܡܢܐ[3] ܕܢܬܟܒܪ ܠܘ.[4] ܘܒܬܪ ܚܕܐ ܕܡ[ܠܟܐ] (.....)[5] ܒܐܝܕ ܦܘܩ ܘܫܒܩܘܗܝ ܒܝܬ ܐܣܝܪ̈ܐ. ܘܫܕܪ ܕܡܠܟܐ ܘܡܢܐ ܠܐܦܝ̈ܣܩܘ". ܘܒܕܒܘܗܝ ܚܠܝܡܘܗܝ ܪܫܐ ܠܗ ܠܕܘܟ ܕܕܪܐ. ܘܒܬܪ ܠܐ ܠܐ ܪܚܡ ܘܠܐ ܪܚܡ ܡܫܒܚܘܗܝ ܪܫ[ܝܗܘܢ.] ܘܝܗܒ ܠܗ ܡܫܠܡ ܘܫܠܐ ܕܝ̈ܢܐ[6] ܕܬܬܒܪܒܘܢ ܒܒܗܘܢ. ܘܐܝܬ ܗܘܐ ܠܡܝܢܐ [ܒܠܒܘܝ] ܕܢܠܦ ܡܠܝ̈ܬܗ ܒ̇ܠܫܐ ܗܘܐ ܕܒܝܬܐ ܦ̈ܘܫܩܐ ܘܕ̈ܝܫܐ. ܕܐܠܝܨ ܗܘܘ[7] ܠ[ܒܥܒܕܐ] ܕܢܬܬܦܩܘܢ ܒܪ ... ܡܛܠܪܐܝܬ ܒܡܘܪܒܢܐ. ܘܗܟܢ ܐܬܦܢܘ ܐܦ̈ܝܣ ܘܟܗ̈ܢܝܒܢܐ[8] ܒܢ ܡܕܒܪܐ. ܘܠܒܠ ܕܡܫܒܚܝܢ ܗܘܐ ܕܒܪܝܡ ܒܢ ܡܕܒܪܘܗܝ, ܘܒܬܠܬܒܝ. ܐܝܟܢ ܗܘܘ ܠ[ܗ] ܡܫܐܝܠ ܘܒܫܠܡ ܚܒܫܝܢ[9] ܠܗ ܒܒܝܬ ܚܒܘܫܝܐ ܕܢܚ̈ܢ. ܘܗܟܢ ܦܫܬ ܒܕܬܐ ܒܪ ܒ[ܠܒܠܐ] ܘܡܒܢܘܒܢ ܡܘܒܪ̈ܝܢ[10] ܒܪ ܕܟܐ ܠܒܘܬܗ ܕܕܘܫ. ܘܫܪܐ ܕܪ̈ܫܡܢܐ[11] ܕܫܒܢ ܐܠܗܐ ܠ[ܒܪܗ] ܠܒܪܟܗ.

ܘܒܫܝܢܘܬܐ ܕܐܠܦ. ܘܦ. ܗܘܐ ܪܒܠܐ[12] ܡܫܝܐ ܘܐܬܟܠܠ ܒܦܕܢܐ ܪܒܬܐ. ܦܬ[ܒܪܐ] ܗ̇ܘ ܕܦܠ[ܓ]ܝ ܗܘܘ ܠܗ[13] ܒܝܢ̈ܝܐ[14] ܕܒܗ̇. ܘܒܗܕܐ ܫܢܬܐ ܒܝܢܐ ܐܒܘܠܦܪܓ ܠܦ[ܪܣܐ] ܕܒܠ ܚܝܒ ܡܐ[ܠܝܩ]ܘ[ܣ]. ܒܗܢܐ ܙܒܢܐ ܐܬܬܒܝܬ[15] ܐܢܬܬܐ ܠܗ ܒܐܬܪܐ ܕܒܘ[ܙ̈ܪܐ][16] ܕܠܐ

[1] Ms. ܘܟܠܒ̈. — [2] Excidit aliquid; fortasse suppl. e Mich. qui habet, p. 477 : ܠܐ ܢܝܚ ܐܢܐ ܒܗ ܡܢܝ ܘܡܫܡܫܢܘܬܐ܆ ܘܐܦܠܐ ܗܘ ܡܫܝܚܐ ܒܪܒܐ ܗܘܐ. Hic voces ܦܘܩ ܘ[ܫܒ]ܩܘܗܝ scriptae et deletae sunt. — [3] Ms. ܒܡܦܪܓܢܐ. — [4] Sequitur signum omissionis, sed voces ad quas remittit deperditae sunt; fortasse post ܡܟܝܠ ponendum fuisset, ubi aliquid desiderari videtur. — [5] Excidit aliquid. Habet Mich., l. c., ܒܗܕܢܝܢ ܘܡܫܡܫܢܝܢ. — [6] Ms. ܕܝ̈ܢܐ. — [7] Ms. ܗܘܐ. — [8] Ms. ܡܫܝܚܐ". — [9] Ms. ܚܒܫ" — [10] Ms. ܗܘ". — [11] Locus fortasse corruptus. — [12] Ms. ·ܠܐ". — [13] Ms. ܗܘ. — [14] Ms. ܡܫܝ̈ܢܐ. — [15] Ms. "ܐܬܠܐ. — [16] E Mich., p. 476, supplevi.

ܡܬܬܘܡ ܫܘܠܛ ܡܣܒܪܢܘܬܐ. ܐܦܠܐ ܚܠܒܐ ܚܢܘܬ.
ܘܐܦܠܐ (ܐܣܬܘܬܘܬ ܚܠܐ)[1] ܫܟܝܚܐ ܡܢ ܕܒ ܗܘܐ ܗܘܐ [ܠܠܒܗ̇.]
ܣܘܒܪܢܐ ܬܕܡܘܪܬܐ ܘܕܡܫܝܚܐ ܫܪܝܪܐܝܬ ܘܕܠܒܪ ܡܢ ܚܝܠܐ.
ܘܒܪ ܫܒܥܒ ܚ[ܠܝܦܗ̇] ܡܗܕܝ ܒܪܗ ܕܡܠܟܐ ܫܕܪ ܒܬܪܗ̇
ܘܐܬܬܚܗ̇ ܘܒܚܘܫܗ ܠܗܘ[ܒܪܢܐ ܘܐܫܬܒܝ][2] ܕܫܪܝܪܐ ܀
ܘܒܫܢܬ ܐܠܦ ܘܬܡܢܐܝܢ ܘܬܠܬ ܫܪܝܗܝ (ܐܒܘܓܥܦܪ)[3]
ܠܥܝܣ [ܐܚܘܗܝ ܡܢ ܓܒܪܬܐ][4] ܘܐܩܝܡ ܚܠܦܘܗܝ
ܠܡܘܫܐ ܒܪ ܡܘܨܥܒ ܢܘܪܐ. ܗܢܐ [ܘܡܡܫܟܪܢ[2]
ܠܐܢܫ] ܕܡܢܝܢ ܠܗ ܡܘܫܐ ܒܪ ܣܘܠܝܡܢ ܬܪ̈ܝܗܘܢ
ܚܘܪܒܐ ܘܫ[ܒܝܬܐ[2]. ܘܒܬܪ ܒܠܗ ܒܫܦܥܐ ܘܕܗܒܐ][5]
ܕܒܠܒܐ ܠܒܝܬ ܓ[ܙܗ] ܒܕ ܡܟܐ ܕܠܐ ܡܫܬܟܚ ܗܘܐ
ܘܗܘܝܐ ܐܘ [ܕܚܝܢ ܗܢܝ ܐܠܐ ܐܢ ܢܚܕ ܬܐܓܪ̈ܐ.][6]
ܘܐܬܐܠܨܘ [ܒܢ̈]ܝܢܫܐ ܡܣܟܢܘܬ ܒܕ ܡܟܐ ܕܢܫܐܠܘܢ
ܒܡܘܬܐ .... ܘ. ܠܦܬܓܡܗܘܢ
ܘܣܒܪܐ ܗܒܘܬ. ܢܦܠܐ ....]
ܚܡܫܐ [ܫ̈ܢܝܢ][6] ܒܙܘܢܐ. ܘܛ̈ܠܝܐ ܘܛܠܝܬ̈ܐ ܕܢܦܠܡ [.....
ܒܚܡܫܐ ܙܘ̈ܙܐ[6] ....] ܡܢ ܥܠܠ ܐܪܙܝ
ܠܗܘܢ. ܡܕܡ[7] ܕܗܘܐ[8] ....
..... ܡܛܠ ܐܢܘܢ ܘܐܫܠܡ ܠܡܠܟܐ [ܕ..............
.... ܬ] ܀ ܘܒܗ ܒܫܢܬܐ ܕܒܗ̇ [ܡܝܬ
ܐܒܘܓܥܦܪ ܡܠܟܐ ܟܕ ܐܡܠܟܝ ܫ̈ܢܝܐ ܥܣܪ[ܝܢ ܘܫܒܥܐ
ܘܬܪ̈ܬܐ ܬܠܬܐ. ܘ[ܐܡܠܟܝ ܒܬܪܗ ܡܗܕܝ ܒܪܗ. ܘܒܗ̇
ܒܫܢܬܐ ܚܕܐ[6] ܩܘ[ܣܛܢܛܝܢܘܣ ܡܠܟܐ ܕܪܘ]ܡܝܐ. ܘܩܡ
ܒܬܪܗ ܠܐܘܢ ܒܪܗ. ܘܫܪܝܘ ܬܪ̈ܝܗܘܢ ܒܠܗܘܢ][9] ܫ̈ܢܝܐ
ܘܐܫܬܪܝܐ. [ܘܫܡ ܒܪܒܘܢ ܐܦ ܠܒܪܓ ܦܠܛܪܒܐ][9]
ܒܫܢܬ ܐܠܦ ܘ[ܬܡܢܐܝܢ ܘ]ܬܡܢܐ[9] ܕܝ̈ܘܢܝܐ ....
.... ܀

[1] Desunt in ms.; e Mich., l. c., supplevi. — [2] E Mich., l. c., suppl. — [3] Deest in ms. — [4] ″ܐ e Mich., l. c., supplevi. — [5] E Mich., p. 476, 477, suppl. — [6] E Mich., p. 477, suppl. — [7] Ms., ut videtur, ܡܕܡ. — [8] Lectio incerta. — [9] E Mich., p. 478, suppl.

*37 v° ܘܒܡܫܝܚܘܬ ܐܠܗܐ ܘܡܠܟܐ] ܘܫܪܪܐ ܕܗ̈ܘܝܢܐ [. . . . ܗܦܟ]ܘ[1] ܕܝܢ ܒܡܘܪܝܐ ܒܐܬܪܐ ܕܦܠܘܕܝܐ. ܘ[ܡܛܠ ܗܕܐ ܦܠܛ ܠܕܝܪܐ ܕܡܪܝ ܒܪܨܘܡܐ][1] ܘܐܕܪܒܗ ܦܘܩܕܢܐ ܕܐܠܗܐ ܘܒܗ ܫܠܡ ܢܦܫܗ ܘܒܗ ܐܬܬ[ܦܝܣ. ܘܒܢܝܢܐ][1] ܕܠܗ̇ ܕܫܢܬܐ ܐܬܒܢܝܘ ܐܦ̈ܝܣܩ ܠܒܐܬܪܐ ܕܒܘܪܬܐ ܕܟܦܘܪܬ[ܐ ܕܝܢܝ. ܘܒܒܕܘ ܠܒܝܬ]ܐ[1] ܕܡܪܝ ܢܘܦܠ ܡܢ ܠܗܠܐ ܒܪܝܐ ܘܐܗܪܝܗ ܒܠܝܗܘܢ ܦܛܪܝܪܟܐ. ܘܒܕ [ܢܦܩ] ܕܢܐܙܠ ܢܚܒ ܗܝܓܠܝܡ ܡܢ ܡܠܟܐ. ܘܫܒܩܠܗ ܐܗܪܝܗ ܘܗܦܟ ܐܕܪܒܗ ܦ[ܘܩܕܢ]ܐ [ܕܐܠܗܐ] ܒ[ܘܡܪܝ]ܐ [ܕ]ܡܪܝ ܐܬܝܗ ܗܘ ܕܠܒܠ ܡܢ ܬܠܡܝܕܘ. ܘܒܗ ܫܠܡ ܢܦܫܗ ܒܐ[ܝܪ ܒܗ][1] ܡ[ܕܒܪܢܐ ܕܫܢܬ ܐܠܦܐ ܘܡܠܟܐ ܘܬܠܬ ܕܗ̈ܘܝܢܐ. ܚܕ ܕܝܢ ܐܦܝܣܩ″ ܐܗܪܝܢ ܠܗ[ܕܘܗ ܐܬܝܬܒܐ[2] . .] ܐ. ܒܬ. ܠܒܠܒܝ.

ܘܒܫܢܬ ܐܠܦ ܘܡܠܟܐ ܘܐܪܒܥ ܕܗ̈ܘܝܢܐ ܐܬܒܢܝܘ ܐܦ̈ܝܣ″ ܠܢ[ܪ]ܝ [ܘܒܬܒܘܢܐ[3] ܒܐ]ܒ ܢܝܪܐ. ܐܗܪܝܘ[4] ܪܫܐ ܠܒܕܬܐ ܡܘܪܝܐܘܣ ܬܠܬܝܢܐ ܡܢ ܕܝܪܐ ܕܒܢܘ[ܝܐ] ܠܒܢܪܐ ܡܠܝܠܐ ܘܕܘܒܬܢܐ. ܕܒܢܐ ܒܕܘܒܪܘ[5] ܘܡܕܝܢܐ ܒܢܦܫܗ ܘܒܦܠܪܗ. ܘܡܢ ܒܬܪ ܕ. . . ܘܒܠ ܒܠܝܢ ܪܢܝܡ ܗܘܐ ܘܒܠܒܕܘܡ ܕܗܫܪ ܗܘܐ ܘܦܩܕ ܐܝܟ ܙܒܝܢܗ ܢܦܩ ܗܘܐ . . . . ܘܗܬܬ ܐܝܟ ܡܪܐ ܘܢܫܐ ܒܠܒܟܐ ܕܙܒܢܐ. ܘܢܕܬ ܘܬܪܝ ܐܦ ܒܬܝܩܘܬܐ . . . . ܘܒܡ ܢܘܒܐ ܘܫܦܝܪܘܬ ܫܘܒܒܕܐ ܐܬܘܒܠ ܡܢ ܒܠܝܢ. ܘܠܝܬ ܗܘܐ ܗܦܟ]ܐ ܘܠܐ ܦܠܛܐ][2] ܒ[ܢܫ]ܐ܆ ܘܐܬܚܒܪ ܡܢ ܒܕܘ ܕܗܒܝܐ ܕܠܐܐܬ ܢܦܩ ܠܗ ܗܘܒܕܢܐ ܕܫܪ[ܝ ܒܗܘܢ܆ ܒܒܕ ܒ]ܛܠܘܬܐ ܕܐܦ ܠܒܪܬ ܘܠܐ ܕܠܝܒܐ ܫܪܝܢܐ ܢܛܠ ܘܢܬܠܐ ܡܢ ܡܘܪ̈ܝ[ܐ ܕܒܕܬܐ[2] ܒܕ ܐ]ܡܪ ܗܘܐ ܕܠܬ̈ܠܬܐ ܐܩܢܘܡ̈ܝܢ ܘܬܘܦܝܬܐ ܡܠܠܐ ܒܠ ܪܐܪܐ

[1] E Mich., p. 483, suppl. — [2] E Mich., p. 484, suppl. — [3] Ita Barh., *H. E.*, I, 329; in textu Mich. : . ܒܗܘܢ. parum congruit. — [4] Ms. ܢܝ̈″. — [5] Ms. ܕܒܘܪܘ″.

ܕܬܠܝܬܝܘܬܐ. ܘܐܦ ܠܒ[ܪ̈]ܢܫܐ [ܟܠ] ܢܟܣ ܕܡܫܝܚ ܦܓܪ ܗܘܐ ܚܠܬܐܝܬ ܕܠܐ ܢܐܡܪܘܢܝܗ̇ ܒܒܘܪ̈ܕܝܫܢܗܘܢ[1]. ܘܠܐ ܐܝܬܘܗܝ ܚܕ ܒ[ܟ]ܠܗ ܕܐܦ ܠܗܘܢ ܗ̇ܘ ܕܟܢ ܡܕܒܪܢܘܗܝ, ܢܛܪ ܟܢܫܗ ܠܝ ܠܡܫܒܠܘܬܗ̇ ܕܟܪܝܬ[2] ܘܠܐ ܘܟܕ ... ܗܘܐ ܠܢ̈ܫܐ ܒܢ̈ܫܐ ܘܐܝܟ ܓܒܪ̈ܐ ܫܒܝܚܐ ܕܟܢ ܡܢܗܘܢ. ܐܗܘܒ ܡܢ ܗ̇ܘ [ܕܢܦܫܗ][3] ܡܕܡ ܡܬܠܠܬܗ̇ ܡܕܒܪܢܘܬܗ. ܡܛܠ ܕܦܢܝܡ ܚܕ ܒܡܕܡܐ ܗ̇ܘ ܕܒܬܪ ܗܘ[ܐ ܕܝܠܗ]ܐ ܡܬܠܠܬܗ̇. ܐܠܐ ܚܕ ܚܘ ܐܢ̈ܫܝܢ ܐܠܝܢ ܕܐܚܝܕܝܢ ܗܘܘ ܒܗ̇ ܒܒܪܬ ܘܠܐ ܗܘܐ [ܠܒܪ, ܡܢܘܪ]" ܕܦܫܡ ܘܡܚܝܢܘܢ ܠܚܫ̈ܝܐ ܕܠܐ ܢܐܡܪܘܢܝܗ̇. ܫܪܝܘ ܐܫܬܒܩܘ. ܘܡܢ ܗܪܟܐ ܒܢܫ ܗܘܐ ܫܘܢܗܕܘ" ܠܒܢܝܬ ܒܬܪ ܡܢܬܐ ܕܒܦܣܝܬܐ ܕܢܪ ܒܫܢܬ ܐܠܦܐ ܘܡܐܐ ܘܫܬ ܕܝܘ̈ܢܝܐ. ܘܟܕ ܗܘܐ ܡܠܬܐ ܘܒܘܚܢܐ ܡܬܠܠܬܗ̇ ܒܫܬ ܐܦܣܘ" ܐܬܚܝ, ܠܗܘܢ ܡܬܠܠܬܗ̇ ܕܚܠܒܫ ܐܝܟ ܕܟܢܝܫ ܢܬܚܫܚ ܒܗ̇. ܘܠܐ ܗ̇ܢܘܢ ܕܐܡܪܝܢ ܢܕܠܘܢ ܠܐܠܗܝܢ[4] ܕܠܐ ܐܡܪܝܢ ܘܐܦܠܐ ܗ̇ܢܘܢ ܠܗܠܝܢ. ܠܐ[5] ܓܪ ܐܫܟܚܘ ܕܐܚܪܢܝܬ ܢܦܩܘܢ ܚܠܦܗ̇ ܦܣܩܐ. ܘܒܬܪܟܢ ܗܕܟܐ[6] ܡܬܘܢܐ ܒܕܬܢܝܐ ܐܚܪܢܐ ܐܬ̈ܟܢܝܢ ܕܝܕܬ ܗ̣ܘ ܦܛܪܝܪܟܐ ܒܗܕܐ ܫܘܢܗܕܘ". ܘܠܐ ܐܢܫ ܐܝܬ ܗܘܐ ܕܡܐܡܪ ܫܡܫܠܐܝܬ ܠܡܫܒܠ ܦܘܩܕܢܗ[7]. ܐܠܐ ܐܝܬ ܗܘܐ ܒܢܘܗܝ ܕܐܦܝܣ" ܕܠܘ ܫܦܝܪ ܡܥܒܪ ܫܘܟܢܝܢ ܗܘܘ ܒܬܪܒܝܬܗܘܢ ܠܡܫܒܠܗ. ܕܒܢܝܗܘܢ ܚܕ [ܗܘܐ] ܗܐܘܪܐ ܐܦܝܣ ܕܫܒܝܫܝܦ: ܗ̇ܘ ܕܟܕ ܐܬܝܕܥ ܠܗ ܠܡܘܪܝܡܘ. ܦܢܐ [ܐܪ]ܠ [ܡܕ]ܝܢܬܐ ܕܒܝܫܐ ܒܬܪ ܕܐܫܬܪ, ܠܡܕܝܢܬܗ ܠܫܒܝܫܝܦ. ܘܟܕ ܐܫܟܚܪ ܗ̣ܘ ܗܐ[ܘ]ܪܐ [ܠܡ]ܕܠܠ ܚܠܗܘܢ, ܘܢܫܒܘܚ ܚܠܬܐ ܡܬܠܠܬܗ̇ ܐܝܠ. ܫܠܝܚ ܠܒܢ̈ܝ[8] ܡܕܝܢܬܐ. ܕܠܐ [ܢܦܩܘܢ] ܠܗ ܘܠܐ ܢܦܬܚܘܢ ܠܗ ܬܪ̈ܥܐ ܕܡܕܝܢܬܐ. ܘܟܕ ܐܬܐ ܡܘܪܝܡ" ܘܠܐ ܢܦܩܘ

[1] Ms. "ܘܣܢܗ ܕܕܒܘܪ̈ܬܐ". — [2] Ms. ܟܗ ܕܟܝܐ". — [3] E Mich., l. c., suppl. — [4] Ms., ut videtur, ܠܐ ܚܕ. — [5] Ante hanc vocem ܘ scriptum et deletum est. — [6] Ms. ܗܟܡ. — [7] Ms. ܦܘܩܕܢܗ". — [8] Puncta pluralis desunt.

[ܠܗ ܘܠܐ ܦܬܚܘ] ܠܗ ܬܪܥܐ. ܣܓܪܗ ܕܢܐܟܠ ܠܗܘܬ ܡܠܝܛ[ܝܗ̇] ܕܡܕܝܢܬܐ [ܘܢܦܩܐ ܠܗ ܠܘܩܒܠܗ][1]. ܘܦܩܕ ܘܐܬܦܬܚ ܠܗ ܬܪܥܬܐ. ܘܗܕܡ ܒܠ ܦܛܪܝܪܟܐ [ܠܥܕܬܐ ܘܫܠܡ ܠܒܐܝܕ[ܐ][1] ܘܐܚܪܒܗ ܠܦܐܘܪܐ ܕܡ ܒܠܗ ܘܫܠܛܢܐ ܕܒܪܗܘ[ܛ]ܢܝܐ] .... ܒܢܘ[ܫܢܐ ܫܢܬ ܕܢܐܟܠ ܘܒܥܪ ܒܠ ܐܦܝܣ̈ [ܕ ....] ܘܢܒܒܘܢ ܒܒܝܗ ܕܢܫܬܪܐ ܠܗ. ܘܠܦ[ܛ]ܘܬ ܦܛܪܝܪܟܐ ܐܙܠ ܠܕܝܪܗ ܘܢܣܩ ܠܗ ܘܗܘܐ][1] ܚܢܝܢܐ .:.

ܘܒܫܢܬ ܐܠܦܐ ܘܡܐܐ ܘܥ[ܣܪ] ܩ[ܘܣ]ܛܢܛܝܢܘܣ ܡܠܟܐ ܕܪ̈ܗܘܡܝܐ] ܐܣܬܪ, ܠܒܠܗ̇ ܦܝܠܘܬܐ ܘܥܒ[ܪ]ܢܘܬܐ. ܘܢܦܩ ܗܘܐ ܠܩܛܠܬܐ ܕܥܪ̈ܒܝܐ][2] ܕܪ̈ܗܘܡܝܐ ܘܡܚܒܠ ܗܘܐ [ܗ̈ܘܝ ܒܡܛܐܘܬܐ. ܗ̇ܢܘܢ ܕ̈ܢܫܐ ܐܘܪܚܐ ܒܠܗ̇ ܗܕܐ ܠܐ]ܗܘܐ[2] ܒܝܘܡܘ. ܗܘ ܐܫܬ[ܘܕܥ ܕܗ̇ܝ ܗ̇ܝ ܒܪܝܒܐ ܠܗ. ܘܫܒܩܗ̇ ܛܝܢ ܠܝܘ̈ܪܗܝ[2] ܘܐܬܗܦܟܘ. ܗܘ [ܐܬܡܠܟܬ ܠܡܕܝܢܬܐ. ܘܒܥܕܬ ܬܪܝܢܗ̇ ܠܐܐܪܦܘܣ ܐܘܣܛܐܣܝܐ[2] .:.

ܘܒܫ[ܢܬ ܕܐܠܦ ܘܡܐܐ ܘ[ܫܒܥܝܢ ܘܫܒܥܐ[3] .... ܒܠ ܗܪܘܢ ܠܒܝܬ ܪ̈ܗܘܡܝܐ .... ܗ̇ܘ ܕܒܝܫܐ ܗܝܟܐܐ [...... .:.

* 38 r°. *ܘܒܫܢܬ ܐܠܦ ܘܡܐܐ ܘܬܫܥ ܕܗ̈ܘܢܐ ܒܝܘ ܩܘܪܘܢܘܣ ܦܛܪܝܪܟܐ ܩܘܪܝܩܘܣ ܕܢܒܥ ܫܢܘܬܐ ܡܢ ܦܠܛܘܢܝܩܐ. ܘܐܬܐ[2] ܒܝܘ[ܗ ܠܗ ܠܒܝܬܢܝܐ ܐܦ ܒܒܪ[ܐܝܠ] ܗܘ ܕ[ܡ]ܬܩܒܠܗ ܗ[ܘܐ ܦܛܪܝܪ̈ܟܐ] ܕܒܝܬܝܘܣܛܐ ....]ܒܪܝܐ ܦܫܝܛܐ ܘܗܘܐ ܒܗܠܝܢ ܕܡܠܟܐ. ܘܒܪ ܒܪܒܘ ܫܢܐ ...... ܐܝܟ ܒܠ ܒ... ܗ̇ܘ ܒܪܒܐܝܠ ܠܘܬ ܗ̇ܘ ܕܡܦܒܘܢܗܝ, ܡܢ ܬܪܒܝܬܗ ܗ̇ܘ ܕܐܝܢܐ ܗܘ[ܐ ܒܗ̇] ܘܐܝܠܝܢ ܕܒܒܗ ܕܒܒܠܒܕܘܢ ܐܒܘܬܐ ܢܘܕܘܢ.[4] ܐܠܐ ܒܘܟ ܐܬܟܫܦܘ ܠܘܬ ܒܪܘܡܝܐ ܕ[ܦܪܘܫܝܐ]

[1] E Mich., l. c., suppl. — [2] E Mich., p. 485, suppl. — [3] Annum e Tabario restitui, qui mense iunio anni 806 invasionem ab Hārūn factam narrat. — — [4] Hic voces ܗܘܝ ܡܢ scriptae et deletae sunt.

ܣܐܘܪܐ. ܘܕܠܐ ܚܪܡܘܢ ܠܗܠܝܢܐ ܒܫܡܗ ܦܪܫܐܝܬ. (ܘܐܡܗܪ ܡܢ ܗܠܝܢ ܦܛܪܝܪܟܐ)[1] [ܠܒܪ] ܡܢ ܫܬܬܘܬܐ ܕܒܡܕܒܪܐ. ܒܗ ܒܙܒܢܐ ܗܘܐ ܡܕܒܪܢܘܬܐ ܠܦܘܬ ܕܬܒܥ ܘܒܢܝܐ. ܘܡܣܩܒܠܐ [ܕܒܬܪ ܘܒܢܝܐ][2] ܡܬܬܪܝܨ ܠܗ̇ ܕܢܣܩܘܢܐ. ܘܫܪܬ ܕܢܬܒܕܪܘܢ ܣܘܪ̈ܝ ܒܫܒܬܐ ܕܠܗܘܢ. ܘܚܒܪܐܝܠ ܐ[ܦ ܒܕܝܠܝ.] ܘܥܠܝܗ ܚܕ ܢܐܣܘܪ ܫܘܠܛܢܗ ܐܝܟ ܕܐܝܬܘܗܝ. ܒܕܡܟܐ[3] ܕܒܢܪ ܚܕ ܡܢܝܗܘܢ. ܘܗ̇ܘ ܕ[ܦܐܫ[2] ܡܢܝܗܘܢ] ܐܚܪ̈ܝܐ. ܗ̇ܘ ܢܗܘܐ ܪܫܐ ܠܒܕܬܐ. ܘܒܕ ܫܬܡܗ ܐܝܟ ܠܥܘ̈ܕܪܢܐ ܡܢ[4] ܡܪܝ ܣܘܪ̈ܝ ܘ[ܒܠ ܠܒܕܬܐ] ܕܢܪܘܢ. ܘܫܘܬܦܗ ܠܚܒܪܐܝܠ ܘܠܒܕܒܡܗ. ܘܠܢܘܡܒܐ ܐܚܪܢܐ ܦܪܒ ܚܒܪܐܝܠ. ܘܐ[ܫܬܘܬܦ] ܘܒܢܘܫܝܐ ܕܒܕܡܗ. ܒܪܡ ܐܝܬ ܗܘܐ ܐܢܫܝܢ[5] ܒܐܦܝܣ̈ ܕܒܡ ܡܘܪ̈ܝ ܕܠܐ ܡܒܠܘ ܠ[ܡܬܕܘܬܐ] ܒܕܐܝܬ ܗܘܐ ܠܗܘܢ ܚܫܐ ܠܡܘܒܠ ܡܘܪ̈ܝ. ܘܡܫܐ ܐܬܡܪܝܘ ܕܢܦܠܘܢ ܠܬܪܒܝܬܗܘܢ ܒܡܕܐ [ܒܠܬܐ] ܕܢܦܠܬ. ܐܬܬܗܘܢ ܕܝܢ ܒܒܗܘܣ ܕܒܝܬ ܒܪ̈ܘܣܛܝܐ[6]. ܘܒܒܝܐ ܕܐܘܪܗ̇ ܘܣܐܘܪܐ ܕܐܫܒܝܫ[ܛ. ܘܐ[ܦ] ܗ̇ܢܘܢ ܕܡܣܩܪܝܢ ܗܘܘ ܠܗ ܠܣܘܪ̈ܝ ܬܐܘܕܘܣܝܘܣ ܕܡܐܠܝܣܘܣ ܘܦܠܒܝܣܘܣ ܕܐ[ܦܝܣܩ.] ܗܠܝܢ ܐܡܝܢܐܝܬ ܒܕܠܝܢ ܗܘܘ ܘܡܒܪܟܝܢ ܠܡܕܐ ܚܕܘܬܐ. ܘܡܪܝܢ ܗܘܘ ܠܗ ܒܪ .... ܗܪܛܝܩܐ ܘܢܣܛܘܪܝܢܐ[7]. ܘܐܠܐ ܐܫܦܘ ܠܗܘܢ ܚܒܝܫܘܬܗܘܢ ܒܒܕܝܢ ܗܘܘ ܡܩܛܠ[ܗ ......] ܗ̇ܘ[8] ܕܝܢ ܒܕ ܚܙܐ ܕܡܬܠܬܒܝܢ ܒܬܪܗ ܘܒܕܠܝܢ ܠܡܕܒܪܢܘܬܗ. ܒܢܫ ܣܘܢܕܘ[ܣ ܡܬܛܠܠܬܗ̇] ܕܒܠܠܬܐ. ܘܐܬܐ ܠܗ̇ ܠܚܒܪܐܝܠ ܪܫܐ ܕܣ̈ܩܠܝܣܛܝܩܐ. ܘܐܦܣ ܠܗܘܢ ܗ̇ܘ [ܡܘܪ̈ܝ ܠܗ̇ܢܘܢ] ܕܐܡܒܗܝܢ ܕܢܒܠܠܘܢ ܒܕܡܗ ܕܚܒܪܐܝܠ ܒܠ ܗ̇ܘ ܡܐ ܕܒܥܝܢ. [ܘܗ̇ܘ ܐܡܪ ܠܗܘܢ] ܕܡܬܒܥܐ ܠܒܘܢ ܕܬܬܒܝܢܘܢ ܘܬܬܕܒܢܘܢ ܕܐܝܟ ܠܐ ܕܡܫܒܠܢܐܝܬ

[1] E Mich., l. c., supplevi; in ms. voces [ܘܗ̇]ܘܐܬܬܣܡܘܣ ܠܗܘܐ ܠܗܘܢ ܒܫܡܗ scriptae et deletae sunt. — [2] E Mich., l. c., supplevi. — [3] ܒ e ܘ correctum. — [4] Ante hanc vocem ܘ scriptum et deletum est. — [5] Ms. ܐܢܩܝ. — [6] Puncta plur. desunt. — [7] Hic ܗ̇ܘ scriptum et deletum est. — [8] Ms. ܗܘ.

ܟܕ ܗܘ[ܢܟܝܠܐ ܗܘܬ ܐܢܫܐ] ܟܕ ܝܕܥ ܐܢܫܐ ܕܫܪܝܪܐ ܒܐܪ̈ܝܟܘܢ ܐܝܬܘܗܝ. ܠܐ ܢܓܕ ܗܘܬ ܠܗ ܠܗܘܢܐ ܠܡܕ[ܒܪܐ ܕܠܘ ܡܫܒܒܪ[1] ܒܥܠܝܡ] ܕܥܠܡܐ. ܘܡܛܠܗܢܐ ܐܬܬܘܝܬ ⌈ܗܘܬ ܒܕ̈ܝ[2] ܗܘܬ ܠܗ ܬܚܝܬ ܫܘܥܒܕܗܘܢ. ܐܠܐ ܐ[ܢ ܠܘ ܒܠܚܘܕܝ][1] ܒܢܨܚܘܢ ܕܬܬܐܪܘܢ. ܟܕ ܠܐ ܚܒܒܝܢ ܡܠܬܐ ܕܥܠܘܗܝ ܒܒܐ ܕܒܝܬ ܘܠܓ[ܝܢܐ. ܐܢܫܐ ܡܚܝܪ ܐܢܫܐ][1] ܠܝܘܠܝܢܐ ܒܟܬܒܐ ܘܕܠܐ ܟܬܒܐ. ܐܠܐ [ܬ]ܕܒܘܢ ܕܡܫܬܐܠܐ [ܡܢ] [ܗܘܢ] ܕܢܦܩ[ܝܢ ܠܘ ܠܗ] ܠܗܕܐ. ܐܘ ܡܢ ܦܫܝܛܘܬܐ. ܐܘ ܡܢ ܠܐ [ܝܕܥ]ܬܐ. ܐܘ ܗܿܝ ܕܝܬܝܪ ܫܪܝܪܐ ܠܡܐ[ܡܪ....] ܡܢ ܚܒܪܐ ܗܘ ܕܐܟܠܬ ܒܗܘܢ. ܡܬܒܣܡܝܢ ܕܦܪܣܐܝܬ ܢܫܪܒܘܢܗܝ, ܠܝܘܠ[ܦܢܐ.] ܘܟܕ ܚܙܐ ܕܠܐ ܐܬܪܟܢܘ ܠܗܕܐ ܗܢܘܢ[3] ܐܦܝ̈ܣ″: ܐܠܐ ܕܐܠܝܨ ܗܘܐ ܠܗ ܕܢܗܘܐ ܒܗܢ. ܐܦܝ̈ܣ[ܩ] ܢܫܪܒܘܢ ܠܝܘܠܝܢܐ. ܐܫܬܟܠ ܠܫܒ̈ܐ ܕܒܗܘܢ ܠܡܒܪܝܢ ܗܘܘ. [ܘ]ܡܫܡ ܘܒܦܝܣ ܠܟܐ̈ܢܘܗܝ[ ] ܘܐܡܪ ܕܗܫܐ ܡܕܒܪܬ. ܕܠܐ ܒܐܠܗܐ ܐܘ ܒܦܠܛܠ ܐܠܗܐ ܐܢܬܘܢ [ܫܬܦܘܬܐ][1] .....ܠ.. ܐܠܐ ܕܡܢ ܢܫܡܬܐ ܕܠܘܩܒܠ ܪܫܝܐ ܕܠܒܒܘ. ܕܠܐ ܬܐܬܐ ܠ[ܟܒܬܐ][1] ܒܝܬ [ܐܝܕ̈ܗܘܢ. ܘܡܒܝܠ][1] ܡܢܟܘܢ ܢܬܒܝܢܘܗܝ, ܐܠܗܐ ܠܒܟܐ ܕܥܠܘܗܝ ܗܢܐ ܒܡ[ܠܐ ܕ]ܡܒܘܒܝܢܘܬܗܘܢ [ܦܪܨܘܦܗ. ܘܡܒܝܢܐ][1] ܐܫܬܪܝ, ܗܘ ܒܒܘܫܝܐ ܘܒܠܓܠܬ ܫܒܘܬܐ.

ܘܒܫܢܬ [ܐܠܦ] ܘܡܐܐ ܘܫܒܥܣܪܐ [ܒܝܘܢܝܐ] ܕܗܪܘܢ ܒܪ ܫܐܘܐ ܗܘܐ ܠܒܪܐ ܚܕ ܡܢ ܫܪܒܬܐ ܕܩܘܪܝܫܝܐ ܕܫ[ܒܗ ܪܘܫܘ[4] ܕܒܒܪ] ܗܘܐ ܒܪܡܣܘܣ. ܘܩܪܒܝܢ ܗܘܘ ܡ̈ܬܐ ܕܡܕܝ̈ܢܬܐ ܕܥܠܗ ܠܒܕܬܐ [ܕܒܪܡܣܘܛܝܢܐ.][4] ܘܒܠܝܘܣ ܡܕܝܢ ܗܘܐ ܡܢ ܟܘܬܐ ܕܐܝܬ ܗܘܐ ܡܢ ܒܝܬܗ [ܟܕ ܫܒܒ ܠܝܠܘܬܐ[4] ......] ܠܒܗܝܐ ܗܘ ܕܒܗ.[5] ܟܕ ܡܟܝܢ ܗܘܐ ܐܡܝܢܐܝܬ[6] ܘܡܫܒܠܐ

[1] E Mich., p. 486, suppl. — [2] In ܠܬܚܝ ܗܘ perperam correctum. — [3] Ms. ″ܗܢ. — [4] E Mich., p. 487, suppl. — [5] Ms. ܕܒܗ. — [6] Ms., ut videtur, ″ܐܡܝ.

[ܠܒܥܠܕܒܒܘܬܐ ܪܐܫܝܬܐ¹ ܕܒ] ܥܕܪܐ ܗܘܐ ܒܗ ܒܡܫܟܬܐ ܒܬ̈ܓܠܘܠܐ ܕܒܒܢܝܡ ܠܗ [ܡܢ ܒܦ̈ܪܐ ܐܒܢܐ ܕܠܝܘܗܝ]² ܘܢܫܩܘܗܝ, ܒܡܫܐܠܬܐ ܕܠܗܘܒܠ ܗܝܡܢܘܬܐ ܕܠܡ. [ܘܫܩܠ ܚܠܦܘܗܝ, ܐܠܗܐ ܗܘ]¹ ܕܦܪܩ ܒܪ̈ܝܬܐ ܬ̈ܠܝܬܐ ܕܗܘܬܪܐ ܠܒܢܝ̈ܢܫܐ ܕܒܕ ܫܡ................ ܠܫܘܠܒܐ ܗܘ ܕܒܠܬܝܕ ܗܘܐ³ ܕܢܗܘܐ [.......... ܘܐܬܚܝܝ, ܠܗ]¹ ܡܘܪܒܢܐ ܗܘ ܕܩܪܝܡ ܥܠ ܡܕܒܚܐ ܕܗܘ ܕܒܗ[ܬܐ ܕܐܡܪܐ ܕܕܒܚܝ ܘܦܓܠ ܒܕܡܐ]¹ ܒܗ ܒܦܫܚܐ ܗܘ ܕܥܠ ܡܕܒܚܐ. ܘܒܕ ܐܬܬܪܚܠ]...... ܒܝܘܡܐ ܚܙܬ ܠܘܬ ܒܗ]ܢܐ². ܘܗܒܢܐ ܒܕ ܚܙ ܒܦܠܓܐܘܬ ܒܝܬܐ ܠܗ [ܠܐܡܪܐ ܒܕ ܡܗܕܡ ..... ܠܡܒܘ̈ܬܐ ܘܡܫܬܡܪ]² ܒܦܫܚܐ ܒܕ ܦܠܓ ܒܕܡܐ. ܘܩܛܝܠܐ ܕܝܢ ܠܐ ܬܒܪ. ܐܠܐ ܒܕ ܢܠܘ ܒܗܘܢ ܡ]ܐ¹ ܕܝܢܐ. ܟܪܙ ܕܝܢ ܕܢܒܗܘܗܝ [ܠܐܬ̈ܪܐ ܡܒܪ̈ܫܐ⁴ ....] ܒܕܒܪܐ
....
..........................*....... * 38 v°.
.... ܗܕܐ [...⁘

ܘܒܐܬܪܗ ... ܕܫܢܬ ܐܠܦ ܘܡܐܐ ܘܫܒܥܣܪܐ⁵ ܕܗܘ̈ܢܪܐ [ܢܫܒܬ ܪܘ]ܚܐ⁶ ܠܪܘܡܢܐ ܒܝܫܬܐ ܐܝܟ ܒܣܘܪܐ [ܡܩܕܡܝܢ]⁶ .... ܐ]ܬܬܪܝܡܘ. ܘܠܐ ܓܠ ܘܪܒܐ ܒܗܿ, ܫܢܝܬܐ. ܠܐ ܒܐܬܘܪ ܘܠܐ [.......... ... [ܒܗ]ܘܢ⁷ ܦܪܝܫܐ. ܘܒܗܿ ܘܒܬܪܗܿ ܕܫܢܬܐ ܗܘܬ̣ ܗܘܐ ܡܕܡܐ ܕܓܒ̈ܝܐ ܗܘ⁸ [ܕ...] ܒܥ[ܠ].... ܒ[ܒܠ]ܡܘ ܒ[ܘ]ܪܘܡܝܘܣ ܐܦܝܣܩܐ" ܕܠܗܘܢ⁹ ܕܐܬܪܐ ܕܩܘܪܝܘܣ ܗܢܐ ܕܠܗ ܒܐܢܐܘܬ ܡܕܒ[ܪ] ܗܘܐ [ܠܒܕܢܬܐ ....] ܘܠܐ ܢܒܗܘܐܢܬ. ܘܐܝܬܝܗ ܗܦܝܟܐ ܐܬܠܟܐ,¹⁰ ܒܗ ܡܢ ܫܢܬܐ

¹ E Mich., l. c., supplevi. — ² E Mich., loc. cit., suppl. — ³ Hic voces ܢܗܘܐ ܗܘ scriptae et deletae sunt. — ⁴ E Mich., p. 488, supplevi. — ⁵ Cum schisma Gubbiorum a nostro «eidem et sequenti anno» assignetur, et apud Mich. sequelae schismatis anno 1118 atttribuantur, ita videtur restituendum. — ⁶ Supplevit Fraenkel (*Z. D. M. G.*, LIV, 561). — ⁷ Vel ܒ[ܘ. — ⁸ Ms. ܘܗ. — ⁹ Ms. ܗܘ̈". — ¹⁰ Ms. ܐܬܠܟܐ.

ܡܢܪ، ܘܡܘܪܝܩܘܣ ܘܐܬܦܠܩܘܣ]¹ ܡܢ ܬܫܒܘܚܬܗ. ܘܒܬܪ ܠܫܢܬܐ ܒܝܕ ܦܘܩܕܢܐ ܕܐܢܫܝܢ ܐܦܝܣܩ̈ܘ" ܐܚܬܪ، ܠܗ̇. ܗ̇ܘ [ܢܬܪܥ ܠܠܒܐ]¹ ܒܪ ܒܢܝܐ ܦܠܓܐ ܕܐܘܚܕܢܐ ܘܒܡܕܒܪܐ ܢܫܡܥܘܢ، ܠܦܛܪܝ." ܘܒܗܕܐ (ܬܪܥܝܬܐ)² ܡܒܕܒ[ܪ ܗܘܐ ܒܡܫܝ̈ܚܐ]¹ ܕܢܒܗܘܢܝ ܠܒܪܬ ܩܠܐ ܗ̇، ܕܠܫܒܚܐ ܫܒܝܚܐ. ܘܗܕܐ ܐܝܟ ܕܠܒܘܪܟܗ .... ܘܒܬܪ ܡܛܠܐ ܙܒܢܗ ܕܢܒܗܬ ܒܢܫ ܠܒܢ̈ܝܐ ܘܡܫܡ̈ܫܢܐ"³ ܘܒܒܗܬܐ ܢܕܝܢܐ ܕܒܐܬܪܗ. [ܘܐܫܬܪܩ¹ ܐ]ܢܘܢ ܕܠܐ ܢܒܛܠܘܢܗ̇ ܠܒܪܬ ܩܠܐ ܗܕܐ. ܘܕܠܐ ܢܡܠܘܢ ܐܦܝܣ" ܒܕܘܟܗܘܢ ܐܠܐ ܒܝܬܗܘܢ [ܕܒܘܒܪܐ]¹. ܘܡܢ ܒܬܪ ܡܘܬܗ ܢܦܩ ܬܠܡܝܕܐ ܕܝܠܗ ܗ̇ܘ ܕܡܬܩܪܐ ܗܘܐ ܐܒܫܢܝܐ ܒܢ ܐ[ܚܝܢܐ ܕܡܢ]¹ ܠܡܕܒܪܐ ܒܪܝܐ ܘܐܟܠܘ ܠܗܬ ܦܛܪܝ" ܠܒܪܐ ܕܐܘܛܘܡܝܐ. ܘܡܪܒܐ ܠܗ ܚܒܪܐ ܒܘܪܐ ܘܡܕܒܪܢܐ [ܘܫܒܘܩܬܐ]⁴ ܕܝܠܗ ܕܒܪܝܗܘܢ. ܘܐܬܒܕܩܘ ܗܘܘ ܒܝܫܐ ܕܢܩܪܘܢ ܠܗܘܢ ܐܒܫܢܝܐ ܚܠܦ ܒܫܡܗ ܥܠ [ܒܕܬܐ ܕܩܘܪܘܢ]ܣ. ܗ̇ܘ ܕܝܢ ܦܛܪܝ" ܠܐ ܐܬܦܫܩܘ ܠܗܕܐ. ܐܠܐ ܐܡܪ ܕܒܒܕܝܢ ܡܢ ܒܡܕܪܐ ܕܝܠܗܘܢ [ܠܐܬܪܐ ܐܚܪܢܐ] ܘܡܢ ܒܡܕܪܐ ܐܚܪܢܐ ܠܒܘܢ ܕܝܠܗܘܢ ܡܛܠ ܕܠܐ ܕܒܐܝܬܘܬܐ ܠܗ ܐܢܬܬܗ [ܕܐܝܟ ܢܘܪܬܬܐ ܢܬܬܚܕ ܐܬܪܐ]¹ ܡܢ ܒܡܕܪܐ.⁵ ܘܗܘܒܢܐ ܗܦܟܘ ܕܝܪ̈ܝܐ ܒܢ [ܐܒܫܢܝܐ]. ܘܡܬܦܪ[ܫ ܕܠܗܬܐ ܐܫܬܕܪܘ. ܘܒܬܪ ܙܒܢܐ⁶ ܐܫܪܢ ܠܗܘܢ ܐܦܝܣ" ܐܢܫ [ܕܫܒܩܗ ܥܠܝܡܘܗܝ]⁷ ܘܫܕ[ܪܗ ܠܐܬܪܐ ܒܪ ܠܐ ܢܟܝ. ܘܠܐ ܝܕܥܝܢ ܒܗ. ܘܗܕܐ ܗܘܐ ܫܒܪ ܒܦܣܩܘܬܐ [ܕܐܢܫܝܢ ܐܦܝܣܩ"]⁸. ܘܒܫܪ[ܪܐ ܐܡܪܝܢܐ ܕܗܪܟܐ ܒܬܚܒܪܢܘܬܐ ܗܘܬ ܘܦܘܕܐ. ܐܠܐ ܒܪܡ [ܗܠܝܢ ܒܡܬܐ]⁷ ܠܗ ܒܠܫܢ]ܕ ܕܠܐ ܡܠܘܗܝ، ܠܐܦܝܣ". ܐܠܐ ܕܡܬܪܐܝܬ ܥܠܝܡܘܬ ܐܢܫ. ܘܐܫܟܚܘ [ܒܡܪܝܘܛܐ

[1] E Mich., p. 487, suppl. — [2] Deest in ms. — [3] Puncta plur. desunt. — [4] E Barh., *H. E.*, I, 337, suppl. Deest in textu Mich. — [5] Hic voces ܗܘܘܢ ܗܘܕܝܐ ܒܢ̈ܝ ܐܬܪܐ scriptae et deletae sunt. — [6] Hic ܒܪ scriptum et deletum est. — [7] E Mich., p. 488, suppl. — [8] E Mich., l. c., ubi nomina leguntur, suppl.

ܣܕܘܡܐ ܘܟܠ[ܗ]ܿܘܢ[1] ܠܒܪܘܝܬܐ ܕܐܣܟܡܗ ܕܩܘܪܝܢܬܘܣ.
ܘܐܬܟܒܫܘ ܐܦܣܩܣ″ .... ܠ.. ܠܡ
ܒܚܪܒܢ[2] ܗܘܘ ܠܩܘܪܝ″ ܘܫܒܝܢ ܗܘܘ. ܘܐܩܣܪ[ܚ]ܘ [ܐܦ
ܠܗܘ]ܢ ܠܗܿܘ ܐܒܣܢ[ܝܐ ܒܒܝܠ]ܐ. ܒܥܠܬ ܕܠܐ
ܐܬܡܪ,[3] ܠܐܦܝܣܩܘܦܘܬܐ. ܘܒܬܪܗ [ܐܘܦܪܝܐ ܕܒ[ܠ]ܘܠܐ[4]
ܬ̈ܠܬܐ ܕܪܘܡܝܐ ܘܕܒܢ̈ܝܒܝ ܡܕܝܢܬܐ: ܘܥܕܡܐ ܘܒܬܟܘܢܗܿ
ܠܗܘܢ ܬܠܬܐ [ܕܡܬܠܝܢ] ܒܗܿ ܥܠ ܡܘܪܝܐ″. ܐܠܐ
ܒܪܡ ܐܠܗܐ ܗܿܘ ܕܒܥܠܝܢ ܒܥܠ ܠܗ ܥܠ ܦܘܪܥܢܐ
ܕܐ[ܬ]ܠܝܢ [ܕܐܬܟܫܦ] ܠܗ ܒܡܘܟܬ̈ܐ ܗܿܘ ܕܐܬܟܬܒܘ,
ܬ̈ܐܢܒ, ܥܠܝܗܘܢ, ܡܕ̈ܢܟܐ[5] ܠܡ ܒܥܬ.... ܗܬ... ܗ.[6] ܕܗܘܐ
ܐܝܟ ܒܟܒܘܢ ܐܝܟ ܒܕܒܐ ܠܐܘܠܒܗ ܕܟܠܒܐ.....
...... ܗܿܘ ܡܦܩܪ″.] ܐܠܐ ܒܕ ܐܫܬܕܪ ܒܬܪܗ. ܐܬܡܟܠ
ܒܡܣܟܢܘܬ ܘܒܫ̈ܝܢܐ .... ܘܡ[ܬܒܠܝܢ] ܗܘܘ
ܕܝܢ ܒܠܗܘܢ, ܒܗܿ ܒܐܘܦܪܝܐ ܕܡܬܠ ܠܗ ܠܡ [ܐܦܝܣ″
ܒܕ]ܡ ܕܒܬܘܡܪܐ ܢܣܒ[ܘܗ]ܝ[7] ܕܟܠ ܐܬܪܐ ܕܐܪ̈ܥܢܐ[8]
ܒܩܪܝܢ ܗܘܐ. ܗܢܐ ܕܠܒܬܐ....... ܐ... ܠܥܕ ܕܒܕ
ܒܒܪܝ ܒܗ ܒܐܬܪܐ ܗܿܘ ܘܬܪܝܢ ܡܢ ܬܠܡܝܕܘܗܝ, ܕܦܠܘ
[ܒܠܝܗܘܢ ܠܦ̈ܫܝܐ][7] ܒܥܠܬ ܕܣܡܟܘ ܒܟܘ̈ܕܢܝܬܐ
ܕܪܕܝܦܝܢ ܗܘܘ ܘܒܬܫ̈ܢܝܩܝܗܘܢ ܕܒܠܝܢ. [ܘܡܬܠܘ
ܠܬܠܬ̈ܝܗܘܢ ܘ]ܥܕܘ ܥܠܕܝܗܘܢ ܒܐܘܪܚܐ. ܘܠܗܿ ܠܗܕܐ
ܐܟܣܢܝܘܗܿ ܒܪ.. ܐ [ܘܐܒܕܝܢ ܗܘܘ[7]...... ܕܗ]ܦ ܦܬܪܪ
ܐܦܪ ܐܢܫܐ ܦܬܢܐ ܘܡܕܪ ܒܠܝܗܘܢ ܕܡܬܠ[ܬ̈ܠܘ] ܠܗܘܢ.:·
ܘܒܗܢܐ ܘܒܢܐ[4] ܗܘܐ] ܒܦܢܝܐ ܢܒܐ ܡܢ ܒܠܬܐ ܗܿܘ,[9]
ܕܠܐ ܒܠܬ ܒܠܬܐ ܡܢ .ܠ..ܒ....ܪ [..............
ܘܠܦܪ[ܥ]ܬܐ[10] ܥܕܪ ܐܠܗܐ ܥܠ ܒܢܝܫܐ ܫܘܢܬܐ ܫܬ̈ܠܬܐ
ܕܩ̈ܕܡ [ܗܘ̈ܘ, ܥܠ ܢܫܐ ܘܛܠ̈ܝܐ ܕܒܦܘ[4] ܒܐܦ[ܪ]ܒܝܐ
ܘܡܒ̈ܠܠ ܠܗܘܢ. ܦܬܪܘܒܐ ܕܝܢ ܒܕ [ܚ]ܐ ܐ].....

[1] Ms. ܘܗܿܘ″. — [2] Ms. ܡܒܝܢ ܣܥܝܢ. — [3] Ms. ܐܡܪ″. — [4] E Mich., p. 488, suppl. — [5] Hic insertum est ܘܗܘ̈ܝ, litteris ܘܗ deletis. — [6] Circiter 8 litterae, quas legere non possum, scriptae et deletae sunt. — [7] E Mich., p. 489, suppl. — [8] Ms., ut videtur, ܘ̈ܪܥܢܐ″. — [9] Ms. ܗܘ. — [10] Vel : ܘܡܣܟܢܘܬܐ ܐܦܪ[ܥ]ܬܐ.

.... ܡܢ] ܡܠܟܐ ܒܢ̈ܣܟܐ. ܒܝܫ ܐܦܝܣ̈ܩܘܦܐ″[1]

ܬܠܬܝܢ ܒ[ܛܘܒܪ]ܝ [ܡܛܠ ܒܠܬܐ ܕܛܘ̈ܒܢܐ. ܘܥܒܕ]

ܒܬܪܗܘܢ ܕܢܩܪܐ ܐܢܘܢ ܠܟܢܫܐ. ܘܟܕ ܠܐ ܐܬܘ. ܐ...

......................ܘ ܠܗܘܢ. ܘܗ̇ܢܘܢ[2]

ܒܒܪܢܫܘܬܗܘܢ ܘܡܫܝܚܗ[ܘܢ ....

...] ܠ.ܘ ܘܐܦܠܝܘ ܐܦ ܢܦܘ̈ܫܐ ܕܒܕܒܬܐ ܢܗ[ܝܪܐܝܬ

ܘܒܕܒܪܘ ܠܗܘܢ ܬܪܝܢ ܐܦܝܣ̈ܩܘ″ ܠܡܟܪܐ[ܝ]ܠ[3] ܠܘ[ܒ]ܝܬܐ

ܘܠܐܚܪܢܐ ܕܡܬܩܪܐ ܬܐܘ[ܦܝ ܕܡܢ ܕܝܪܐ ܕܐܘܣܒܘܢܐ.

ܘܒܕ ܫܡܥܘ[3] ܦܓܪ̈ܝ[″] ܘܐܦܝܣ̈ܩܘ″ ܕܠܓܘܒܪܝܢ ....

.... ܠܟܠܗܘܢ ܐܦܝܣ̈ܩܘܦܐ″

ܐܠܐ[4] ....

* 39 r°. ܫܒܩ[..................*.......................

.... ܦܠܓܐ[5] ܬ̈[ܘ ܠܒܝܬܗܘܢ ܘܐܬܐ]ܘ

ܠܡ ܡܕܝܢܬܐ. ܘܗܢܘܢ ܐܬܟܢܫܘ ܩܕܡ[ܝܗܘܢ][5] ܕܬܪ̈ܬܝܢ ܕ[ܒܬ̈ܝ

ܗ̈ܘܝ] ܘܐܬܪ̈ܗܒܘ ܕܠܒ[ܫ]ܘܢ[6] ܘܫܒܠܗܘܢ، ܒܠܝܗܘܢ

ܪܫܐ ܠܡ ܐܘܒܕܘܬ ܦܓܪ̈ܝ″ ܒܕ ܐܫܬܟ[ܚ]ܘ ܒܠ] ܐܠܗܐ

ܘܒܠ ܢܦܘ̈ܫܐ ܕ[ܒܕܒܬܐ]. ܘܡܢ ܗܪܟܐ ܐܬܡܣܟܢܬ

ܘܐܣܬܬܬ[7] ܗܪܣܝܣ ܕܠܗܘܢ. [ܐܝܟܢܐ] ܕܢܗܘܘܢ ܕܒܪܐ

ܘܫܦܝܐ ܠܕܪܬܐ ܘܡܫܝܢܘܬܐ ܕܢܦܘ̈ܫܝܗ̇. ܘܗܢܘܢ ܣܢܝ،

ܗܘ ܕܗܘ̣ܐ ܐ[ܒܪܗܡ][5] ܕܒܒܒܐ ܐܦܝܣ̈ܩܘ″ ܪ̈ܗܛܐ ܒܝܬ ܘܕܠܐ

ܐܦܝܣ̈ܩܘ. ܘܥܕܪ ܐܢܘܢ ܐܝ[ܟܢ] ܕܐܬ[ܬ]ܐ ܕܢܐܬܘܢ[8]

ܘܢܬܟܪ[ܟ]ܘܢ ܒܐܬܪܐ] ܘܢܫܒܠܘܢ ܠܬܪܥܝܬܐ

ܕܒܫܢܝܐ .:.

ܘܒܐܝܪܚ ܐܕܪ ܕܫܢܬ ܐܠ[ܦ]ܐ ܘܡܐܬܐ[9] ܘܒܫ[ܪ]ܝܢ

ܕܗ̈ܢܘܢܐ] ܡܢܬ ܗܪܘܢ ܦܠܒܐ. ܒܠܦܘܣ ܡܕܝܢܬܐ

ܕܒܒܘܪܝܐ. ܒܕ ܐܡܠܠ ܡ̈ܝܫܢܐ. ܒܠ.. ܘܦ[ܠ]ܓ

ܠܡܠܒܘܬܐ] ܠܬܠܬܐ ܒܢܘ̈ܗܝ. ܠܡܘܢܕܪ ܒܪܗ ܕܘܡܢܪܐ

[1] Puncta plur. desunt. — [2] Ms. ″ܘܗܘܠ. — [3] E Mich., p. 491, suppl. — [4] Lectio incerta, forte ܐܠܐ vel ܠܠܐ. — [5] E Mich., p. 492, suppl. — [6] Superscriptum, ut videtur, ܘܡܠܟ. — [7] Ms. ″ܘܐܣܬܬ. — [8] Littera ܪ in ܐ perperam correcta est. — [9] Ms. habet punctum post vocem.

ܒܒܪܗ ܢܚܠܒܐ ܒܟܒܪܕ.[1] ܘܠܒܒܕܠܗܐ [ܡܐܟܘܢ] ܐܡܝܢ ܥܠ ܒܘܪܣܐ. ܘܦܩܕ ܕܡܢ ܒܬܪ ܡܘܬܗ ܕܡܘܫܒܕ ܗܘ ܢܗܘܐ ܢܚܠܒܐ. [ܘܠܡܐܣܝܢ] ܒܪܗ. ܐܡܝܢ ܒܡܡܘܢ ܥܠ ܥܠܡܘܢ ܐܬܪܘܬܐ ܕܓܝܪܬܐ ܘܕܡܒܝܪܟܐ. ܒܕ ܓܝܫܐ ܠܗ [ܕܒܗܕܐ] ܥܠܬܐ ܡܪܬܐ ܐܪܡܝ ܒܝܬܗܘܢ. ܘܡܢ ܒܬܪ ܡܘܬܗ ܕܐܒܘܗܘܢ. ܫܕܪ ܡܐܟܘܢ ܐܝܓܪ[ܕܐ] ܠܘܬ ܡܘܫܒܕ ܐܚܘܗ، ܗܘ ܕܡܒܠܝܢ ܗܘܐ ܒܬܪ ܐܒܘܗ، ܕܢܫܕܪ ܠܗ ܒܒܝܬܗ ܘܒܘܬܪܐ [ܕܫܡ] ܠܗ ܐܒܘܗ، ܡܟܐܐ ܕܟܘܢ ܢܥܠܘ ܗܘ، ܕܐܡܠܝܢ ܐܚܘܗ، ܡܕܡܝܢܐ. ܘܢܫܕܪ ܠܗ ܐܦ ܠܐܫܬܘܬܗ. ܘܠܐ ܢܓܒܐ. ܐܠܐ ܕܢܓܒܐ ܗܘܐ ܕܢܓܕܘܗܝ، ܠܘܬܗ ܒܕ ܐܝܬ ܗܘܐ ܢܦܠܐ ܒܠܒܗ. ܡܛܠ ܕܒܥܪ ܥܠ ܡܢܡܢܐ ܕܣܡ ܠܗܘܢ ܐܒܘܗܘܢ. ܘܢܓܒܐ ܕܢܚܠܝܢ ܠܒܢܝܐ ܕܝܠܗ ܒܬܪܗ. ܘܗܘ ܗܘܐ ܥܠܬܐ ܕܡܪܟܐ ܕܢܦܠ ܒܝ[ܪ] ܒܝܬܗܘܢ. ܘܡܢ ܗܕܐ ܗܘܐ ܥܠܬܐ ܐܬܥܒܕܘ ܠܡܪܟܐ ܕܠܡܥܠ [ܢܓܕ]ܐ. ܘܠܢܘܪܬܐ ܐܬܡܛܠܠ[2] ܡܘܫܒܕ. ܒܕ ܡܒܒܕܝܘܬܐ ܕܓܝܗܢ ܒܪ ܢܘܩܝܢ. ܬܐܢܝܕ، ܐܝܟ ܕܡܬܦܪܐ ܗܘܐ ܕܢܒܝܪ. ܘܒܕ ܐܬܝܕܥܬ ܠܒܢܝܢܫܐ ܕܢܦܠܬ ܗܪܬܐ ܒܝܬ ܗܠܝܢ ܐܢܫܐ ܒܫܪܟܐ ܕܡܠܟܘܬܐ. ܢܦܠ ܫܓܘܫܝܐ ܘܒܘܠܒܠܐ ܒܒܡܠܟܐ. ܘܥܠܝܫ ܐܝܢ ܕܡܫܒܫ ܗܘܐ ܟܐܝ ܘܫܪܟܐ ܘܡܓܝܣ. ܗܘܐ ܕܝܢ ܥܠܬܐ ܘܫܘܪܝܐ ܠܗܕܐ ܐܝܟ ܕܡܬܦܪܐ ܒܒܪ ܩܘܠܝܒܝܐ. ܗܢܐ ܕܡܛܠ ܐܩܘܛܩܝܣ ܘܩܛܠܐ ܕܒܥܪ ܒܫܡܫܛ. ܣܒܫ ܗܘܐ ܒܡܛ[ܘ]ܣܘܣ[3]. ܘܒܕ ܫܡܥ ܠܗ، ܕܗܘܬ ܒܝܬ ܗܠܝܢ ܐܢܫܐ ܡܘܫܒܕ ܘܒܒܕܐܠܗ. ܫܠܚ ܠܐܝܫ ܡܪܒܗ. ܕܢܬܐ ܠܗ ܣܘܣܝܗ ܘܣܘܣܠܗ ܘܢܣܡܟܝܢܘܗ، ܒܫܒܐ ܡܢ ܫܒܬܐ ܕܐܝܬ ܒܥܠܝܫ″. ܘܐܬܒܠ ܗܘ ܡܢ ܪܒ ܐܣܝܪܐ̈ ܕܢܦܩ ܢܣܕܪ ܠܗ ܠܫܒܐ. ܘܫܕܪ ܒܒܗ ܐܝܟ ܕܢܓܪܘܗܝ، ܘܐܪܡܝ ܒܗ ܫܠܬܐ. ܘܒܕ ܢܦܩ ܠܐ ܓܛܠ ܕܢܓܪ[4]

[1] Ms. ܕܓܒܪ″. — [2] Hic litterae ܘܓ scriptae et deletae sunt. — [3] Ms. ܣܘܣ″. — [4] Ms. ″ܕܢܓܪ.

ܠܗ ܠܛܘܪܐ¹ ܟܕ ܡܠܐ ܠܗ̇ܘ² ܕܡܬܠܛܘ ܠܕܘܟܬܐ ܗ̇ܝ ܕܐܝܬ ܗܘܐ ܒܗ̇³ ܗ̇ܘ ܣܘܣܝܐ ܕܝܠܗ. ܘܟܕ ܚܙܝܘܗ ܠܣܘܣܝܗ ܡܢ ܗ̇ܘ ܒܪܕܝܗ ܩܛܠܘܗ ܠܗ̇ܘ ܕܪܟܝܒ ܗܘܐ ܠܗ. ܘܪܟܒ⁴ ܣܘܣܝܗ ܘܒܪܕܝܗ ܥܠ ܐܘܪܚܐ ܘܥܪܩܘ. ܘܐܬܪܝܢ ܠܐܢܛܝܘܟ. ܘܟܕ ܘܩܛܠܗ ܠܡܕܝܢܬ[ܗ] ܐܡܝܪܐ ܕܒܗ̇ ܕܡܛܠܬܗ ܚܒܝܫ ܗܘܐ ܒܝܬ ܐܣܝܪ̈ܐ. ܘܢܦܩ ܡܢ ܡܕܝܢܬܐ ܡܢ ܐ[ܢܫ] ܕܢܦܫܗ̇. ܘܐܚܒ̣ܠ ܪܗܛܐܝܬ ܘܐܙܠ ܠܐܬܪܐ ܕܦܠܣܛܝܢܐ ܘܥܪܩ ܡܟܣܡܝܢ ܘܩܛܠ[ܝܢ] ܘܡܐܝܢ ܠܟܠ ܕܡܫܟܚܝܢ ܒܝܕܝܗܘܢ܆ ܘܗܘܐ ܫܓܝܐ ܡܕܡܝܐ ܕܚܕܡܢ ܗ̣ܘ ܗܘܐ ܫܘܪ[ܝ]ܐ ܕܟܢܫܬܐ ܗ̇ܝ ܕܢܦܠܬ ܒܠܒܢܐ. ܘܗܠܝܢ ܗ̣ܘ̈ܝ ܒܫܢܬ ܚܕܐ ܕܫܢܬ ܐܠܦ ܘ[ܡܐܐ ܘܡܐ..]⁵ ܘܒܗ ܒܙܒܢܐ ܗܢܐ ܐܬܚܙܝܬ ܗܕܐ ܠܢܝܙ ܒܪ ܥܒܕ ܒܣܘܠܝܐ ܕܐܬܪܐ ܕܐܪܡܢܝܐ [ܡܒܪܕ]⁶ ܗܘܐ ܘܦܢܩ ܐܘܪ̈ܥܝܬܐ⁷ ܐܚܝܕ ܒܣܘܪܡܐܝܬ ܘܐܬܬܐ ܢܩܦܗ̇ ܠܚܡܪ. ܘܐܬ[ܝܕܥ]ܘ ܬܪ̈ܝܗܘܢ ܥܠ ܒܝܘܕܐ ܘܐܬܒܕܩܗ ܕܒܠܒܢܐ. ܘܗܘܘ ܕܡܬܕܒܪܝܢ ܒܐܬܪ̈ܘܬܐ ܕܦܠܣܛ[ܝܢܐ] ܘܕܣܘܪܝܐ ܘܕܦܘܢܝܩܐ. ܟܕ ܒܙܝܢ ܘܡܫܒܝܢ ܘܩܛܠܝܢ ܠܟܠܗ ܡܛܠܐ ܗ̇ܘ ܘ[. . . . . ܢܛܪ ܚܝܠܐ ܘܚܒܪ̈ܐ. ܗ̣ܢܘ ܗܘܐ ܗ̣ܘ ܪܝܫܐ ܕܒܢܝ ܫܡܥܠܬܗ. ܘܦܪܫ ܘܐܙܠ ܠܐܬ[ܪ]ܐ [ܕܣܘܪܝܐ.]⁸ ܘܚܕܪ ܐܙܠ ܠܐܢܛܝܘܟܝ⁹ ܘܒܥܐ ܫܘܪܐ ܠܣܘܪܐ ܚܠܝܐ ܕܒܗ̇.

ܘܒܫܢܬ ܐܠ[ܦ ܘܡܐܐ ܘ]ܚܡܫܝܢ ܘܬܪ̈ܬܝܢ ܒܫܢܬ ܢܝܩܦܘܪܐ ܡܠܟܐ ܕܪ̈ܘܡܝܐ¹⁰. ܘܐܡܠܟ ܒܬܪܗ ܥܠ ܪ̈ܘ[ܡܝܐ ܐܣ]ܛܘܪܢܣ ܒܪܗ ܕܝܠܗ. ܕܡܬܐܡܪܐ ܓܝܪ ܕܗ̣ܘ [ܫܡܫܩܝܐ] ܡܢ ܚܕܡܐ ܗܘܐ ܕܛܒ̈ܝܐ. ܘܒܬ[ܪ] ܫܢܝܐ ܢ̈ܫܝܢ ܕܐܡܠܟ ܐܣܛܘܪܢܣ ܥܠ ܪ̈ܘܡܝܐ.¹¹ ܐܬܒܝܫܘ [ܒܥܠܕܒ̈ܒ]ܐ ܘܐܬܘ ܠܡܕܝܢܬ ܡܠܝܛܝܢܐ

¹ Vox supra lineam scripta. — ² Ms. ܗ̇ܘ. — ³ Ms. ܒܗ. — ⁴ Ms. ܘܪܟܒܘ. — ⁵ Vix aliter supplendum. — ⁶ E Mich., l. c., suppl. — ⁷ Hic ܘ scriptum et deletum est. — ⁸ E Mich., p. 493, suppl. — ⁹ Ms. ܠܐܢܛܝܘܟ. — ¹⁰ Puncta plur. desunt. — ¹¹ Ms. hic iterum inserit ܫܢܝܐ ܢ̈ܫܝܢ.

ܕܡܪܟܒܘܢ ܒܟܘܒܗ. [1] ܘܒܗ ܢܦܩ ܐܣܛܘܪܝܣ ܘܐܡܪܒ [ܒܟ[ܬ]ܒ[ܘ]ܗܝ ܠܘܩܒܠ ܗ̇ܘ] [2] ܒܕ[ܟ]ܬܒܗ. ܘܒ[ܬ]ܪ ܩܠܝܠ ܒܢܘܚܬܗ ܡܢ ܒܬܪ ܕܐܬܓܪܬ ܡܢܗ. ܘܐܫܬܠ[ܡ] ܒܬܪܗ] ܒ[ܦ]ܛ[ܪ]ܝܪܟ[ܘ]ܬ ܚܬܝܢܘ] [3] ܕܩܘܣܛܢܛܝܢܦܘܠܝܣ ܐܚܪܢܐ ܫܢܬܐ ܚܕܐ ܘܝܪ̈ܚܐ ܫܒܥܐ. ܐܡܪܝܢ [ܐ[ܢ]ܫ]ܝܢ ܕ[ܦܪ]ܘܦܘܠܝ]ܣ ܐܪܥܐ ܒܪܬܗ ܕܢܣܛܘܪ[ܝ]ܐ[2] ܗ̇ܝ ܐܣܟܡܬܗ ܠܐܣܛܘܪ[ܝ]ܣ ܐܝܢܘܗ̇ ܐܝܟܢܐ ܕܒܟܠܢ [ܢܠܦܘܗܝ، ܟܠ ܪ̈ܘܒܐ ܕܡܚܒܠ ܠܐ ܒܠܒܗ̇]².

ܘܐܬܪܚ ܐܢܐ [4] [ܕܫܢܬ ܐܠܦ ܘܡܐܐ ܘܚܡܫܝܢ ܘܬܠܬ ܗܘܬ ܐܘܠܨܢܐ ܫܒܝܫܬܐ ܠܥܕܬܐ ....

[1] Ms. ܒܟܒܗ̇. — [2] E Mich., l. c., suppl. — [3] Litterae nonnullae hic scriptae et deletae sunt. — [4] Cetera desunt; uncis inclusa e Mich., p. 494, supplevi.

ܡܟܬܒܢܘܬ ܙܒܢܐ ܕܝܥܩܘܒ ܐܘܪܗܝܐ ܀ [1]

Brit. Mus. Add. 14, 685 fol. 1 v°.

ܡܟܬܒܢܘܬ ܙܒܢܐ ܕܒܬܪ ܗܝ ܕܐܘܣܒܝܘܣ ܩܐܣܪܝܐ. ܕܥܒܝܕܐ ܠܝܥܩܘܒ ܪܚܡ ܥܡܠܐ: [2]

ܒܪ ܐܘܣܒܝܘܣ ܗܘ ܕܦܐܡܦܝܠܘܣ ܐܦܝܣܩܘܦܐ ܕܩܐܣܪܝܐ ܗܝ ܕܦܠܣܛܝܢܐ ܕܡܫܬܐܠܦܘ. ܥܒܕ ܡܟܬܒܢܘܬ ܙܒܢܐ ܗܝ ܕܒܬܪܐ ܘܡܠܘܫܬܐ ܘܦܢܩܝܬܐ ܥܡ ܟܠܗ ܢܝܦܘܬܐ ܘܦܢܩܝܬܐ: ܘܥܡ ܟܠܗ ܫܘܬܐܬܐ ܐܝܟ ܕܫܪܝܐ ܠܚܘܫܒܐ ܠܡܢܝܢܐ ܘܠܡܕܒܪܢܘ ܙ̈ܒܢܐ ܕܡܢ ܐܕܡ: ܘܩܡ ܒܗ ܒܛܘܟܣܐ ܠܡܢܝܢܐ ܕܫ̈ܢܝܐ ܘܙ̈ܒܢܐ ܘܠܫ̈ܘܚܠܦܐ ܕܒܗܘܢ: ܡܢ ܐܕܡ ܪܝܫ ܛܘܗܡܢ ܒܒܪܬܐ ܠܫܢܬܐ ܡܕܡܢܬܐ ܕܚܝܝ ܐܒܪܗܡ ܗܘ ܐܒܐ ܡܕܡܢܐ ܕܥܡ̈ܡܐ: ܘܒܕܡܢܐ ܠܝܫܘܥ ܟ̈ܠܗܐ ܕܬܪܝܢ ܕܐܬܘܪܝܐ ܗܘ ܕܒܝܐ ܠܝܫܘܥ: ܘܒܕܡܢܐ ܠܐܘܪܦܘܣ ܟܠܒܐ ܕܬܪܝܢ ܕܡܩܕܘܢܝܐ ܗܝ ܕܐܠܟܣܢܕܪܘܣ ܐܬܪܐ ܗܘ ܕܦܘܢܝܩܐ: ܡܢ ܒܬܪܟܐ ܒܢܬ ܚܡܫܐ ܕܡܘܫܐ ܗܠܝܢ ܕܠܘܬ ܥ̈ܒܪܝܐ: ܘܡܢ ܚ̈ܬܟܐ ܕܬܫܥܝܬܐ ܟ̈ܠܕܝܬܐ ܘܐܬܘܪܝܬܐ ܘܐܝܓܦܛܝܬܐ: ܘܐܠܘܬ ܠܗ ܬܘܒ ܐܚܪܬܐ ܒܬܪ ܦܬܬܐ

[1] Inscriptionem addidi.

[2] In marg. superiore : ....ܘ..............ܠ....ܘ..............ܢ..
......ܕܒܢܘ̈ܗܝ ܘܠܚܘܫܒܢܐ܀ ܚܡܫܝܢ ܡܥܕܪܢܐ ܢܩܦ ܡܢ ܟܬܒܐ ܕܝ In marg. dextro : ܐܡܟܬܒ[ܢ]: ܥܬܝܩܐ .ܡܐ.. ܘܡܬܬܪܓܡܢܘܗ ܐܠܦܝܐܠ ܕܝ ܐܡܟܬܒ ܡܬܚܫܒ ܟܠ .܀ [ܦܡ]ܦ[ܝ]ܠ[ܘ]ܣ ܐܦܣܩܘܦܐ ܕܩܝܣܪܝܐ ܕܦܠܣܛܝ[ܢ]ܝ[ܐ] ܕܒܗ ܐܫܪܐ (sic) ܐܬܬܪܓܡ ܗܘܐ ܡܢ ܝܘܢܝܐ. ܗܘ ܕܝܢ ܐܘܣܒܝ ܐܡܪ ܡܟܬܒܢܘܬ (sic) ܐܬܘܪ ܒܚܒܠܐ [ܕܢ. ܕܙܪܘܥܐ ....] ܐܦܣܩܘܦܐ............܀ ܐܦܣܩܘܦܐ .ܕܝܢ. ܕܒܝܐ ܕܠܚܘܫܒܢܐ ܡܢ ܠܚܘܫܒܢܘ̈ܗ ܡܢܐ [ܡܐ..........................
....[

ܘܪܘܚܬܐ ܕܡܢ ܙܒܢܐ ܗܘ ܕܐܬܐܡܪ: ܕܐܒܪܗܡ ܪܝܫ ܐܒܗ̈ܬܐ ܘܕܦܝܠܝܦܘܣ ܒܪ ܒܢܝܠܘܣ ܘܕܐܘܪܘܦܘܣ ܡܠܟܐ ܕܡܩܕܘܢܝܐ: ܒܕܡܐ ܠܐܚܬܐ ܗ̇ܝ ܕܒܡܨܪܝܢ ܕܩܘܣܛܢܛܝܢܘܣ ܙܟܝܐ ܡܠܟܐ ܕܪܘܡ̈ܝܐ: ܒܗ ܒܫܢܬ ܬ̈ܠܡܝܕܘܬܐ ܦܫܝܛܬܐ ܐܬܒܣܡܬ: ܟ̈ܠܗܘܢ ܗ̈ܠܝܢ ܕܐܘܪܬܘܕܘܟܣܘ ܘܠܒܠܚܘܕܝ ܘܒܐܘܣܝܐ ܢܒܗܬܐ ܐܫܬܠܛܘ: ܕܟܠܕ̈ܝܐ ܐܟܕ ܐܝܢܐ ܘܕܐܬܘܪ̈ܝܐ: ܘܕܡܩܕܘܢܝܐ. ܘܕܐܪ̈ܡܝܐ ܘܕܐܬܘܢ̈ܝܐ: ܕܡܨܪ̈ܝܐ ܒܗܬ ܘܕܐܓܦܛ̈ܝܐ: ܘܕܠܛ̈ܝܢܝܐ ܗ̇ܢܘܢ ܕܒܬܪܟܢ ܪ̈ܘܡܝܐ: ܕܬܪ̈ܝܢܐ ܘܕܟ̈ܠܕܝܐ ܘܕܠܘܕ̈ܝܐ ܘܕܦܪ̈ܣܝܐ: ܘܗ̈ܠܝܢ ܟ̈ܠܗܘܢ ܐܫ̈ܪܚܬܐ ܕܒܬܪ ܗ̈ܠܝܢ ܒܫܢܬ ܬܫܥܐ ܐܠܦ̈ܝܢ: ܕܡܫܝܚܝܐ ܐܝܟ ܐܝܟܢܐ ܘܕܦܘܪ̈ܫܢܘܬܐ ܘܕܠܐܦܐܕܐܦܝܣܩܘܦܝܐ: ܘܗ̈ܠܝܢ ܬܘ[ܒ ܕܒܬܪ] ܒܥܘܬܗ ܕܐܠܟܣܢܕܪܘܣ ܚܢܝܐ ܐܫܬܠܛ [ܒܠ ܐܦܬܝܟܘܣ] ܘܣܛ[ܘ]ܪܐ ܘܐܣܘܝܐ: ܬܘܒ ܕܝܢ ܐܦ ܠܡܠܟܘܬܐ ܗܕܐ [ܕܪ̈ܘܡܝܐ] ܕܡܢ ܝܘܠܝܢܘܣ ܩܣܪ ܘܐܓܘܣܛܘܣ ܘܐܣܦ[ܣܝܢܘܣ ܒܕܘܟܬܐ] ܠܗ ܠܩܘܣܛܢܛܝܢܘܣ ܘܒܢܝܐ: ܒܗ ܦܪܫ ܒܫܢܬ [ܘܣܡܟ ܠܡܠ̈ܟܐ][1] ܕܠܗܘܢ ܟ̈ܠܗܕܘܢܘܬܐ ܕܥ̈ܡܡܐ: ܘܗ̇ܢܘܢ ܠܒܢ̈ܝܐ [ܕܗܝܡܢܘܬܐ][1] ܘܫܘܪܝܐ ܘܠܫܪܝܐ ܘܒܦܠܛܐ ܕܠܚܝܐ [ܒܗܢܘܢ: ܘܪܫܝܡ][2] ܒܫܡܗܝܢܐ ܒܦܪܣܐܝܬ ܕܦܝܠܘܢܘܬܐ ܕܬܘܪ[ܥܒܕܐ ܕܒܬܠܡܐ][2] ܘܕܪ̈ܒܐ ܫܠܘܬܐ: ܘܕܒܐܢܫܐ ܘܒܢܝܐ ܐܬܒܕܪܘ ܒܠ[ܚܕ ܡܢ ܣܓܝ̈ܐܐ][2] ܘܡܬܒܬܢܝܐ ܗ̈ܠܝܢ ܕܒܠܚܕ ܒܒܐ ܐܫܬ[ܒܩܘ: ܘܦܝܠܘܣܘܦܐ][2] ܘܦܘܐܝܛܐ ܗ̈ܠܝܢ ܕܠܘܬ ܬܘܒܝܐ: ܬܘܒ ܕܝܢ [ܘܬܫܒܚܬܐ ܕܒܢ̈ܝܐ][2] ܘܬܫܡܫܬܐ ܗ̈ܠܝܢ ܕܒܬܫܡܫܬܗܘܢ ܠܘܬ[ܗܘܢ. ܘܡܕܒܪܐ ܘܡܫ̈ܪܝܢܐ][2] ܕܒܝܬ ܒܪܐ ܗ̇ܘܝܢ[3] ܕܡܬܬܐܡܪܝܢ ܒܡܕܒܪܬ[ܐ ܒܥܝܢܘܬܐ][4] *ܘܡܬܒܛܠܢܐ ܕܠܘܬܗܘܢ. ܘܒܚܝܠܐ ܕܒܝܘܪܬܢܐ ܘܡܬܓܠܝܢܘܬܐ[5] * 2 r°.

[1] E Michaelis Syri chronico, ed. Chabot, p. 127, suppl. — [2] E Mich., p. 128, suppl. — [3] Ms. ″ܗܘܝ. — [4] In marg. inferiore : [ܫܕܐ] ܣܡܘܬ. ܐܡܠ ܕܥܕ̈ܢܐ ܗܘ ܘܡܢ ܐܝܕܐ ܡܘܚ̈ܐ ܡܢ ܐܠܝܐ. ܘܐܟܠܢ ܗܕ ܩܡܐ. ܕܢܘܪܐ [ܕ]ܐܠܐ[ܗ] ܦܘ ܚܝܐ. ܘܡܬܒܛܠܢ[ܘܬܐ ܕ]ܠܘܬܗܘܢ. — [5] Superscriptum ܘ.

ܕܬܫܒܘܚܬܐ: ܒܗ̇ ܐܪ̈ܝܘܣܘܬܐ ܦܠܓܘܬܐ ܗ̈ܠܝܢ ܕܐܬܦܠ̈ܓܢ ܒܕܢܚܐ ܟܠܗ ܗ̇ܘ ܕܐܬܝܠܕ ܒܡܒܠܒܠܘܬ ܕܒ̈ܢܝܐ ܗ̇ܘ ܕܒܝܬܗ: ܘܡܠܟܗ̇ ܒܬܪ ܠܗܕܐ [ܐܝܟ] ܕܦܘܪܢܣܐ ܢܝܚܐ ܡܢ ܒܪܗ ܒܫܢܬܐ ܗ̇ܝ. ܕܝ. ܕܩܘܣܛܢܛܝܢܘܣ: ܘܡܢ ܗܢܝܢ ܘܥܕܡܐ ܠܗܫܐ: ܠܐ ܐܢܫ ܢܦܩ ܗܘܐ ܠܡܩܦܘ ܥܠ ܣܘܢܐ ܗ̇ܘ ܕܒܝܬܗ: ܠ̈ܒܢܝܐ ܗ̈ܠܝܢ ܕܡܬܪܒܝܢ ܘܠ̈ܗܘܕܝܐ ܗ̇ܢܘܢ ܕܒܗܘܢ. ܕܗ̇ܠܝܢ ܐܚܪܢܐ ܐܬܬܚܒܠܬ ܕܐܬܝܬܗ̇ ܘܐܠܝܨܬܐ. ܕܠܐ ܐܫܬܡܥ ܕܠܐ ܪܘܫܡܐ ܠ̈ܡܗܕܪܢܐ ܗ̇ܠܝܢ ܕܡܢ ܗܢܝܢ ܘܥܕܡܐ ܠܗܫܐ: ܒܥܠܡܐ ܒܗܬ ܕܐܠܗܐ ܒܒܪܪ ܘܣܠܩܐ ܦܩܦ. ܐܠܐ ܐܒܒܐ ܕܗ̣ܘܐ ܢܦܩ ܣܘܢܐ ܕܦܠܓܐ ܕܒ̈ܢܝܐ: ܘܣܓܝ ܒܗ ܒ̈ܦܣܘܩܝܬܐ ܦܣܒܪܢܐ ܕܗܢܝܢ:[1] ܘܦܩܕ ܒܗ ܠ̈ܥܝܢܐ ܕܬ̈ܠܡܝܕܘܬܐ ܚܕܐ ܠܗܡܒܠ ܚܕܐ ܡܪܒܐܝܬ: ܐܝܟܢܐ ܕܢܗܘܐ ܦܢܝܡ ܠܬܐܠܦ ܠܗ̇ܢܘܢ ܕܦܠܓܝܢ: ܕܐܝܠܝܢ ܒܘܟܝ ܐܝܠܝܢ ܐܬܝܗܘܢ. ܐܦ ܬ̈ܠܡܐ ܒܗܬ ܐ[ܦ]ܬܗܘܢ ܐܘ ܪ̈ܫܐ ܫ̈ܠܐ: ܘܐܦ ܐܬ̈ܫܡ ܬ̈ܚܒܬܐ ܐܘ ܬ̈ܚܒܬ[ܒܢܐ] ܐܘ ܡܢ ܗ̇ܢܘܢ ܕܐܝܟܢ ܕܗ̣ܘܐ ܒܒܪܪ ܒܬܠܢܝܣܝ ܗܒܢܐ ܐܦ ܐܢܐ ܒܗ̇ ܒܕܒܗܬܐ ܐܦܣܩ ܣܘܢܐ ܚܕܬܐ ܡܢ ܫܢܬܐ ܗ̇ܝ. ܕܝ. ܕܩܘܣܛܢܛܝܢܘܣ. ܕܢܒܫ ܠܒ̈ܢܝܐ ܗ̈ܠܝܢ ܕܒܬܪܒܢ. ܘܐܦܕܘܪ ܒܗ ܡܪܒܐܝܬ ܚܕܐ ܠܗܡܒܠ ܚܕܐ: ܠ̈ܚܫܝܐ ܕܬ̈ܠܡܝܕܘܬܐ ܗ̈ܠܝܢ ܕܒܗ ܬ̈ܬܬܐܝܬܝܢ. ܗ̇ܠܝܢ ܒܗܬ ܕܡܬܕܒܪܝܢ ܠܝ ܒܡ̈ܠܐ ܕܒ̈ܢܝܐ ܕܣܘܟܠܬܗܘܢ. ܘܠ̈ܦܣܒܪܢܐ ܕܐܬܦܫܪܘ ܒ̈ܢܝܐ ܕܒܠܚܕ. ܘܠܐܝܠܝܢ ܕܒܗܢ ܒܠܚܕ ܒܬܦܢܟܝܢ ܗܘܘ ܒܐܢܪܐ ܕܗ̣ܝ ܐܘ ܒܚܬܪܘܬܐ ܐܘ ܢܝܫܘܬܐ :·:

ܒܟܠ ܕܝܢ ܕܐܠܗܝܐ ܕܗ̈ܠܝܢ ܕܡܕܡ ܗܢܐ ܬ̈ܫܝܢ ܢܡܕܘܡ ܢܗܝܡ ܘܢܦܩܒ. ܐܝܬܐ ܕܗܒܝܢ ܗܠܝܢ ܠܐܒܪ ܘܠܣܘܡܐ ܡܪܒܐܝܬ. ܐܝܬܝܗܝܢ ܕܝܢ ܐܝܠܝܢ ܕܒܬ̈ܒܒܝܢ ܘܬ̈ܫܝܢ ܡܪܒܗܘܢ̇ ܕܣܘܢܝ̇ ܗܠܝܢ:·: ܡܪܒܐܝܬ[2] ܦ̈ܢ ܒܟܠ ܫܘܠܒܐ ܕܣܘܢܐ ܗ̇ܘ ܕܐܘܣܒܝܘܣ: ܘܒܟܠ ܒܒܣܘܬܐ ܕܫ̈ܢܝܐ

[1] In marg. sinistro: ܡܢ ܐܕܡ ܕܒܥܠ ܚܣܢܐ. ܕܝ. ܕܩܘܣ[ܛܢܛ]ܝܢܘܣ ܕܐܬܟܬܒܬ ܬ̈ܫܝܢ. ܘܣܒܪ.. — [2] In marg., minio scriptum, ܐ.

ܕܒܢܝܐ ܗܘ ܕܒܗ̇. ܘܕܐܝܟܢܐ ܙܕܩ ܕܢܬܓܒܐ ܗܢܐ ܚܕܬܐ ܕܠܝ ܘܢܬܬܠܬܠ ܠܗ̇ܘ ܀ ܒܬܪܟܢ[1] ܕܝܢ܆ ܕܢܫܘܐ ܕܐܝܠܝܢ ܬ̈ܠܡܝܕܘܬܐ ܐܝܟ ܗ̇ܘܝܐ ܒܒܢܝܐ ܗܘ ܡܕܡ ܙܒܢܐ ܕܐܫܠܡܗ ܕܡܫܝܚܐ ܒܗܝ ܡܠܡܘܬܐ ܕܪ̈ܘܚܢܝܐ܆ ܘܠܐ ܐܬܠܒܫܗ ܐܦ̈ܝܢ ܡܫܬܡܠܝܐܝܬ ܗܘ̣ ܐܘܣܟܡܗ ܀ ܒܬܪ[2] ܗܕܐ ܕܝܢ ܬܘܒ: ܘܕܐܝܠܝܢ ܐܝܬܝܗܘܢ ܬ̈ܠܡܝܕܘܬܐ܆ ܗܠܝܢ ܕܚܙܝܢ ܒܬܪܬܝܢ ܠܡܫܡܫ ܒܗ ܒܡܫܝܚܐ܆ ܒܒ̈ܢܝܗܘܢ ܘܠܡܫܡܠܝܘܢ ܕܬ̈ܠܡܝܕܐ ܕܪ̈ܘܚܢܝܐ ܐܒܚܪܐ ܡܢܒܝܐܝܬ ܚܕ ܠܡܫܡܠ [ܚܕ] ܀ ܒܬܪܟܢ ܕܝܢ ܬܘܒ܆ ܡܫܝܚܘܬܐ ܢܕܒܪܬܐ ܕܢܘܒܠܐ ܕܒ̈ܢܐ [ܕܒܠܚܘܕܝܐ] ܡܠܡܘܬܐ ܡܢܝܢ ܘܠܗ̇. ܘܗܒܢܐ ܒܕ ܗ̈ܠܝܢ ܬ̈ܠܡܝܢ [ܡܬܠܐ]ܡܬ̈ܢ ܘܡܬܬܠܝܢ܆ ܦܫܘܩܐ ܫܘܐ ܢܗ̇ܝܐ ܠܝ܆ ܐܦ ܬܘܩܝܢ [ܘܦܢܝܬܗ[3] ܕ]ܡܫܝܚܐ ܀[4]

[1] In margine, minio scriptum, ܒ. — [2] In margine, minio scriptum, ܶ. — [3] E. Mich., loc. cit., supplevi. — [4] In margine inferiore : [ܦܘܫܩܐ ܠܝܘܦܐ ܕܐܬܐܡܪ ܥܠ ܗ̇ܢ ܡܠܬܐ] ܐܢ ܡܫܝܚܐ ܕܡܫܬܠܡܐ ܡܢ ܒܪܢܫܐ ܘܡܬܩܪܒܐ [ܗ̣ܘ]ܐ ܡܫܡܫܢܘܬܐ ܡܢ ܐܚܪ̈ܢܐ ܘܦܘܫܩܐ ܗܘ ܕܦܘܠܘܣ ܘܐܦ ܥܠ ܗܢܘ . ܘܒܗ̇ ܒܡܫܝܚܐ ....

⌐ܡܛܠ ܡܢܘܐ ܗܘ ܕܟܬܒ ܐܘܣܒܝܘܣ * ܘܡܛܠ ܗܠܝܢ * 2 v°.
ܠܗ. ܦ̈ܢܝܐ ܕܡܬܐܡܪ ܒܐܘܠܦܢܗ[1]:

ܘܐܦ ܗܟܢܐ ܠܡܟܬܒ ܠܗܘܢ ܕܦܠܓܝܢ ܒܡܢܝܢܐ[2] ܗܘ ܕܣܦܪܐ ܕܪ̈ܫܐ ܕܡ̈ܠܘܬܐ ܕܟܬܒܗ ܠܐܘܣܒܝܘܣ. ܕܝܠܗ. ܦ̈ܢܝܢ ܬܠܬܬܐ ܘܕܠܐ ܦ̈ܠܓܝܢ ܠܡܫܡܥܢܐ. ܡ̈ܫܬܚܠܦܢ ܕܦܢܝܢ ܒܐܘܠܦܢܗ ܒܡܟܝܠܘܬܐ ܗܝ ܕܒܢܝܫܐ ܕܦ̈ܢܝܐ ܗ̈ܠܝܢ ܕܟܗ. ܘܐܦ ܕܢܩܘܒ ܡܛܠ ܗ̈ܠܝܢ ܐܝܟ ܕܟܬܝܒܐ ܡܦܢܝܢܐ ܘܒܪܢܫܘܬ ܒܟܠܒ. ܘܕܢܝܫܐ ܕܐܝܟܢܐ ܐܬܬܚܝܢ ܬ̈ܠܬܬܐ. ܘܐܝܟܢܐ ܦ̈ܠܓܝܢ ܕܡܠܘܬܐ ܒ̈ܡܫܡܥܢܐ. ܘܐܦ ܕܝܢ ܐܝܟ ܕܦܬܓܡ ܐܢܐ. ܐܦ ܗܕܐ ܠܡܟܬܒ. ܕܐܝܟ ܦܘܠܓܐ ܗܝ ܕܡܠܘܬܐ ܕܗܘܢܐ ܒܢܝܫܝܢ ܘܠܐ ܫܠܡܘܬܐ ܕܡ̈ܫܡܥܢܐ: ܕܬܪ̈ܝܢܐ ܐܝܟ ܬܠܬܬܐ. ܐܠܐ ܒܐܪܒܥ: ܐܦ ܒܗܕ ܒܢܝܫܐ ܕܡܬܛܠܬܝܢ ܐܝܟܢܐ ܠܦܫܘܛܘ ܗܕܐ. ܘܒܗܕ ܬܪ̈ܝܢܘܬܐ ܕܡܠܘܬܐ ܕܡܢ ܡ̈ܠܬܐ ܦܬܝܟܐ. ܐܝܬܘܗܝ ܗܟܢܐ ܣܕܪܐ ܕܡܛܠ ܗܠܝܢ ܗܟܢܐ:· ܒܕ. ܬܢ. ܦ̈ܢܝܢ ܐܝܬܘܗܝ ܘܟܢܐ ܕܐܘܣܒܝܐ ܕܡ̈ܠܬܐ ܗܢܘܢ [ܕܒܟܬ]ܦܣܘܩܝܐ ܐܡܠܬܗ: ܡܢ ܡܐܪ̈ܐܢܘܣ[3] ܡܠܬܐ ܦܣܘܩܝܐ ܗܘ ܕܠܘܬܗܘܢ. ܒܕܡܐ ܠܡܘܬܗ ܕܐܠܟܣܢܕܪܘܣ ܦܢܝܐ ܕܡܕܝܢܬܐ ܐܠܟܣܢܕܪܝܐ ܗܘ ܕܡܫܬܟܚ ܒܪܐ ܕܦܝܠܦܘܣ. ܐܝܟܢܐ ܕܐܝܬ ܠܡܕܝܢܬܐ ܡܢ ܗܠܝܢ ܕܕܝܘܕܘܪܘܣ ܗܘ ܦܬܓܡ ܬܫܒܝܚܬܐ ܡܫܬܠܡܐ ܡܛܠܬܗܘܢ. ܘܐܦ ܗܢܐ ܕܦܠܚܝܢ ܗ̈ܠܝܢ ܢܬܬܦܩܕܡ ܒܡܢܝܢܐ ܗܘ ܕܐܘܣܒܝܘܣ: ܒܕ ܡܬܬܦܝܣ ܣܘܪܝܝܢ ܒܫܢܬܐ ܗܝ. ܕܝܠܗ. ܕܐܠܟܣܢܕܪܘܣ ܦܠܓܐ ܗܘ. ܕܝ. ܕܦܘܪܢܣܬܐ: ܡܢ ܟܬܪ. ܣܡܟ. ܦ̈ܢܝܢ ܠܢܘܪܒܗ ܕܐܝܠܝܢ. ܢܕܐ ܣܒܬܐ ܐܬܦܪܫܬ ܡܢܗܘܢ: ܘܠܐ ܐܬܦ̈ܬܚܢ ܒܗ ܒܡܢܝܐ. ܐܠܐ ܐܢ. ܬܦܛ. ܦ̈ܢܝܢ

[1] Voces minio scriptae. — [2] Ms. ܒܡܢܘܬ. — [3] Ms. ܡܪܬܘܣ.

ܒܠܝܘܕ. ܘܒܗ ܙܒܢ ܗܘܐ ܕܢܗܘܐ ܒܫܢܬܗ ܕܐܠܟܣܢܕܪܘܣ ܡܬܬܣܝܡ ܠܡܩܒܠ ܫܢܬܐ ܗܝ ܡܕܒܪܢܘܬܐ ܕܐܘܠܘܡܦܝܐܣ ܗܝ. ܕܗܝܢ.: ܐܝܟܢܐ ܕܦܩܕ ܕܗܘ̈ܐ ܐܦ ܦܘܪܦܘܪܝܘܣ ܗܘ ܦܝܠܘܣܘܦܐ: ܒܪ ܦܣܐܩ ܗ̈ܠܝܢ ܕܡܛܠ ܬ̈ܠܬܐ[1] ܡܩ̈ܕܘܢܝܐ[2] ܕܡܢ ܒܬܪ ܡܘܬܗ ܕܠܗ ܕܐܠܟܣܢܕܪܘܣ[3]: ܘܫܘܪܝܐ ܬܘܒ ܕܡܠܟܘܬܗ ܕܦܝܠܝܦܘܣ ܐܪܝܕܐܘܣ ܐܚܘܗܝ ܗܘ ܕܐܡܠܟ ܒܬܪܗ.· ܢܬܟܬܒ ܒܫܢܬܐ ܕܒ. ܕܠܘܬ ܕܐܘܠܘܡܦܝܐܣ ܗܝ. ܕܗܝܢ. ܗܕܐ ܕܝܢ ܠܐ ܗܘܬ ܡܛܠ ܫܢܬܐ ܗܝ ܕܡܢ ܫ̈ܢܝܐ ܗ̈ܠܝܢ ܕܐܘܚܕܢܐ ܕܬ̈ܠܬܐ ܡ̈ܩܕܘܢܝܐ ܐܬܚܫܒܬ. ܡܕܡ ܕܝܢ ܐܬܬܣܝܡ ܚܕܐ ܫܢܬܐ ܠܟܠ ܠܐ ܦܠܝܐܝܬ: ܘܐܦ ܒܡܘܬ[ܗ] ܕܐܠܟܣܢܕܪܘܣ.· ܘܐܦ ܫܢܘܗܝ ܕܡܠܟܘܬܐ ܕܐܚܘܗܝ. ܘܗܟܢ ܗܕܐ. ܕܫܘܠܡܐ ܕܫܢܬܐ ܫܢܬܐ ܐܬܚܫܒܬ ܒܗ ܒܡܩܕܘܢܝܐ⁘ ܐܝܬܝܗ̇ ܕܝܢ ܗܝ ܒܬܠܬܐ ܕܠܗ ܕܦܘܪܦܘܪܝܘܣ ܕܡܛ]ܠ *ܬ̈ܠܬܐ ܡܩ̈ܕܘܢܝܐ ܕܒܫܢܬ * 3 r°.
.ܒ. ܕܐܘܠܘܡܦܝܐܣ ܗܝ. ܕܗܝܢ. ܒܬܪ ܐܠܟܣܢܕܪܘܣ ܡܩܕܘܢܝܐ ܫ̈ܒܥܝܢ[4] ܐܪ[ܒܥܐ ܘܗܘ ܕ]ܐܫܬܒܗ ܦܝܠܝܦܘܣ ܘܗܘ ܕܐܚܝܘܗܝ ܗܘܐ[4] ܐܚ[ܘܗܝ ܕܠܗ ܕܐܠܟܣ[ܢܕܪܘܣ: ܠܘ ܒܪ ܐܒܘܗ: ܐܬܝܠܕ ܓܝܪ][4] ܠܦܝܠܝܦܘܣ: ܡܢ ܦܝܠܝܢ ܗ̇[ܝ ܕܡܢ ܠܐܪܣܝܢ. ܫ̈ܒܥܝܢ][4] ܕܝܢ ܫ̈ܢܝܐ ܫܒܥ. ܘܡܬܡܛܠ ܒܡܩܕܘܢܝܐ [ܕܡܢ ܦ]ܘܠܘܣܦܘܣ ܐܪܕܒܝܣ ܒܪܗ ܕܐܠܟܣܢܕܪܘܣ⁘ ܦ[ܛܘܠ]ܡܐܘܣ[5] ܕܡܢ ܒܪܗ ܕܐܪܣܝܢܘܐ ܘܕܠܐܓܘܣ: ܡܢ ܒܬܪ ܡ[ܝܬܘܬܐ] ܚܕܐ ܕܐܪ[ܣܝܢ]ܘܬܐ ܗܝ ܕܒܠ ܦܠܝܦ[ܘܣ] ܐܬܚܫܒܬ. ܘܐܪܣܛܢܩܘܣ [ܠܐ]ܠܟܣܢ[ܕ]ܪ[ܘ]ܣ ܒܐܬܪܗ. ܘܡܠܟ ܗܘ ܒܐܦܛܪܘܦܘܬܐ: ܗܠܝܢ .ܝ. ܫ̈ܢܝܢ ܡܕܒܪܢܘܬܐ: ܫ̈ܒܥܝܢ ܕܝܢ ܫܢܝܐ .ܟܐ.: ܐܝܟܢܐ ܕܟܠܗܘܢ ܫ̈ܢܝܐ .ܟ. ܢܬܚܫܒܢ ܠܗ ܒܡܠܟܐ ܠܡܠܟܘܬܗ. ܡܛܠ ܕܝܢ

[1] Puncta plur. minio addita. — [2] Puncta plur. desunt. In marg. : ܗ̇ܘܘ ܠܐܝܬܝܪܐ ܕܡܢܗܘܢ ܠܐܠܟܣܢܕܪܘܣ. ܕܡܠܟܘ ܡܢܟܠ ܡܩܕܘܢܝܐ. — [3] Ms. ܕܪܘܣ″. — [4] Ex. Eus. Chron., ed. Schöne, I, p. 160, suppl. — [5] Ms. ܡܡܘܣ[ܐ″.

ܕܒܪ ܒܕܒܝܠ ܚܘ ܐܝܟ ܡܢ ܪܫܝܢܘܬܐ ܠܦܛܘܠܐܡܐܘܣ ܒܪܗ ܗܘ ܕܐܬܩܪܝ ܦܝܠܐܕܠܦܘܣ܆ .ܒ. ܕܝܢ ܫ̈ܢܝܐ ܚܝܐ ܚܡܫ ܒܪܗ ܡܢ ܒܬܪ ܕܡܠܟ ܪܫܝܢܘܬܐ. ܠܐ ܡܒܝܠ ܫ̈ܢ .ܟ.܆ ܬܠܬܝܢ[1] ܕܝܢ ܘܬܫ̈ܥܐ ܗܘܠܝܢ ܕܦܛܘ[ܠ]ܐܡܐܘܣ ܡܕܒܪܢܐ ܗܘ ܕܦܪܘܣܐ ܡܬܒܢܝܢ ܗܘܘ ܠܗ ܡܬܢ̈ܫܐ[ܒܢ]. ܢܒܝܐ ܡܕܝܢ ܡܢ ܗܠܝܢ܆ ܘܕܒܫܬܐ .ܕܒ. ܕܐܘܠܘܡܦܝܐܣ ܗܘ .ܕܡܢܝܢ. ܡܫܪܝܐ ܪܫܝܢܘܬܐ ܕܐܪܣܢܘܐܘܣ. ܘܕܒܫܬܐ .ܕܝܢ. ܕܠܗ ܕܐܘܠܘܡܦܝܐܣ ܡܢ̈ܝܢܐ ܦܛܘܠܐܡܐܘܣ܆ ܐܝܟ .ܠܚ. ܡܬܢ̈ܫܒܢ ܠܗ. ܐܠܐ ܐ̈ܦܣܕܪܝܐ ܕܝܢ .ܠܛ. ܫ̈ܢܝܢ ܠܗ܆ ܒܕ ܡܢ ܗܘ ܡܕܡܢܬܐ ܕܐܪܣܢܘܐܘܣ [ܫ̈ܪܝܢ ܕܢܒܝܘ]. ܒܕ [.ܐ.] ܫܢܝܢ ܕܐܪܣܢܘܐܘܣ܆[2] ܘܒܕ. [ܕܐܡܘܣܐܝܕܪ]ܘܣ܆ ܘܡܢ. ܬܘܒ ܗܠܝܢ ܕܠܗ܆ ܕܡܬܢ̈ܒܝܢ ܠܐܘܡܒܠ [ܫ̈ܢܝܐ .ܐ. ܕܫ[ܪ]ܒܐ ܕܦܝܠܐܦܛܘܪܘܣ܆ ܘܐܦܝ̈ܒܢ ܕܒ̈ [ܢ] ܗܘ ܕܗܘܝܐ܆ [.ܘܘ. ܕܕܝܢܒܝܠ]ܢܘܣ܆ ܘܢܝܒܐ ܕܦܘ̈ܪܘܣ܆ ܘܕܠܘܣܝܣܐܦܛܘܣ [.ܒ.܆ ܩ̈ܠܝܢ] ܫ̈ܢܝܐ .ܢ.܆ ܘܗ̈ܠܝܢ .ܢܛ. ܡܕܡ̈ܝܢܬܐ܆ ܩ̈ܠܝܢ [ܫ̈ܢܝܐ] .ܠܛ.. ܡܕܒ[ܝܢ] ܢܒܝܐ ܐܦ ܗܪܟܐ܆ ܕܫܢܝܬܐ ܐ[ܬܬܢܝ]ܬ ܢܒܝܐ ܬܪܬܝܢ[ܐ] ܐܦ ܒܠ ܗܢܐ. ܒܪ ܗܘܒܠ ܢܫܬ ܡܒ[ܘ]ܬܗ [ܕܐܠܟܣܢܕܪܘܣ] ܫܢܝܬܐ ܢܒܝܐ ܒܡܢܝܢܐ ܗܘ ܕܡܢ ܩ̈ܠܝܒܐ [ܩ̈ܕܡܝܢܐ܆ ܡܬܒ[ܪܐ] ܬܘܒ ܡܢ ܡܢܝܢܐ ܫܢܝܬܐ ܐܚܪܬܐ [ܒܠ ܦܛܘܠܐܡܐܘܣ] ܡܕܒܪܢܐ܆ ܘܡܬܒ[ܪܐ] ܬܘܒ ܡܒܝܢܗ [ܕܡܢܝܢܐ ܫܢܝܬܐ ܦܬ]ܓܪܬܐ ܐܚܪܬܐ ܕܒܬܪܒܐ ܒܠ [ܒܪ ܒܪܗ ܐܘܐܪ]ܓܛܣ[3] ܐܚܪܢܝܬ ܢܬܒܢܝ ܡܢܒܪܐ [. . . . . ܡ]ܬܝܕܥܘܬܐ ܬܬܪܢܬܐ ܕܗܠܝܢ [. . . . . ܬܬܐ]ܦܩ ܢܬܐܡܪ̈ܝܢ. ܕܗܘ ܫܢ ܢܒܝܐ ܫܢܝܬܐ ܕܡܢ ܩ̈ܠܝܒܐ [ܩ̈ܕܡܝܢ]ܢܐ ܐܬܒܪܝܬ: ܘܠܐ ܐܬܬܦܢܝܬ ܗܘ ܕ[ܒܡܢܝܢܐ . . . ܠܐ ܐ]ܕܡ ܗܦܐ ܕܬܬܢܝܫܒ. ܐܠܐ ܕܬܬܦܣܩ[. . . . . ܐܬܒܝ]ܐ ܕܢܬܬܠܡ ܒܫܘܬܗ ܕܐܠܟܣܢܕܪܘܣ ‎[. . . . .*]‎ *3 v°.

[1] Ms. ܠܛ″. — [2] Voces in marg. additae. — [3] Ms. ܓܛܣ″.

.... ܒܫܢܬܐ ܗܝ ܡܩܕܡܝܬܐ] ܕܐܘܠܘ[ܡܦܝܐܣ ܗܝ
.ܕܡܢܝ. ܘܠܐ ܒܫܢܬܐ ܗܝ ܕܡܩܕܡܝܬܗ ܐܝܟ] ܕܒܡܢܝܢܐ.
ܕ. . . . . ܗܘ. ܒܫܢܬܐ ܕܝܢ
ܗ]. . . . . ܒܡܢܝܢܐ ܗܘ ܕܐܘܠܘܡܦܝܐ[ܣ: ܐܘ ܐܦ ܒܗ
ܘܠܐܘܠܝܬ ܒܫܢܬܐ ܐܘ ܐܦ ܒܬ[ܪ] ܠܐ ܘܠܐܘܠ[ܝ]ܬ: [ܡܫܪ]ܬ[ܐ] ܗܝ]
.ܕܐܦܝܩܒ. ܕܢܠܗ ܕܡܢܝܢܐ. ܠܗܡܟܠ ܡܫ[ܪܝܬܐ ܗܝ]
ܐܚܪܝܬܐ ܕܐܘܠܘܡܦܝܐܣ ܗܝ. ܕܡܢܝ.. ܘܗܠ[ܝܢ] ܐܬܬܪܝܬ
[ܡܛ]ܠ ܗܝ ܕܐܚܪܢܐ ܕܡܫܠܡܢܐ ܕܫ̈ܢܝܐ ܗܘܐ ܠܗ ܒܗ
ܒܡܢܘ[ܬ]ܐ ܡܢ ܕܡܟܐ ܠܕܘܟܬ ܘܬܫ̈ܡܫܬܐ[1] ܘܒܡܢ̈ܝܢܐ[2]
ܕܫ̈ܢܝܐ]. ܒܗ ܕܝܢ ܗܕܐ ܗܘܐ ܡܟܝܠ ܡܢ: ܕܡܟܐ ܕܬܘܣܦܬܐ
ܐܝܬܝܗܝܢ ܫ̈ܢܝܐ ܗܠܝܢ. ܒ.[3] ܕܩܕܝܡ ܒܗ ܒܡܢܝܢܐ ܟܠ
ܘܟܠܗ ܗܘ ܕܠܐܚܪ̈ܢܝܐ ܕܡܢ ܒܬܪ ܡܟܝܠܬܗ
ܕܐܠܟܣܢܕܪܘܣ. ܡܛܠ ܗܕܐ ܡܟܝܠ: ܕܬܪ̈ܬܝܢ ܬܪܬܐ
ܐܝܬܝܗܝܢ ܒܟ ܒܟܠܗ ܗܠܝܢ ܐܚܪ̈ܢܝܢ: ܘܕܠܐ ܕܗܘ̇
ܕܢܬܩܒܠܢ ܒܗ ܒܡܢܝܢܐ. ܡܛܠ ܒܢܝܬ ܕܠܐ
ܦܛܘܠܡܐܘܣ ܗܘ ܡܩܕܡܝܐ ܕܡܬܩܪܐ ܗܘܐ ܦܪܘܣܐ
ܘܒܪ ܠܐܓܘܣ: ܠܐ[4] ܐܡܠܟ ܐ[ܠܐ] ܐܢ. ܠܛ.
ܫ̈ܢܝܢ ܒܠܚܘܕ: ܘܐܦܠܐ ܗܘ ܐܪܟܠܐܘܣ. ܐܠܐ [ܐ]ܢ
[ܗ]ܢ. ܫ̈ܢܝܢ. ܒܡܢܝܢܐ ܕܝܢ. ܒܠ ܗܘ ܡܢ .ܝ. ܫ̈ܢܝܢ
ܠܐ ܘܠܐܘܠܝܬ. ܒܠ ܗܘ ܕܝܢ. ܒܗ.. ܒܡܢ ܗܕܐ ܕܝܢ:
ܕܐܦܠܐ ܗܒܘ ܐܠܟܣܢܕܪܘܣ ܚܝܝܢ ܠܗܝܢ ܠܗܠܝܢ. ܒ.
ܫ̈ܢܝܢ: ܘܐܦܠܐ ܫ̈ܢܝܢ ܬܠܬܝܢ ܫ̈ܢܝܐ ܕܠܐܚܪ̈ܢܝܐ:
ܕܝܒܢܐ ܐܚܪ ܐܢܐ ܗܘ ܕܡܢ ܒܡܘܬܐ ܕܐܠܟܣܢܕܪܘܣ
ܒܕܡܟܐ ܠܡܘܬܗ ܕܡܠܐܦܛܪܐ ܘܫܘܠܛܢܐ
ܕܐܘܠܘܡܦܝܣ ܕܒܠ ܐܓܘܣܛܘܣ: ܐ[ܠܐ ܐ]ܢ
.ܪܝܕ. ܫ̈ܢܝܢ ܒ[ܠ]ܚܘܕ. ܘܐܦܢ ܠܐ ܗܒܘ ܐܠܟܣܢܕܪܝܐ
[ܕܐܝܬܘܗܝ]، ܫܘܠܛܢܗ ܕܡܠܐܦܛܪܐ ܘܒܝܬܐ
ܕܐܘܣܕܢܗ: .ܒܒ. [ܫ̈ܢܝܢ: ܡܢ] ܫ[ܢ]ܬܐ ܡܩܕܡܝܬܐ
ܕܐܘܠܘܡܦܝܐܣ ܗܝ. ܕܡܢܝ. [ܒܕܡܟܐ ܠܫܢܬܐ .ܕܠ.

[1] Ms. ܬܫܡ̈ܫܬܐ". — [2] Puncta plur. desunt. — [3] Ms. ins. ܫ̈ܢܝܐ. — [4] Vox infra lineam inserta.

ܕܗ̇ܘ] . ܕܡܨܐ.. : . ܕ. . ܟܕ[1] ܫܪܝܐ ܡܕܡ ܕܢܦ[ܠܝܢ ܢܦܠܝܢܘܢ]
ܟ[ܠܒܐ ܡ]ܕܒܪܐ ܕܪܘܚܢܝܐ: . ܗ. ܕܝܢ ܠܡܦܠ [ܫܪܝܐ]
ܗܠܝܢ] ܕܗ̇ܘ ܗܘ ܢܦܠܝܢܘܢ ܐܫܬܠܛ . : ܝܐ. [ܠܡܦܠ ܫܪܝܐ]
ܡܕܒܪܢܘܬܐ ܕܐܘܢܓܠܝܘܢ. ܠܢܦܫܐ ܕܝܢ ܗ̇ܘ ܗܘ [ܕܒܠܗܘܢ
ܠܐܦܝܣܩܘܦܐ] ܐܝܟ ܕܐܡ̈ܪܝܢ ܕܫ̈ܠܝܚܐ . ܪ̈ܕܝ.: ܡܫܝܚܝܢ
ܕܐܝܬ[ܘܗܝ ܟܕ ܡܫܝܚܐ ܗ̇ܘ] . ܕܒ. ܕܐܘܠܘܡܦܝܐܘܣ ܗ̇ܘ
. ܕܡܨܐ.. : ܒܕܡܘ[ܬܐ ܠܢܦܫܬܐ . ܠ. ܕܐܘܠܘܡܦܝܐܘܣ] ܗ̇ܘ . ܕܡܨܐ..
ܒܬܪ ܕܝܢ ܡܠܐܘܦܛܪܐ ܦ[ܢܕܡܝܢ ܕܐܬܝܬܗ̇ ܘܒܒܐ]
ܕܐܫܬܠܛ ܗ̇ܘ ܗܘ ܐܘܢܓܠܝܘܢ [ܟܠ ܐܘ]ܢܓܠܝܘܢ . ܕܝ.
ܫ̈ܡܝܢ : ܒܕ] ܕܢܒܐ ܕܟ̈ܠܗܘܢ ܫܪܝܐ ܕܐܘܪܫܠ[ܡ ܐܬܝܬܘܢ
. ܢܘ. ܫ̈ܡܝܢ.] ܒܡܘܬܐ ܕܝܢ: ܠܘ . ܗܟܝ. ܒ̈ܫܝܢܝܢ ܟܠ
[ܡܠܝܠܘܬܗ ܕܐܘܢܓܠܝܘܢ] ܐܠܐ . ܗܟܐ. ܒܠܚܘܕ .
ܐܒܝܢܐ ܕܗܟܝܠ ܗܠܝܢ ܕ[ܐܡ̈ܪܝܢ.........] ܬܬܚܒܒ
ܒܠܐܝܬܘܬ. ܕܒ. ܫ̈ܝܢܝܢ ܐܣܪܝܚ[ܬܐ ܒܚܝܪ̈
ܒܡܘܬܐ.] *ܡ. . . . . ܕܗܘܡ ܗ. * 4 r°.
. . . . ܕܡܠܐܘܦܛܪܐ: ܒܪ ܩܘܡ ܗܠܝܢ . ܒ. ܫ̈ܪ[ܪ]ܝܢ
[ܡܬܬܒ]ܝ[ܢ] ܠ [ܗܟܢ] ܘܒܒܐ ܗ̇ܘ ܕܠܐܦܝܣܩܘܦܐ. ܡܢܝܚܝܢ
ܠܡܦܠ ܡܫܝܚܐ ܗ̇ܘ. ܕܐ[ܦ]ܝ[ܣ..] ܘܡܬܬܒܪܝܢ
ܢܬܬܩܝܡ ܒܠ ܗܠܝܢ. ܫܪܝܐ ܗܠܝܢ ܕܐܘܪܚܐ ܕܡ̈ܠܟ[ܐ]
ܕܪܘܚܢܝܐ ܕܠܘ ܬܘܩܦܬܐ ܘܒܥܪ̈ܐ. ܡܛܠ ܒܢܬ ܕܐܦ
ܒܠ ܗܠܝܢ ܫ̈ܘܠܛܢܐ ܩܕܡܝܐܐ ܐܝܬ ܠܡܒܢܝܢ.
ܘܬܬܩܦܬܐ ܘܒܥܪ̈ܐ ܡܬܚܫܚܝܢ ܒܪ̈ܫܝܐ ܫ̈ܘܠܛܢܐ
ܠܘܬ ܐܪܥܐ ܘܐܪ̈ܥܢܝܐ. ܘܡܛܠ ܗܕܐ. ܠܘ ܕܠܐ ܠܐ ܦܘܫܩܐ
ܐܬܬܘܗܝ، ܘܒܒܐ ܗ̇ܘ ܕܒܬܪܟܢ ܡܢ ܫ̈ܪܝܐ ܕܠܗܘܢ
ܕܡ̈ܠܟܐ ܕܪܘܚ̈ܢܝܐ. ܐܝܟ ܦܢܝܬܐ ܟܕ ܒܢ̈ܝ ܗ̇ܘ
ܕܗܘܦܐܛܐ: ܗܠܝܢ ܕܡܦܩ ܡܫܝܚܬܐ ܡܫܝܚܘܬܐ: ܟ̈ܗܢܐ
ܕܐܘܪܫܠܡ ܕܠܗܘܢ ܕܡ̈ܠܟܐ. ܟܕ ܡܫܝܚܬܐ ܟܕ ܗ̇ܘ
ܡܕܒܪܢܘܬܐ ܕܢ̈ܦܠܝܢ ܡܬܐܡܪ ܒܒܒܐ ܠܡܫܝܚܘܬܐ . ܕܝ.
ܕܡܫܡܫܐܦܝܣܩܘܦܘܣ. ܡܫܒ. ܫܪ̈ܝܐ ܡܬܬܒܪܝܢ. ܟܕ
ܒܡܘܬܗ̇ ܕܝܢ ܕܡܠܐܘܦܛܪܐ: ܒܒܒܐ ܠܗ̇ ܠܡܫܝܚܘܬܐ ܗ̇ܘ

[1] Punctum minio additum.

ܕܐܡܒܪ̈ܐ. ܡ̈ܫܝܚܐ. ܡܫܝܚ.. ܐܦ ܐܝܟ ܦܦܘܣܐ ܕܐܘܣܒܝܘܣ ܗܘ ܕܒܗ ܒܡܬܒܘܬ ܙܒ̈ܢܐ ܕܝܠܗ: ܘܐܝܟ ܗܢܒܐ[1] ܗܘ ܕܒܡܘܢܐ ܕܝܠܗ ܒܪ ܕܝܠܗ̇. ܗܘ̇[2] ܗܒܘܬ̇ ܗܒܝܢ ܒܪ ܗܒܝܢ. ܐܝܟ ܦܦܘܣܐ ܕܝܢ ܘܫܘܫܒܢܐ ܕܐ̈ܠܗܘܬܪܐ. ܒܝ ܘܠܫ̈ܘܣ ܢܒܝ: ܗܘܕܝܢ ܒܝ ܡܫܝܚܬܐ ܗܿܘ ܕܐܬ̈ܒܪ ܕܡܠܟܘܦܐܬܪܐ: ܒܕܒܪܐ ܠܫܘܪ̇ ܒܠܒܘܬܗ ܕܕܘܦܠܝܦܐܢܘܣ. ܡܫܠܐ. ܡ̈ܫܝܚ ܡ̈ܫܬܒܝܢ. ܒܝ ܕܕܘܦܠܝܦܐܢܘܣ ܕܝܢ ܒܕܒܪܐ ܠܗ̇ ܠܡܫܝܚܬܐ. ܕܝܢ. ܕܡܘܢܦܬ̈ܐܢܦܢܘܣ܆ . ܒܪܐ. ܡ̈ܫܝܚ[3] ܗܒܝܢ. ܐܝܒܢܐ ܕܬ̈ܗܘܝܢ ܟ̈ܠܗܘܢ܆ ܡܫܝܚܐ. ܡ̈ܫܒܒ.܆ ܒܝ ܒܗܘܬܗ̇ ܕܝܢ ܕܡܠܟܘܦܐܬܪܐ: ܒܕܒܪܐ ܠܗ̇ ܠܡܫܝܚܬܐ. ܕܝܢ. ܕܡܘܢܦܬܐܢܦܢܘܣ܆ . ܡܫܒܪ. ܡ̈ܫܝܚ ܒܒܝܫܝܢ ܗ̇ܢܘܢ ܐܠܗܘܬܪܐ. ܕܒܝܬ̈ܝܢ ܡ̈ܫܝܚܐ ܢ. ܒܝ ܗܠܝܢ [ܕܗܦ]ܐܟ ܐܘܣܒܝܘܣ[4]. ܒܠ ܗܠܝܢ ܗܒܝܠ ܡ̈ܫܝܚܐ . ܡܫܒܪ. [ܕ]ܒܬ̈ܒܝܫ ܐܝܟ ܫ̈ܘܫܒܢܐ ܕܐ̈ܠܗܘܬܪܐ ܒܠ ܟ̈ܠܒܐ ܕ[ܪ]ܘܒ̈ܝܢܐ: [ܒܪ] ܢܬܬ̈ܗܦܟ ܡ̈ܫܝܚܐ ܗܠܝܢ ܕܠܐܬ̈ܚܙܝܐ ܕܐܒܘܬܗܘܢ ܕܐܠܗܘܬܪܐ [ܐܬ]ܬܚܘܝܘ. ܪ̈ܒ..܆ ܒܬ̈ܒܝܫ ܟ̈ܠܗܘܢ ܡ̈ܫܝܚܐ. ܦܒܝܚ.. ܒܝ ܗܠܝܢ [ܐ̈ܝ] ܒܪܒܝܢ ܡ̈ܫܝܚܐ. ܢܒ.: ܗܠܝܢ ܕܒܝ ܡܫܘܪ̇ ܒܠܒܘܬܗ ܕ[ܦܠܝܦ]ܘܣ ܐܪ̈ܙܐ ܐܘܣ ܐܝܢܘܗ̇ ܕܐ̈ܠܗܘܬܪܘܣ: ܒܕܒܪܐ ܠܫܘܪ̇ [ܒܠܒܘܬ]ܗ ܕܦܠܝܦܘܣ ܢܦܩܬ̈ܪ ܒܠܒܐ ܡܕܒܪܐ ܕܦܘܪܢܐ: [ܗܘ ܕܒܝܗ ܒܦ]ܫܬܒܪ ܕܒܫܪܐ ܒܝܢܐ ܗܢܐ ܕܬ̈ܘܢܐ ܐܝܟ ܒܬܒܐ [ܕܬ̈ܡܒܝܢܐ:] ܦ̈ܝܫ ܡ̈ܫܝܚܐ. ܦܠܘ.. ܟ̈ܠܗܘܢ ܗܠܝܢ ܕܒܫܬܐ [ܗܘܐ ܒܗ̇ ܒܪ ܒܗ̇ ܒܫܒ]ܬܐ. ܕܝܢ. ܕܡܘܢܦܬܐܢܦܢܘܣ܆ ܒܝܢܐ ܗܢܐ [ܕܒܬܦܪܐ ܕ̈ܬܘܢ]ܐ. [ܡܫ]ܬܐ ܗܒܝܠ ܡܕܒܪܬܐ ܕܒܝܢܐ ܕ̈ܬܘܢܐ: [...... ......ܐܬ]ܚܙܝܘ܆ ܡܫܝܚܬܐ ܡܕܒܪܬܐ ܕܡܠܦܘ[ܣ]ܘܣ *ܢܘܐܦܬ̈ܪ ....] ܗ ܕ....ܗ [.......ܒܝ (* 4 v°.) ܡܫܝܚܬܐ ܡܕܒܪ[ܬܐ] ܕܡܠܘ[ܦ]ܘܣ: ܒܕܒܪܐ ܠܒܘܬܗ̇ ܕܡܠܟܘܦܐܬܪܐ܆ [.ܪܦܒ.] ܡ̈ܫܝܚ ܐܬܚܘܝܘ܆ ܐܝܟ

[1] Ms. ″ܗܢܒ̈ܐ. — [2] Ms. ܘܘ. — [3] Ms. ܢܚܫܐ. — [4] Ms. ″ܐܘܣܒܝܘܣ.

ܕܦܪܝܫܘܬܐ ܐܡܝܢܬܐ. ܗܠܝܢ ܕܝܢ ܕܪ̈ܘܡܝܐ ܬܘܒ ܐܡܪܝܢ ܐܘܦܘܡܢܡܣܘܣ: ܐܝܟܢܘ[1] ܕܡܫܚܬܐ. ܕܝܠܟ. ܕܐܘܪܬܘܓܪܦܘܣ ܐܬܦܬܠܬ ܡܠܐܘܦܐܛܪܐ̇. ܡܢ ܡܠܬܗ̇[2] ܒܥܒܕܐ ܠܫܢܬܐ. ܕܝܢ. ܕܡܘܢܘܣܛܐܬܝܩܘܣ. ܗ̈ܘܝܢ ܐܝܟ ܕܐܡܝܪܐ ܫ̈ܡܗܐ. ܡܫܚ.. ܫܡܗ. ܗܟܝܠ ܗ̇ܠܝܢ ܒܪ ܢܬܬ̈ܦܩܘܢ ܥܠ ܗܠܝܢ. ܢܦܩ. ܕܡܢ ܗܠܝܢܘܢ ܒܥܒܕܐ ܠܫܥܒܕܐ ܕܡܠܐܘܦܐܛܪܐ̇. ܦܠܛܐ. ܒܬ̈ܚܘܡ. ܐܝܟܢܐ ܕܢܫܬܟܚܢ ܡܕܡ ܗܠܝܢ ܕܡܫܢܐ ܕܢ̈ܘܫܐ. ܒܗ̇ ܒܫܢܬܐ ܗ̇ܝ. ܕܝܢ. ܕܡܘܢܘܣܛܐܬܝܩܘܣ. ܦܠܛܐ.[3] ܫ̈ܡܗܝܢ. ܐܠܐ ܕܝܠܝܬܐ ܐܬܝܗ̇ ܗܕܐ̇. ܐܝܟܢܐ ܕܐܝܬ ܠܡܐܠܦ ܡܢ ܬܫ̈ܡܫܬܐ ܩܛܝܓܘܪܝܐ ܘܡܢ ܕܘ̈ܡܫܟܐ ܕܡܢܗܘܢ ܕܡܬܠܬܠܬܗ̇ ܕܫܢܬܐ ܗ̇ܝ. ܕܝܢ. ܕܡܘܢܘܣܛܐܬܝܩܘܣ. ܕܫ̈ܡܗܝܢ ܕܡܫܚܬܐ ܗ̇ܝ ܕܗܠܝܢ. ܕ̈ܢܘܫܐ ܐܬܦܠܚܬ ܐ ܗܟܢܐ ܥܪܝܪܐ ܗܕܐ̇. ܕܫ̈ܡܗܐ ܗܠܝܢ ܕܪ̈ܘܡܝܐ ܒܠܗܘܢ ܗܠܝܢ ܐܝܬܝ̈ܗܝܢ. ܡܕܡ̇ ܒܗܠܝܢ ܕܠܐܟ̈ܢܝܐ ܐܝܬܝ̈ܗܝܢ ܗܠܝܢ ܠܝ. ܫ̈ܡܗܝܢ ܬܘ̈ܬܐ. ܐܝܟܢ ܗܠܝܢ ܕܠܐܟ̈ܢܝܐ ܫܪܝܪܐܝܬ: ܗܠܝܢ ܒܠܗܘܢ ܫ̈ܡܗܐ ܐܝܬܝܗܘܢ ܕܠܐ ܕܒܠܥܕܘܬܐ: ܡܢ ܡܠܬܐ ܦ̇ܢ ܕܐܠܟܣܢܕܪܘܣ ܠܡܠܬܐ ܕܡܠܐܘܦܐܛܪܐ ܫ̈ܡܗܐ ܢܦܩ.: (ܡܢ)[4] ܗܠܝܢܘܢ ܕܝܢ ܫ̈ܡܗܐ. ܢܦܩ.: ܡܕܡ ܗܠܝܢ ܕܪ̈ܘܡܝܐ ܡܕܟܠܝܢ: ܘܠܐ ܐܝܬܝܗܘܢ ܒܠܗܘܢ ܗܠܝܢ. ܡܢ ܢܘܠܡܘܣ ܦ̇ܢ ܒܥܒܕܐ ܠܫܢܬܐ. ܕܝܢ. ܕܡܘܢܘܣܛܐܬܝܩܘܣ. ܥܒܕܗ.[5] ܫ̈ܡܗܝܢ: ܡܢ ܡܠܬܗ̇ ܕܝܢ ܕܡܠܐܘܦܐܛܪܐ ܫ̈ܡܗܐ. ܡܫܚ.. ܐܠܐ ܗܟܢܐ ܒܠܚܘܕ ܐܬܝܗܘܢ: ܡܢ[6] ܢܘܠܡܘܣ ܦ̇ܢ ܒܥܒܕܐ ܠܫܢܬܐ (ܕܝܢ.)[7] ܕܡܘܢܘܣܛܐܬܝܩܘܣ ܐܝܟܢܐ ܕܐܡܪ̇ ܡܢ ܠܥܠ: ܫ̈ܡܗܐ ܫܒܩ.. ܡܢ ܡܠܬܗ̇ (ܕܝܢ)[8] ܕܡܠܐܘܦܐܛܪܐ ܒܥܒܕܐ ܠܗ̇ ܠܫ[ܢܬܐ]. ܕܝܢ. [ܕܐ]ܡܝܪܐ: ܫ̈ܡܗܐ. ܫܒܩ.. ܐܝܟܢܐ ܕ(ܒܪ)[7] ܢܬܬ̈ܦܩܘܢ[9] ܗܠܝܢ ܒܗ̇ ܗ̇ܢܝܢ. ܢܦܩ.

[1] Ms. ܗܘ″. — [2] Ms. ܠܗ″ e ܡܠܬܐ correctum. — [3] Ms. ܦܠܛ. — [4] Deest in ms.; loco vocis est rasura. — [5] Ms. ܥܒܕ. — [6] Ms. ܡ̇ܢ. — [7] Deest in ms. — [8] Deest in ms.; loco vocis est signum, ut videtur, omissionis. — [9] Ms. ″ܢܝܪ.

ܕܡܢ ܦܠܘܡܘܣ ܒܪܕܝܐ ܠܥܕܬܐ ܕܩܠܐܘܦܛ[ܪܐ:]
ܢܬܒܥܝܢ ܠܝ. ܦܠܘ. ܫܟܝܚ ܒܠܚܘܕ ܒܥܕܬܐ ܗ̇ܝ. ܕܓ.
ܕܣܘ[ܦܣܛܐ]ܢܛܝܣܘܣ: ܐܝܟ ܡܐ ܕܐܬܚܙܝܘܗܝ ܗ̈ܘܘ ܫܟܝܚܐ
ܕܡܫܝܚܐ ܕ[ܡ̈ܘܫܐ] ܗܘܕܝܢ. ܘܠܐ ܗܘܐ. ܦܠܝܛ.܀ ܗܠܝܢ
ܕܡܬܒܥܝܢ ܗܫܐ [ܡܢ] ܦܣܩܬܐ ܕܩܢܘܢܐ. ܐܡܪܝܢ ܘܠܐ
ܗܠܝܢ ܕܪ̈ܘܡܝܐ ܕܟ̈[ܠܗܬܐ ܘܠܐ] ܗ̇ܝ ܕܠܐܟ̈ܣܢܝܐ ܬܘܒ:
ܐܠܐ ܒܠܚܘܕ ܗܠܝܢ ܫܟܝܚܐ [ܡܥܪ̈ܒܝܬܐ] ܐܝܬ ܡܢ
ܡܕܝܢܬܐ ܕܐܠܟܣܢܕܪܘܣ ܒܪܕܝܐ ܠܥ[ܕܬܐ. ܕܓ.]
ܕܣܘܢܣܛܐܢܛܝܣܘܣ: ܡܕܝܢ ܢܕܥ. ܕܠܐ [ܒܥܕܬܐ ܗ̇ܝ]
ܡܕܝܢܬܐ ܕܦܠܘܡܘܣ ܡܠܟܐ ܡܕܝܢ[ܬܐ ܕܡܘܪܐ ܡܟܝ̈ܢܝܢ]
ܫܟܝܚܐ ܗܠܝܢ ܕܡܫܝܚܐ ܗܢܐ ܕ[ܡ̈ܘܫ]ܐ [ܐܡܝܢܬ ܡܫܝܚܐ]
ܕܐܘܪ̈ܝܫܗ: ܐܡܝܢܐ ܕܐܝܬ ܒܒܝܬ[ܒ]ܐ [ܕܡܒ̈ܝܢܐ:]
ܘܐܡܝܢܐ ܕܐܦ] *ܒܗ ܒܩܢܘܢܐ ܪܫܝܡ. ܐܠܐ ܒ[ܥܕܬ]ܐ *5 r°.
ܗ̇ܝ ܕܐܬ̈ܪܒܐ ܕܠܘܬ ܕܦܠܘܡܘܣ. ܐܡܝܢܐ ܕܢܬܒܥܘܢ [ܡ]ܕܝܢ
ܗ̇ܘ ܫܘܪܝܐ ܕܡܫܝܚܐ ܗܢܐ. ܒܥܕܬܐ ܗ̇ܝ ܪ̈ܒܝܬܐ
ܕܐܘܠܘܡܦܝܐܣ[1] ܗ̇ܝ. ܕܡܢ.[2]܀ ܐܝܟ ܒܬܪ ܗܠܝܢ ܕܪ̈ܘܡܝܐ
ܕܟ̈ܠܝܢ: ܘܐܝܟ ܗܠܝܢ ܕܠܐܟ̈ܣܢܝܐ: ܘܐܝܟ ܪܘܡܒܐ ܬܘܒ
ܘܗ̇ ܕܫܘܪܝܐ ܕܡܫܝܚܐ ܗܢܐ ܕܡ̈ܘܫܐ: ܘܐܝܟ ܬܘܒ ܫܟܝܚܐ
ܕܡܢ ܟ̈ܠܒܐ ܕܡ̈ܫܡܫܢܐ: ܐܘ ܐܬܬܩ̈ܦܝܢ ܐܘ
ܐܬܟܢ̈ܫܝܢ ܡܢ ܩܢܘܢܐ ܡܕܡ ܒܡܕܝܢܬܐ ܕܐܠܟܣܢܕܪܘܣ:
ܘܒܪ ܐܬܒܠܥ ܐܘ ܐܬܬܢܝܬ ܒܩܢܘܢܐ: ܗ̣ܘ ܒܡܕܝܢܬܐ
ܕܐܠܟܣܢܕܪܘܣ: ܗܦ̣ܟ ܗܘܐ ܫܘܠܦܐ ܒܗ ܒܩܢܘܢܐ. ܐܝܕܐ
ܕܗ̣ܝ ܒܠܒܬܐ ܐܝܟ ܢܬܠ ܕܐܬܝܗ̇: ܕܒܓܒܪܬ ܕܒܠܘܬܐ
ܒܩܢܘܢܐ: ܗܕܐ ܡܢ ܒܠ ܦܘܪܣ ܬܗܘ̣ܐ ܢܕܥܬܐ:. ܕܠ.
ܫܟܝܚ ܢܬܬܪ̈ܐ ܐܝܬ ܒܗ ܒܩܢܘܢܐ: ܡܢ ܐܡܬܝ
ܕܡܫܬܒܪܐ ܕܐܬܝܗܘܢ ܫܘܪܝܐ ܕܡܫܝܚܐ ܗ̇ܘ ܕܡ̈ܘܫܐ.
ܗܢܕܝܢ ܡܢ ܫܘܪܝ ܡܠܟܘܬܗ ܕܦܠܘܡܘܣ ܒܪ[ܕ]ܝܐ
ܠܥܕܬ .ܓ. ܕܣܘܢܣܛܐܢܛܝܣܘܣ܀ ܢܕܥܐ ܕܝܢ ܗܕܐ
[ܬܘ]ܒ: ܐܦ ܡܢ ܗ̇ܝ ܕܐ̈ܠܟܣܢܕܪܝܐ: ܠ. ܫܟܝܚ
ܐܬ̈ܪܘܬܐ ܡܟܠܝܢ [ܡܢ]ܕܡܝܢ ܠܗ ܠܫܘܪܝ ܡܠܟܘܬܗ

[1] Ms. ܦܘܣ″. — [2] Ms. ܕܡܝ. .

ܕܕܝܘܩܠܝܛܝܐܢܘܣ ܫܛ[ܪ] ܡܢ ܐܝܟܐ ܕܫܒܩ ܒܡܢܝܢܐ: ܘܐܦ ܠܡܢܝܢܐ ܗܘ ܕܫܢܝܢ ܒܡܘܕܥܢܘܬܗܘܢ[1] ܡܢ ܗܢܐ· ܒܪ ܒܫܢܬܐ ܗܝ .ܕܢܣܘ. ܕܡܢܝܢܐ ܕܗܘ[ܝ]ܐ ܚܒܝܒܝܢ ܠܗ ܡܘܪܝܐ:܀ ܢܠܦ ܕܝܢ ܗܠܝܢ ܒܠܗܘܢ ܚܕܬܐ ܘܦܘܫܩܐ ܕܐܬܬܦܩܕܬ ܡܪܝܐ ܟܠܠ ܫܢܝܐ ܗܠܝܢ ܓ. ܫܬܪܬܐ ܕܐܝܬ ܒܗ ܒܡܢܝܢܐ: ܗܪܐ ܟܠܝܘܡ ܬܬܬܦܣܩ[2] ܗܫܐ ܘܬܬܥܪܒ ܠܟܠܢܫ. ܕܐ̈ܠܟܣܢܕܪܝܐ ܠܫܢܝܐ ܗܠܝܢ ܕܡܢ ܒܡܘܬܗ ܕܐܠܟܣܢܕܪܘܣ ܒܕܡܟܐ ܠܫܢܬܐ. ܕܓ. ܕܡܘܢܘܦܐܝܛܘܣ: .ܦܪܡܢ. ܫ̈ܢܝܢ ܟܠܝܘܡ ܡܢܝܢܝܢ ܕܐܝܬܝܗܘܢ: ܘܠܐ ܗܘܝܐ. ܦܢܝܐ: ܐܝܟܢܐ ܕܐܝܬ ܒܡܢܝܢܐ ܗܘ[3] ܕܐܘܩܒܢܘܣ. ܗܢܘܢ .ܕܓ. ܫ̈ܢܝܢ ܗܠܝܢ ܕܠܐ̈ܢܫܝܐ ܕܡܢ ܒܡܘܬܗ ܕܐܠܟܣܢܕܪܘܣ: ܘܫܢܝ ܒܠܒܘܬܗ ܕܦܝܠܝܦܘܣ ܐܪܝܕܐܘܣ ܐܚܘܗܝ: ܒܕܡܟܐ ܠܡܘܬܗ ܕܡܠܟܐܘܦܛܪܐ: [ܘܫܢ.] ܓ. ܗܠܝܢ [ܕ]ܡܢ ܒܡܘܬܗ ܕܡܠܟܐܘܦܛܪܐ: ܒܕܡܟܐ ܠܫܘܪܝ [ܒܠܒܘܬܗ ܕܕܝܘ]ܩܠܝܛܝܐܢܘܣ: ܘܐܪܒܥܝܢ ܘܬܪܬܐ ܗܠܝܢ ܕܫܢܝܬܐ [ܒܡܢܝܢܐ ܕܕܝܘܩܠܝ]ܛ[ܝ]ܐܢܘܣ: ܒܫܢܬܐ ܗܝ .ܕܓ. ܕܡܘܢܘܦ[ܐ]ܝܛܘܣ. ܐܝܟܢܐ ܕܟܬܝܒ ܕܬܬܪܟܡ ܠܟܠܢܫ: ܦܢܝ ܫ̈ܢܝܐ ܐܝܟ ....: ܗܠܝܢ ܒܝܬ ܕܡ̈ܠܟܐ ܕ̈ܡܪܘܡܝܐ: ܠܐ [ܕܗܠܝܢ ܟܠܝܘܡ ܕܟܬ]ܒ ܒܬܪ ܡܐܪܝܐܢܘܣ[4]: ܐܠܐ ܐܦ ܕܗܠܝܢ [ܕܗܘܘ ܡܢ ܩܕܡܘܗܝ:] ܕܫ̈ܢܝܢ ܡܢ ܡܐܘܓܘܣ ܡ̈ܠܟܐ ܩܕܡܝܐ [: ܘܕܡ̈ܠܟܐ ܕܐܝܛܠܝܩܘܣ] ܗܠܝܢ ܕܡܬܝܒܝܢ ܠܐ̈ܢܫܝܐ ܕܡܢ ܒܡܘܬ[ܗ] ܕܐܠܟܣܢܕܪܘܣ ܒܕܡܟܐ ܠܫܘܪ[ܝ]ܐ ܕܡܠܟܐܘܦܛܪܐ: ܘܐܦ ܕ[ܡ̈ܠܟܐ ܕܪ̈ܗܘܡܝܐ: ܐܝܟܢܐ ܕܫܢܝܢ] ܠܗܝܢ ܐ̈ܠܟܣܢܕܪܝܐ.

*5 v°. ܗܐ [ܦܐܪܝ] *ܐܝܟܐ ܠܗܝܢ ܠܝ ܗܪܟܐ. [ܘ]ܚܒܒ ܐܝܟܐ ܐܦ ܒܡܢܝܢܐ ܕܢܠܗܝܢ ܕܐܝܟܢܐ: ܡܢ ܒܐܘܓܘܣ [ܠܗ]ܐܪܝܐܢܘܣ: ܘܡܢ ܡܐܪܝܐܢܘܣ ܠܐܠܟܣܢܕܪܘܣ: ܘܡܢ

[1] Tertia littera non omnino certa; vox corrupta sane est. — [2] Ms. (ut quidem videtur) ̈ܬܬܬ. — [3] Ms. ܗܘ (supra lineam additum). — [4] Ms. ܡܪܝܐܢܘܣ.

ܗܢܐ ܒܫܢܬܐ ܠܡܠܟܘܬܐ ܕܩܠܘܦܛܪܐ: ܘܡܢ ܬܡܢ ܒܫܢܬܐ[1] ܠܩܘܣܛ[ܐ]ܢܛܝܢܘܣ:.

ܬ̈ܠܬܐ[2] ܕܡ̈ܥܕܘܢܝܐ[2]:. ܡܢ ܒܬܪ ܡܫܝܚܬܐ ܕܗܪ̈ܩܠܝܕܐ. ܐܝܟ ܡܫܘܚܘܗܝ ܕܡܬܦܪ̈ܐ ܗܢܐ ܡܐܘܒܪܘܗܝ ܒܪ ܙܘܣ ܘܒܪܗ ܕܬܐܘܡܐ: ܗܢ ܦܪܙ ܡܢ ܟܠܗܘܢ ܗܪ̈ܩܠܝܕܐ ܗ̤ܘ[3] ܠܗ: ܘܐܝܠ ܒܒܪ ܒܐܬܪܐ ܗ̇ܘ ܕܡܬܩܪܐ ܗ̇ܘܐ ܗܕܡ ܐܝܟܐܬܝܐ ܐܦ ܐܦܐܪܝܐ: ܘܗܒ ܐܡܠܟܗ ܒܟܠ ܓ̈ܠܗܘܢ ܗ̇ܢܘܢ ܕܢܚܒܪܘܢ ܗܘܘ ܬܡܢ. ܡܐܡܪܘܢܝܐ ܫܡ̈ܗܘܢ ܠܐܬܪܐ ܗ̇ܘ ܕܫܠܛܝܢ ܒܗ ܫܢܝܢ ܗܢܘܢ. ܐܝܟ ܗܢܐ ܫܠܛܝܢܐ ܒܟܠܗܘܢ ܕܐܬܪܐ ܕܡ̈ܥܕܘܢܝܐ ܗ̇ܘ ܘܫ̈ܢܝܗܘܢ. ܒܫܢܬܐ ܠܦܠܓܐ ܕܡܠܟܘܬܐ ܕܦ̈ܪܣܝܐ. ܫܪܝܐ ܕܝܢ ܕܐܘܪܚܝܐ ܐܝܬܘܗܝ. ܒܫܢܬܐ ܕܫ̈ܒܥ ܡܢ ܒܬܪ ܡܫܝܚܘܬܗܘܢ. ܕܗܪܐܩܠܝܕܐ. ܘܒܫܢܬ[ܐ ܕ]ܐܪܒܥܝܢ ܡܢ ܒܬܪ ܫܪܒܗ ܕܐܝܠܝܢ. ܐܝܬܝܗܘܢ ܕܝܢ ܫܒ[ܥ]ܬܪ ܫܢ̈ܝܐ ܕܐܘܪܚܝܘܗܝ ܗܘܝܐ:.

ܐ.[2] ܡܕܒ[ܪ]ܢܐ ܟܗܢܘ ܒܪ ܝܘܨܕܩ. ܫ̈ܢܝܐ. ܠܒ.[2] ܠܒ..

ܒ.[2] ܒܐܪܘ[ܩ]ܝܡ[4] ܘܦܠܘܡܐܣ ܒܢܘ″ ܐܟܘܣܝܐ ܫ̈″. ܩ.[2] ܒܟ..

ܓ.[2] ܓܘܪܓܝܐܣ ܒܪ ܦܠܘܡܐܣ. ܫ̈ܢܝܐ. ܒܕ.[2] ܝܓ..

ܕ.[2] ܡܐܘܒܪܘ ܒܪ ܦܐܪܘܣܣ. ܫ̈ܢܝܐ. ܗ.[5] ܡܐ.[6]

ܗ.[2] ܐܬܪܘܣ ܒܪ ܓܘܪܓܝܐܣ. ܫ̈ܢܝܐ. ܒܢ.[2] ܡܒܛ..

ܘ.[2] ܐܪܣܛܒܘܠܘܣ ܒܪ ܐܬܪܘܣ. ܫ̈ܢܝܐ. ܟܐ.[2] ܡܒ..

ܙ.[2] ܦܝܠܘܦܐܛܪܘܣ[7] ܒܪ ܐܘܣܣܘܣ[8]. ܫ̈ܢܝܐ. ܠܗ.[2] ܪܗ..

ܚ.[2] ܓܘܢܐܘܣ ܒܪ ܦܝܠܘܦܐܛܪܘܣ. ܫ̈ܢܝܐ. ܝܕ.[2] ܪܦܛ..

ܛ.[2] ܕܐܘܡܐܠܘܣ ܒܪ ܓܘܢܐܘܣ[9]. ܫ̈ܢܝܐ. ܗ.[2] ܪܨܕ..

ܝ.[2] ܒܐܠܟܣܢܕܪܘܣ ܒܪ ܠܐܘܡܛܣ[10]. ܫ̈ܢܝܐ. ܝ.[2] ܪܟܐ..

ܝܐ.[2] ܡܐܦܐܠܝܡ ܒܪ ܒܐܠܟܣܢܕܪܘܣ. ܫ̈ܢܝܐ. ܝܒ.[2] ܪܨܛ..

ܝܒ.[2] [ܢ]ܝܡܐܘܣ ܒܪ ܡܐܦܐܠܝܡ. ܫ̈ܢܝܐ[11]. ܟܗ.[2] ܪܣܛ..

[1] Vox supra lineam addita. — [2] Vox minio scripta. — [3] Ms. ܘܗ. — [4] Ex Eliae Nisibeni chr nico (Brit. Mus., Add. Ms. 7,197, f. 9) supplevi. — [5] Ms. .ܗܝ. (minio scriptum); ita El. Nis. — [6] Ms. .ܡܐ. : ex El. Nis. correxi. — [7] Ms. ″ܫܡܫ. — [8] Post ܐ stant 3 litterae deletae. — [9] Ms. ܓܘܢܐܘܣ. — [10] In textu ܠܐܘܡܛܣ, corr. in marg.; El. Nis. ܠܐܘܡܘܛܣ. — [11] Puncta plur. desunt.

ܝܒ. ¹ ܐܢܛܝܘܟܘܣ ܒܪ ܣܠܘܩܘܣ. ܫ̈ܢܝܐ. ܠ. ¹ ܫܘ..

ܝܓ. ¹ ܣܠܘܩܘܣ ܒܪ ܐܢܛܝܘܟܘܣ. [ܫ̈ܢ]ܝܐ. ܒ. ¹ ܫܚ..

ܝܕ. ¹ ܬܐܪܘܓܘܣ ܒܪ ܣܠܘܩܘܣ [ܫ̈ܢ]ܝܐ. ܝ. ¹ [ܫܛܘ..]

ܝܗ. ¹ ܐܢܛܝܘܟܘܣ ܒܪ ܐܢܛܝܘܟܘܣ ܟܘܙܝܩܢܘܣ. [ܫ̈″. ܝܒ. ܫܟܘ.]²

ܒܬܪ¹ ܗܠܝܢ ¹ ܡܩܕܘܢܝܐ ¹ ܘܡܠ[ܟܘ]² ܕܪ̈ܗܘܡܝܐ ¹ ܒܡܠܘܟܐ² [ܗܘ ܕܐܘܓܘܣܛܘܣ¹ :·:

ܐ. ¹ ܡܐܓܘܣܛܘܣ. ܫ̈ܢ]ܝܐ. ܢܘ. ² ܢܘ..

ܒ. [ܛܝܒܪܝܘܣ ܒܪ ܡܐܓܘܣܛܘܣ. ܫ̈ܢ]ܝܐ. ܟܒ. ² ܟܒ. ܩ..

ܓ. [ܓܐܝܘܣ ܒܪ ܡܐܓܘܣܛܘܣ. ܫ̈ܢܝܐ]. ܕ. ² ܕ. ܩܟܘ..

ܕ. [ܩܠܘܕܝܘܣ ܒܪ ܡܐܓܘܣܛܘܣ. ܫ̈ܢܝܐ]. ܝܕ. ² ܝܕ. ܩܡܛ..

ܗ. ܐ]ܢܪܘܢ ܒܪ³ ܩ[ܠܘܕܝܘܣ. ܫ̈ܢܝܐ. ܝܓ. ² ܝܓ. ܩܢܒ..]

* 6 r°. *ܘ. ¹ ܐ[ܣܦܣܝܢܘܣ ܒܪ ܐ]ܦ[ܪܘܦܝܣ⁴ ܫ̈ܢܝܐ]. ܝ. ¹ ܝ. ܩܣܒ..

ܙ. ¹ ܐܛܝܛܘܣ⁵ ܒܪ ܐܣܦܣ[ܝ]ܢܘܣ ܫ̈ܢܝܐ. ܒ. ¹ ܒ. ܩܣܕ..

ܚ. ¹ ܕܘܡܛܝܢܘܣ ܒܪ ܐܣܦܣܝܢܘܣ ܫ̈ܢܝܐ. ܝܘ. ¹ ܝܘ. ܩܦ..

ܛ. ¹ ܢܪܘܐ ܒܪ ܕܘܡܛܝ[ܢܘ]ܣ ܫ̈ܢܝܐ. ܐ. ¹ ܐ. ܩܦܐ..

ܝ. ¹ ܛܪܝܢܘܣ ܒܪ ܢܪܘܐ ܫ̈ܢܝܐ. ܝܛ. ¹ ܝܛ. ܩܨܛ..

ܝܐ. ¹ ܐܕܪܝܢܘܣ ܒܪ ܛܪܝܢܘܣ ܫ̈″. ܟܐ. ¹ ܟܐ.. ܫܢܐ..

ܝܒ. ¹ ܐܢܛܘܢܝܢܘܣ ܒܪ ܐܕܪܝܢܘܣ ܫ̈ܢܝܐ. ܟܓ. ¹ ܟܓ. ܬܗ..

ܝܓ. ¹ ܡܪܩܘܣ ܒܪ ܐܢܛܘܢܝܢܘܣ ܫ̈ܢܝܐ. ܝܛ. ¹ ܝܛ. ܬܟܒ..

ܝܕ. ¹ ܩܘܡܘܕܘܣ⁶ ܒܪ ܡܪܩܘܣ ܫ̈ܢܝܐ. ܝܓ. ¹ ܝܓ. ܬܠܕ..

ܝܗ. ¹ ܦܪܛܝܢܩܘܣ ܒܪ ܩܘܡܘܕܘܣ ܫ̈ܢܬܐ⁷. ܐ. ¹ ܐ. ܬܠܗ..

ܝܘ. ¹ ܗܢܐ ܓܝܪ ܠܐ ܐܡܠܟܘܗܝ ܐܦ ܐܢܛܘܢܝܢܘܣ ܒܪܗ
ܕܦܪܛ[ܝ]ܢܩܘܣ² ܝܪ̈ܚܐ. ܕ..

ܝܙ. ¹ ܣܘܝܪܘܣ ܒܪ ܐܢܛܘܢܝܢܘܣ ܫ̈ܢܬܐ. ܝܚ. ¹ ܝܚ. ܬܢܓ..

ܝܚ. ¹ ܐܢܛܘܢܝܢܘܣ ܒܪ ܣܘܝܪܘܣ ܫ̈ܢܝܐ. ܙ. ¹ ܙ. ܬ[ܢܛ..]

ܝܛ. ¹ ܡܩܪܝܢܘܣ ܒܪ ܐܢܛܘܢܝܢܘܣ ܫ̈ܢܝܐ. ܒ. ¹ ܒ. ܬ[ܣܐ..]

ܟ. ¹ ܐܢܛܘܢܝܢܘܣ ܒܪ ܡ[ܩܪܝܢܘܣ]² ܫ̈ܢܝܐ. ܕ. ¹ ܕ. [ܬܣܗ..]

¹ Vox minio scripta. — ² Ex Elia Nis. supplevi. — ³ Sequuntur litterae ܐܦܪܘ deletae. — ⁴ El. Nis. ″ܐܦܪܘ. — ⁵ In marg. ܐܦܪܘܦܘܣ. — ⁶ Ms. ܩܘܡܘܕܘܣ″. — ⁷ Ms. ܫ̈ܢܝܐ.

ܟܐ. ¹ ܐܠܟ[ܣܢܕܪ]ܘܣ ܒܪ ܐ[ܡܘܢܛܐ]ܣ ܫܢܝܐ. ܐ. ¹ [ܬܬܟܐ..

ܟܒ. [ܐܪܟܠܐ] ܐܡܘ[ܢܛ]ܐ. . . ܦ[ܛ..

ܟܓ. ܦܝܠܝܦܘܣ ܐܡܘܢܛ[ܘܣ]² ܫܢܝܢ ܟ. ³[ܬܬܟܕ..

ܟܕ. ܦܐܪܕܝܩܐܣ ܒܪ ܐܡܘܢܛܐܣ ܫܢܝܢ ܘ. ܬܬܠ..

ܟܗ. ܦܝܠܝܦܘܣ ܒܪ ܐܡܘܢܛܐܣ ܫܢܝܢ ܟܗ. ܬܬܢܗ..

ܟܘ. ܐܠܟܣܢܕܪܘܣ ܒܪ ܦܝܠܝܦܘܣ ܫܢܝܢ ܝܒ. ܬܬܣܙ..]

. . . .

. . . .

[ܐ. ܦܛܠܡܐܘܣ ܒܪ ܠܐܓܘܣ⁴ ܫܢܝܢ ܠܛ. ܠܛ. ܠܛ..

ܒ. ܦܛܠܡܐܘܣ ܦܝܠܕܠܦܘܣ ܫܢܝܢ ܠܚ. ܥܙ..

ܓ. ܦܛܠܡܐܘܣ ܐܘܐܪܓܛܣ ܫܢܝܢ ܟܗ. ܩܒ..

ܕ. ܦܛܠܡܐܘܣ ܦܝܠܘܦܛܪ ܫܢܝܢ ܝܙ. ܩܝܛ..

ܗ. ܦܛܠܡܐܘܣ ܐܦܝܦܢܣ⁵ ܫܢܝܢ ܟܕ. ܩܡܓ..

ܘ. ܦܛܠܡܐܘܣ ܦܝܠܘܡܛܘܪ ܫܢܝܢ ܠܗ. ܩܥܚ..

ܙ. ܦܛܠܡܐܘܣ ܐܘܐܪܓܛܣ ܫܢܝܢ ܟܛ. ܪܙ..

ܚ. ܦܛܠܡܐܘܣ ܣܘܛܪ ܫܢܝܢ ܠܘ. ܪܡܓ..

ܛ. ܦܛܠܡܐܘܣ ܕܝܘܢܘܣܝܘܣ⁶ ܫܢܝܢ ܟܛ. ܪܥܒ..

ܝ. ܩܠܐܘܦܛܪܐ ܫܢܝܢ ܟܒ. ܪܨܕ..]

. . . .

. . . .

ܒ.]* ܐܓܘܣܛ[ܘܣ] ܫܢܝܢ [ܢܘ. ܢ]ܘ.. *6 v°.

[ܓ.] ܛ[ܝ]ܒܪܝܘܣ ܫܢܝܢ [ܟ]ܓ. ¹ ܥܛ..

[ܕ.] ܓܐܝܘܣ ܫܢܝܢ ܕ. ⁷ ܦܓ..

ܗ. ܩܠܘܕܝܘܣ ܫܢܝܢ ܝܓ. ¹ ܨܘ..

ܘ. ܢܪܘܢ ܫܢܝܢ ܝܓ. ¹ ܩܛ..

[ܙ.] ܐܣܦܣܝܢܘܣ ܫܢܝܢ ܝ. ¹ ܩܝܛ..

ܚ. ܛܛܘܣ ܫܢܝܢ ܓ. ¹ ܩܟܒ..

ܛ. ܕ]ܘܡܛܝܢܘܣ ܫܢܝܢ ܝܘ. ¹ ܩܠܚ..

[1] Vox minio scripta. — [2] Ex El. Nis. supplevi. — [3] Desunt versus circ. 20 : uncis inclusa ex El. Nis., ff. 9, 10, supplevi. — [4] El. Nis. ܠܐܓܘܣ. — [5] El. Nis. ܐܦܝܦܢܣ″. — [6] El. Nis. ܕܝܘܢܘܣܝܘܣ″. — [7] Ms. ܝܕ. (minio scriptum).

[.ܝ. ܢ]ܐܪܘܐܣ ܫܢܬܐ .ܐ.[1] .ܩܡܗ..

[.ܝܐ.] ܛܪܐܝܢܘܣ ܫ̈ܢܝܐ .ܝܛ.[1] .ܩܡܘ..

[.ܝܒ.] ܐܕܪܝܐܢܘܣ ܫ̈ܢܝܐ .ܟܐ.[1] .ܩܣܗ..

[.ܝܓ.] ܐܢܛܘܢܝܢܘܣ ܫ̈ܢܝܐ .ܟܓ.[1] .ܩܦܘ..

[.ܝܕ. ܡܪܩ]ܘܣ ܥܡ ܒܢܘ̈ܗܝ ܫ̈ܢܝܐ .ܠܒ.[1] .ܪܛ..

[.ܝܗ. ܣܘܝܪ]ܘܣ ܥܡ ܒܪܗ ܐܢܛܘܢܝܢܘܣ ܫ̈″[2] .ܝܚ.[1] .ܪܡܐ..

[.ܝܘ. ܐܢܛܘܢܝܢ]ܘܣ ܫ̈ܢܝܐ [.ܕ.] .ܪܢܛ..

[.ܝܙ. ܐܠܟܣܢܕܪܘܣ] ܫ̈ܢܝܐ [.ܝܓ.] .ܪܣܓ..

[.ܝܚ. ܡܟܣܝܡܝܢܘܣ ܫ̈ܢܝܐ] .ܓ. .ܪܣܘ.[3].

.ܝܛ. ܓܘܪܕܝܐܢܘܣ ܫ̈ܢܝܐ .ܘ. .ܪܣܛ..

.ܟ. ܦܝܠܝܦܘܣ ܫ̈ܢܝܐ .ܙ. .ܪܥܘ..

.ܟܐ. ܕܩܝܘܣ ܫܢܬܐ .ܐ. .ܪܦ..

.ܟܒ. ܓܐܠܘܣ ܥܡ ܒܪܗ ܫ̈ܢܝܐ .ܒ. .ܪܦܒ..

.ܟܓ. ܘܐܠܪܝܐܢܘܣ ܥܡ ܒܪܗ ܫ̈ܢܝܐ .ܝܗ. .ܪܦܕ..

.ܟܕ. ܩܠܐܘܕܝܘܣ ܫܢܬܐ .ܐ. .ܪܨܛ..

.ܟܗ. ܐܘܪܠܝܐܢܘܣ ܫ̈ܢܝܐ .ܘ. .ܫ..

.ܟܘ. ܛܩܝܛܘܣ ܝܪ̈ܚܐ .ܘ. .ܫܘ..

.ܟܙ. ܦܠܘܪܝܐܢܘܣ ܝܘܡܬܐ .ܦ..

.ܟܚ. ܦܪܘܒܘܣ ܫ̈ܢܝܐ .ܘ. .ܫܙ..

.ܟܛ. ܩܐܪܘܣ ܥܡ ܒܢܘ̈ܗܝ ܫ̈ܢܝܐ .ܒ. .ܫܝܓ..

.ܠ. ܕܝܘܩܠܛܝܐܢܘܣ ܫ̈ܢܝܐ .ܟܐ. .ܫܝܗ..

.ܠܐ. ܩܘܣܛܢܛܝܢܘܣ ܫ̈ܢܝܐ .ܠܐ. .ܫܠܘ.].

. . . .

..[ܟܗ ܒܫܢܬܐ ܗܝ، ܪܒܝܥܝܬܐ ܕܐܘܠܘܡܦܝܐܕܐܣ. ܕܪܥܐ.

*7 r°. ܩܐܡ ܐܘܣܛܐܬܝܘܣ ܠܥܕܬܐ] *ܡܕܒܪܢܘܬܐ. ܕܩܘܪܝ،

ܡܠܟܘܬܗ ܕܩܘܣܛܢܛܝܢܘܣ[4] ܪܒܐ: ܘܠ[ܟܢܝܫܬܐ] ܒܬܪ

ܗܝ، .ܝܚ. ܕܠܗ: ܒܫܢܬܐ ܗܝ، .ܕܟ. ܕܐܘܠܘܡܦܝܐ[ܕܐܣ]

ܗܝ، [.ܕܪܥܗ.] :.. ܡܩܣܝܡܘܣ ܗܘ ܟܫܝܪܐ ܬܒ ܐܬܒܝܫ̈ܬܐ

[1] Vox minio scripta. — [2] Vox integre scripta in ms., sed puncta plur. desunt. — [3] Desunt versus circ. 21 : uncis inclusa e Mich., p. 129, et El. Nis., f. 10, supplevi. Numeri ordinis ab ordine Canonis Iacobi, ubi Constantinus 35us est, recedunt, sed aliter restuere non valeo. — [4] Ms. ″ܩܘܣܛ.

ܕܒܕܬܐ. ܠ. ܡܫ̈ܝ[ܚ ܐܬܝ]ܠܝܕܬܐ ܠܟܠ ܡܟܠ ܦܐܪ ܠܗ ܠܥܘܪ, ܡܠܟܘܬܗ: ܒܥܝܬܐ ܗ̇ܝ ܡܕܡܝܬܐ ܕܝܠܗ̇ ܕܐܘܠܘܡܦܝܐܣ ܗ̇ܝ. ܕܪܒܥܐ. ܐܡܝܢܐ ܒܝܬ ܕܬܠܬܘܢ ܡܕܝܢ ܫܢܬܐ ܗ̇ܝ. ܕܪ. ܕܝܠܗ: ܒܥܝܬܐ ܗ̇ܝ ܪܒܝܥܝܬܐ ܕܐܘܠܘܡܦܝܐܣ ܗ̇ܝ. ܕܪܒܥܗ: ܘܠܐ ܗܘ̣ܐ ܒܗ̇ܝ. ܕܠ. ܕܗ̇ܝ. ܕܪܒܥܗ: ܐܡܝܢܐ ܕܡܫܒܚܐ ܒܫܘܢܐ ܀ ܘܗܠܝܢ ܡܛܠ ܡ̈ܫܝܚܐ ܗܠܝܢ ܠ. ܫܢ̈ܝܬܐ ܕܡܫܒܚܝܢ ܒܗ ܒܫܘܢܐ ܦ̈ܩܝܢ ܀

ܕܐܝܠܝܢ ܡ̈ܠܟܘܬܐ ܐܝܬ ܗܘܐ ܒܪܒܝܐ ܗ̇ܘ ܡܕܡ ܫܘܠܛܢܗ ܕܫܘܢܐ ܗ̇ܘ ܕܐܘܣܒܝܘܣ: ܒܗܝ ܡ̈ܠܟܘܬܐ ܗ̇ܝ ܕܪܘܡܝܐ: ܘܠܐ ܐܬܟܬܒ ܐܝܟ ܗܘ̇ ܐܘܣܒܝܘܣ ܒܗ ܒܫܘܢܐ ܡܫܡܠܝܐܝܬ: ܘܐܝܠܝܢ ܒܗ ܐܫܬܠܡ ܗܘ̇ ܫܘܢܐ:[1]

ܕܐܝܠܝܢ ܕܝܢ ܡ̈ܠܟܘܬܐ ܐܝܬ ܗܘܐ ܗܝܕܝܢ. ܗܟܢܐ ܐܚ̈ܪܢܝܢ. ܕܟܕ ܒܗ ܡܛܠ ܕܪܘܣ ܡ̈ܠܟܐ ܐܚ̈ܪܢܐ ܕܦ̈ܪܣܝܐ: ܘܐܠܟܣܢܕܪܘܣ ܒܥܓܠ ܘܡ̈ܠܟܝܗ ܠܡܠܟܘܬܗܘܢ: ܘܠܗܘܢ ܒܥܓܠ ܬܫܥܝܬ ܐܘܣܒܝܐ ܕܡ̈ܠܟܘܬܐ ܕܝ̈ܘܢܝܐ ܐܘܟܝܬ ܕܡܩܕܘܢܝܐ[2]. ܡ̈ܛܠܠ ܗ̇ܘ ܟܠ ܟܠܗ ܐܝܟ ܕܠܡܐܡܪ: ܟܠܗܝܢ ܡ̈ܠܟܘܬܐ [ܕܡ]ܬܡܟܟܐ ܗܠܝܢ ܕܒܐܣܝܐ: ܗ̇ܢܘܢ ܕܩܕܡ ܗܝܕܝܢ ܘܡܠܟܐ ܕܠܐ [ܬ]ܒܘܪ: ܬܚܝܬ ܐܝܕܐ ܕܦ̈ܪܣܝܐ ܟܠܗܘܢ ܡܫܥܒܕܝܢ ܗܘܘ. ܒܗ ܕܝܢ ܙܒܢܐ ܡܠܝܠ ܚܒܝܪ: ܡܢ ܐܡܬܝ, ܕܡ̈ܠܟܘܬܐ ܕܦ̈ܪܣܝܐ [ܐ]ܬܒܪܟܬ: ܘܗܘܘ ܗ̇ܢܘܢ ܬܚܝܬ ܐܝܕܐ ܕܝ̈ܘܢܝܐ: ܘܡܠܟܘ ܗܘܘ [ܠܘ]ܬ ܠܦܫܝܘܢ ܘܐܬܢܨܒܘ: ܕܡ̈ܠܟܘܬܐ ܒܪ ܗ̇ܝ ܕܦ̈ܪܣܝܐ [ܕܡ]ܩܕܘܢܝܐ ܗܘܬ ܠܗܘܢ ܘܡܛܝܒܘܬܐ[3] ܘܒܐܬܪܐ ܘܡܫܒܚܪܬ ܐܝܟ

[1] Voces minio scriptae. — [2] Post ܘ littera ܠ deleta esse videtur. — [3] Ms. (ut videtur) ܘܡܛܝܒܘܬܐ.

ܘܒܢܐ [ܐܪܒ]ܥܐ: ܐܣܛܘܦܣܬ ܠܗ̇ ܟܠ ܟܠܗ ܡܢ ܟܪܘ (ܘ)ܐܬܬܟܠܠܬ[1]: ܗܘ [ܕܝܢ] ܕܒܘܠܝܐ ܕܝܬܒܘܬܐ ܐܝܬ ܐܝܟܢܕܬ ܐܝܟ: ܘܪܘܡܐ ܕܒܝܘܡܝ ܐܦ [ܒܝܘܡܐ] ܐܦ ܒܐܬܪܐ: ܐܬܦܠܓܬ ܠܦ̈ܠܓܝܐܐ ܘܡܠܟܐ ܗܘܬ ܠܗܘܢ ܒܢܦܫܗ̇ [ܟܕ ܠܡܟܠ ܚܕܐ ܡ]ܬܡܪܚܝܢ ܗܘܘ ܬ̈ܠܡܝܕܐ ܗ̇ܢܘܢ ܕܒܗ̇ [ܡܢܟܝܢ ܗܘܘ: ܕܗ̇ܢܘܢ ܕܝܢ] ܒܡܡܠܟܘܬܐ ܡܬܡܠܟܝܢ ܗܘܘ: ܗ̇ܢܘܢ ܕܝܢ [ܒܐܘܦܪܘܣ: ܗ̇ܢܘܢ ܕܝܢ ܒܬܛܣܐ]ܠܝܐ[2] ܗ̇ܢܘܢ ܕܝܢ ܐܚܪ̈ܢܐ ܒܬܪܐܩܐ: [ܘܐܚܪ̈ܢܐ ܒܐܣܝܐ: ܘܐܚܪ̈ܢܐ ܒܐܓܒ]ܬܘܠܘܣ[2]: ܘܐܚܪ̈ܢܐ ܬܘܒ ܒܡܩܕܘܢ[ܝ]ܐ:

.................ܗܘܝܢ ܝܬܝܪܐ ܡܪܒܝܢ].....

................]ܘ ܐܟܝܢܐ ܝܐ......

..................................[3]....

..................]ܦ̈ܠܓܝܐܐ ܐܪܝܣܘ ܡܢ ܬܘܠܝܐ:

* 7 v°. ܘܒܬܪ ܢܦܩܘ ܗ̇ܢܘܢ ܠܗܘܢ ܚܐܪ̈ܘܬܐ.] *ܒܡܠܟܘܬܐ ܕܝܠܗܘܢ ܘܠܗܘܢ ܟܠܝܘ ܕܝܠܗܘܢ ܒܐܬܪ[ܗ ܕܡ]ܫܝܚܐ ܐܡܝܢܐ ܠܗܘܢ ܐܬܘܬܠܝܬ. ܠܟܢܟܐܝܬ ܐܟܣܢܕܪܐ ܘ[ܕܠܐ ܡܢ]ܝܢܐ. ܒܪ ܗ̇ܢܘܢ ܕܝܢ ܗܫܐ. ܗܠܝܢ ܕܝܢ. ܒܬܪ ܡܠ[ܟ]ܠ [ܘܒܢܐ ܡܪ]ܕܘ ܒܠ ܬܘܠܝܐ. ܐܬܬܘܗܘܢ ܕܝܢ ܗ̇ܢܘܢ ܕܗܘܝܐ ܐܬܠܟܕܘ [ܘܐܡܢ]ܝܢܘ ܠܗܘܢ ܒܡܠܟܘܬܐ. ܡܕܡܐܝܬ ܕܝܢ[4]. ܗ̇ܢܘܢ ܕܒܦܪܬܝܐ ܐܬܪܐ ܗ̇ܘ ܕܡܫܟܚܝܢ ܠܡܕܝܢܬܐ. ܠܦܪܢܣܐ ܡܢ ܐܬܪܐ ܗ̇ܘ ܕܦ̈ܪܣܝܐ. ܗ̇ܢܘܢ ܒܝܬ ܕܒܬܪ. ܒܝܕ. ܡܫ̈ܒܝܢ ܕܫܘܒܒܗܘܢ: ܕܬܫܥܬ ܬܘܠܝܐ. ܒܫܢܬ. ܗܒ. ܕܒܝܢܝܐ ܗ̇ܢܐ ܕܬܘܠܝܐ ܐܘܒܕܢܬ ܕܐܘܪܗܝܐ. ܐܪܝܘܣ ܡܢ ܬܫܒܘܚܬܐ. ܘܐܡܝܢܐ ܠܗܘܢ ܚܠܒܐ ܠܐܝܫ ܕܒܝܘܡܝ ܕܒܬܡܪܐ ܗܘܐ ܐܪܫܡ. ܗ̇ܘ ܕܒܕ ܗܦܟ ܒܫܢܬܗ̇[5]

[1] Ms. ″J. — [2] E Mich., p. 76, suppl. — [3] Versus circ. 5 desunt : uncis inclusa e Mich., p. 76, supplevi. Locus ita recitatur a Michaele : ...ܒܡܘܢܐ. ܗܘܝܢ ܗܢܘܢ ܕܒܡܘܢܐ ܕܡܬܡܠܟܝܢ ܕܡܪܒܝܢ. ܒܬܪ ܕܝܢ ܗܘܘ ܒܡܕܝܢܐ ܕܒܡܟܠ ܡ̈ܠܟܐ ܗ̇ܢܘܢ (sic) ܐܪܒܥܐ ܕܗܘܝܐ. ܘܒܝ ܕܝܢ ܗܠܝܢ ܐܝܟܢܐ ܒܡܠܟܐ ܗܘܘ ܕܒܟܠ ܡܠܟܘܬܐ ܗܘܘ ܒܡܠܟܘܬܐ ܕܦܪܣܝܐ. ܦ̈ܠܓܝܐ ܘܡܢ″. — [4] Ms. ܡܢ. — [5] Ms. ܒܫܢܬܗ.

ܠܡܠܟܘܬܗܘܢ܆ ܐܪ̈ܡܢܝܐ ܐܚܪ̈ܢܐ[1] ܕܬܚܝܬܗܘܢ ܟ̈ܠܗܘܢ ܡ̈ܠܟܐ ܗ̇ܢܘܢ ܕܡܢ ܒܬܪܗ. ܐܦ ܓܝܪ ܐܦ ܐܘܣܛܢܘܣ ܡܬܬܓܪܗ̇ ܠܗ ܠܡܠܟܐ: ܒܗ̇ ܐܡ̇ܪ ܕܐܪܘܡ ܘܓܒܪ ܟܠ ܩ̈ܕܡܘܢܝܐ ܘܗܘܝܐ ܡ̈ܠܟܐ. ܘܪ̈ܫܡ ܠܗ ܒܗ ܒܡܘܢܝܐ ܒܒܢܐ ܗ̇ܘ ܕܐܪ̈ܟܬ܂ ܠܡܩܒܠ ܫܝܢܬܐ ܗ̇ܝ. ܕܢܐ. ܕܐܢܛܝܘܟܘܣ ܐܠܗܐ ܡܠܟܐ. ܕܝܢ. ܕܩܘܪܝܐ܂ ܒܗ̇ ܚ̇ܒܠܝܢ ܗܘܐ ܟܠ ܐܦܝܦܢܘܣ ܦܛܘܠܐܡܐܘܣ ܦܝܠܐܕܠܦܘܣ܂ ܟܠ ܕܝܢ ܡܩܕܘܢܝܐ ܐܢܛܝܓܘܢܘܣ[2]. ܠܥ̈ܡܡܐ ܬ̈ܡ ܗܘܐ ܘܠܡܪ̈ܕܐ ܕܡ̈ܠܟܐ ܗܠܝܢ ܦܪ̈ܣܝܐ ܚܕܕܝܢ ܗܘܘ ܒܡܩܘܪܝܐ ܚܠܦ. ܠܡܩܒܠ ܡ̈ܠܟܐ ܕܝ̈ܘܢܝܐ ܗܠܝܢ ܕܒܐܢܛܝܘܟܝܐ. ܐܦ ܗ̇ܘ ܐܘܣܛܝܢܘܣ ܐܬܚܫܕ ܐܝܟ ܡܢܚܡܢܬܐ. ܘܒܗ̇ ܠܐܘܪ[ܫ]ܠܡ ܡܫܒܚܬܗ܆ ܘܒܗ̇ ܠܠܦܐܘܣܛܪܘܣ ܡ̈ܠܟܐ ܐܚܪ̈ܢܐ ܕܠܗܘܢ ܕܦܪ̈ܣܝܐ ܪ̈ܫܡ ܒܗ ܒܡܘܢܝܐ ܗ̇ܘ ܕܒ̈ܢܝܐ܂ ܘܠܒܐܪܐܦܪܐܒܝܢܘܣ ܪ̈ܒ ܫܠܝܐ ܕ[ܟܠ] ܗ̇ܢܘܢ ܕܡܠܟܘ ܟܠ ܐܬܪܐ ܕܡܘܪܝܐ ܘܕܦܐܠܐܡܛܝܢ ܘܡܟܐܘܗ[ܝ] ܒܒܒܢܐ ܗ̇ܘ ܕܟ̇ܒܠܝܢ ܗܘܐ ܐܘܓܣܛܘܣ ܟܠ ܪ̈ܘܡܝܐ܂ ܘܗܪܘܡܝܘܣ ܟܠ ܚܒܟܐ ܕܡܩܘܕܢܐ[3] ܡܫܠܛ ܗܘܐ܂ ܗ̇ܘ ܕܐܦ ܐܫܬܒܘ ܗܢܝܢ ܡܢܗܘܢ ܕܦ̈ܪܬܘܝܐ. ܠ̈ܡܠܟܐ ܕܢ[ܝ] ܕܡ̈ܠܟܐ ܗ̈ܠܝܢ ܚܕ ܒܬܪ ܚܕ: ܘܠܫ̈ܡܗܝܗܘܢ ܠ.....ܠܐ ܗܘܐ. ܡܛܠ ܗ̇ܝ ܕܠܐ ܐܫܟܚ ܠܐܢܫ ܡ[ܟܬܒ ܬܫ̈ܥܝܬܐ] ܕܡܫܬܟܚܐ ܡܛܠܬܗܘܢ܀

ܒܗ̇ [ܒܕܒܚܬܐ ܐܦ ܚܒܟܐ][4] ܗ̇ܘ ܕܗܘܪ̈ܩܢܝܐ ܕܠܘܬܗܘܢ ܕ[ܦܪܬܘܝܐ ....]ܐ ܠܦܪ̈ܢܝܐ ܡܢܝܢܐ ܡܢܗ̇ [ܕܐܪܒܥܗܘܢ܆ ܒܗ̇ ܫܢܬܐ ܠܐܢܛܝܘܟܝܐ ܕܗܘ]ܬ[4] ܠܦܪ̈ܬܘܝܐ[..............ܐܦ ܗ̇ܢܘܢ ܐܣܩܦܛܘ][4] ܠܗ[ ]ܢ[5] [ܡܠܟܘܬܐ ܡܢܗܘܢ ܘܠܗܘܢ. ܘܡܢܝܢ

[1] Vox ex ܐܚܕܢ correcta. — [2] Vox ex ܓܘܣ″ correcta. Punctum post vocem deest. — [3] Puncta plur. desunt. — [4] E Mich., p. 76, suppl. — [5] Versus circ. 4 huius paginae desunt, et posthac folium saltem unum : uncis inclusa e Mich., p. 76-78, supplevi.

ܡܬܐܡܪ ܗܘܐ ܚܕ ܦܪܨܘܦܐ ܠܡܩܒܠ ܬܘܒܐ. ܘܡܟܝܢ ܐܦ ܠܡܩܒܠ ܫܘܝܢ ܡܩܒܠܝܢ ܗܘܘ .:.

ܘܐܦ ܐܪܡܝܐ ܟܕ ܛܒܘ ܒܗܠܝܢ: ܐܬܝܗܒܘ ܠܗܘܢ ܡܠܟܘܬܐ ܒܐܪܡܝܐ ܒܪܒܐ ܠܝܕܥܐ ܗܘܪܡܐܝܐ: ܘܒܛܘܪܐ ܕܒܬܡܘܪܝܢ ܘܐܘܣܩܝܢܐ: ܘܐܦ ܡܕܝܢܬܐ ܕܐܡܝܕܐ ܕܗܝ ܓܘܙܢ. ܘܡܢܗ ܡܢܗܘܢ .ܛ. ܬܠܬܐ ܡܢ ܥܡܐ ܚܕ. ܒܡܪܘ. ܘܛܪܛܪ.[1] ܘܒܡܣܪܘ. ܘܛܝܪܐ.[2] ܘܐܪܣܡ. ܘܦܐܦ. ܘܐܪܘܣܛܛ.[3] ܘܐܪܣܡ. ܘܒܠܐܪܣܡ.[4] ܗܢܝܢ ܟܕ ܡܠܟܘܬܐ ܐܪܡܢܝܐ[5] ܕܦܪܣܝܐ ܗܘܒ ܐܬܚܫܒ. ܡܛܠ ܕܠܐ ܢܗܦܟܘܢ ܐܪܡܝܐ ܘܢܬܚܕܘܢ ܒܡܠܟܘܬܐ ܕܪܘܗܡܝܐ ܟܕ ܒܪܘܣܛܢܘܬܐ. ܐܠܝܦ ܐܢܘܢ ܒܦܘܪܥܢܐ ܘܡܫܒܒܘ ܐܢܘܢ: ܒܕܒܪܐ ܕܠܝܐܝܬ ܚܛܛܐ ܢܫܬܠܛܘܢ: ܘܕܐܦܠܐ ܦܠܓܐ ܢܚܡܝܢ ܗܘܘ ܕܢܬܢܝܐ ܡܢܗܘܢ: ܐܠܐ ܐܝܟ ܕܠܒܢܝܐ ܠܢܚܡܝܢ ܗܘܘ ܠܗܘܢ. ܘܒܐܬܪܐ ܕܝܢ ܕܐܪܡܝܐ ܗܢܝܐ ܢܚܝܬ ܡܠܟܘܬܐ ܕܐܪܡܝܐ ܘܗܢܝܐ ܒܛܠܬ .:.

ܒܐܬܪܐ ܕܝܢ ܕܒܝܬ ܢܗܪܝܢ ܕܡܬܩܪܐ ܐܘܣܪܘܐܝܢ[6]: ܡܢ ܥܢܬܐ. ܕܩܦ. ܕܡܢܝܢܐ ܕܝܘܢܝܐ: ܡܢ ܩܕܡ ܕܬܒܛܠ ܡܠܟܘܬܐ ܕܝܘܢܝܐ ܗܝ ܕܡܩܕܘܢܝܐ. ܩ. ܫ̈ܢܝܢ: ܟܕ ܡܡܠܟܝܢ ܗܘܐ ܥܠ ܐܠܟܣܢܕܪܝܐ ܦܛܘܠܡܐܘܣ ܐܘܪܓܛܝܣ .ܕܝ. ܕܫܘܢ ܠܐܓܙܪܐ[7]: ܘܥܠ ܣܘܪܝܐ ܐܢܛܝܘܟܘܣ ܣܠܘܩܘܣ: ܘܥܠ ܒ̈ܕܘܝܐ ܫܒܒܘܗܝ ܐܚܘܗܝ ܕܢܐܬܘܗܝ: ܘܬܢܒ ܓܒܝܐ ܕܡܠܟ ܕܐܬܐ ܗܘܐ ܒܐܘܪܗܝ ܕܒܬܡܪܝܢ ܗܘܘ ܣܘܪܒܠܐܣܒܕܘܣ[8]: ܕܒܗ ܐܠܟܣܢܕܪܘܣ ܗܘ ܐܢܐ ܡܢ ܐܕܐܣܐ ܕܒܡܕܝܢܬܐ ܢܝܢܘܐ. ܘܒܢܐܘܗ ܠܐܘܪܗܝ. ܘܩܪܐܘܗ ܐܕܐܣܐ ܥܠ ܫܡ ܡܕܝܢܬܗܘܢ: ܟܕ ܠܐ ܐܫܬܟܚ ܬܡܢ ܐܢܫ ܡܢ ܥܡܐ ܢܘܚܝܐ ܕܩܐܡ

[1] Hoc nomen correxi ad fidem ipsius cod. Mich., p. 775 (vide infra, p. 330); hic fert textus impressus ܘܛܪܛܪ. — [2] Mich. hic ܘܛܪܝܢ; e cod., p. 775, corr. — [3] Mich. hic ܘܐܪܘܣܛܛ; e cod., p. 775, corr. — [4] Mich. hic ܠܐܝܣܡ″; e cod., p. 775, corr. — [5] Mich. hic ܐܣܢܐ; e cod., p. 775, correxi. — [6] Mich. ″ܐܘܣܛܐܪܘ. — [7] Mich. ܓܙܪܐ″. — [8] Mich. ܘܣܘܣ″.

ܘܢܛܪ ܐܝܣܪܐ ܠܡܠܟܘܬܐ ܕܝܘܢܝܐ ܕܡܩܕܘܢܝܐ: ܐܬܒܥܝ ܒܡܕܢܐ ܕܐܬܬܘܬܒ ܒܗ ܡܢ ܘܒܠܐ: ܕܐܝܬܘܗܝ, ܗܘܐ ܡܢ ܫܢܬܐ ܐܪܡܢܝܐ: ܘܒܪ[1] ܚܪܡܘ[2] ܐܦ ܗܘ ܒܐܝܣܪܐ ܕܦܪ̈ܬܘܝܐ. ܐܣܝܪܘ ܡܠܟܐ ܡܢܗܘܢ ܒܗ ܒܐܘܪܗܝ, ܠܐܢܫ ܕܫܡܗ ܐܒܓܪ: ܕܐܝܬܘܗܝ, ܗܘܐ ܠܒܢܝܢܐ ܘܫܠܬܢܐ: ܘܕܒܢܝܗܘܢ ܗܘܐ ܒܩܪ̈ܒܐ. ܗܢܐ ܘܒܢ̈ܘܗܝ, ܒܬܪܗ ܐܫܬܠܛܘ ܒܡܕܝܢܬܐ ܠܬܫܥܝܢܐ ܕܒܒܝܠ ܘܒܢܝܐ .ܕܫܦ. ܫܢ̈ܝܢ: ܡܢ ܫܢܬ .ܡܦ. ܕܝܘܢܝܐ ܒܙܒܢܐ ܠܫܢܬ .ܢܨ. ܕܝܠܗ ܕܡܫܝܚܐ. ܘܐܫܬܠܛܘ ܗܢܘܢ ܬܠܬܐ ܕܒܐܘܪܗܝ, ܐܦ ܥܠ ܐܬܪܐ ܕܐܪܡܢܝܐ: ܒܙܒܢܐ ܕܐܦ ܗܘ ܐܣܝܪܘ ܠܗܘܢ ܡܠܟܐ. ܘܡܬܬܪܝܡ ܗܘܘ ܩ̈ܠܝܐܐ ܒܫܢ̈ܝܐ ܗܠܝܢ ܐܡܪ: ܡܛܠ ܕܐܣܬܝܡ ܗܘܘ ܒܪܫܝܬܐ ܠܘܬ ܐܡܪ ܗܘ ܐܒܐ ܘܡܕܒܪܢܐ. ܬܫܥܝܢ ܐܝܬ ܐܢܫܐ ܗܘ ܡܒܝܠ ܕܪ̈ܘܡܝܐ ܐܬܒܪܝܘ ܬܘܒ ܗܘ ܐܘܪ̈ܗܝܐ ܘܡ̈ܠܟܝܗܘܢ: ܡܢ ܫܢܬ .ܬܟ. ܕܡܫܝܚܐ ܕܝܘܢܝܐ: ܡܢ ܫܢܬܐ ܗܝ, (ܕ.)ܘ. ܕܠܘܩܝܘܣ ܡܠܟܐ ܕܪ̈ܗܘܡܝܐ. ܐܟܒܬ,[3] ܕܐܦܪܙ ܥܡ ܦܪ̈ܬܘܝܐ ܘܩܛܠ ܐܢܘܢ ܘܫܒܒܐ ܐܢܘܢ[4] ܗܘ ܗܘ ܠܗܘܣܘܣ. ܕܠܐ ܡܠܟܐ ܕܝܢ ܗܘܘ ܘܐܬܟܠܠܬ ܥܠ ܥܠܗ ܡܠܟܘܬܗܘܢ ܒܫܢܬܐ .ܕܗ. ܕܦܝܠܝܦܘܣ ܡܠܟܐ ܕܪ̈ܗܘܡܝܐ: ܒܫܢܬ .ܢܘ. ܕܡܫܝܚܐ ܕܝܘܢܝܐ. ܐܫܬܠܛܬ ܗܝ, ܡܠܟܘܬܐ ܡܢܗܘܢ ܒܝܘܡܝ ܐܟܒܪ ܗܘ ܣܘܪܘܣ: ܒܪ ܠܗܢܐ ܟܡ ܕܝܢܘ ܪ̈ܗܘܡܝܐ ܡܛܠ ܕܐܒܓܪ ܕܝܠܒܪ ܒܠܝܗܘܢ: (ܘ)ܠܐܘܪܠܝܐܢܘܣ ܒܪ ܣܒܣܘ ܚܒܪ(ܘ) ܠܗ ܐܢܛܘܢܝܐ ܣܠܩ ܡܠܟܐ: ܒܪ ܐܣܝܪܘ ܒܠܝܗܘܢ [ܒܕܐܬܐ] ܕܫܘܒܒܪܐ. ܘܗܒܢܐ ܓܠܠܬ ܡܠܟܘܬܐ ܕܐܘܪ̈ܗܝܐ. ܒܪ ܐܝܬܘܬ ܐܝܟ ܕܐܟܬܒܬ .ܫܦ. ܫܢ̈ܝܢ: ܒܫܢܬ .ܢܘ. ܕܝܘܢܝܐ: ܒܫܢܬ .ܗ. ܕܦܝܠܝܦܘܣ: ܒܪ ܐܬܟܠܠ .ܟ'. ܫܢ̈ܝܢ[5] ܠܡܫܝܚܐ ܕܡܪܢ. ܒܗܢܐ ܕܝܢ

[1] Textus impr. ܒܪ; e vers. arab. correxi. — [2] Vox, ut videtur, corrupta; vers. arab. ܐܣܟܢܕܪܘ. — [3] In textu impresso ܘܐܬܒ; e vers. arab. correxi. — [4] Text. impr. ins. ܐܦ, om. vers. arab. — [5] Text. impr. ܫܢܝܐ.

ܕܗܠܝܢ ܗܘܝ ܠܐ ܚܙܐ ܐܘܣܒܝܘܣ: ܐܠܐ ܒܝܘܢܝܬܐ ܐܡܪ ܗܟܢܐ. ܕܟܠ ܐܘܪ̈ܗܝ ܐܟܠܝܢ ܐܟܚܕܐ ܠܒܪ̈ܢܫܐ ܒܟܦܢܐ: ܐܝܟ ܗܘ ܕܡܫܬܥܐ ܐܦܪܝܩܐܢܘܣ[1]. ܡܛܠ ܕܡܢ ܒܒ. ܫܢ̈ܝܢ ܕܫܬܠܛܬ ܡܠܟܘܬܗܘܢ ܕܐܘܪ̈ܗܝܐ: ܒܫܢܬ . ܢܠܚ.[2] ܕܝ̈ܘܢܝܐ: ⌝ܒܫܢܬ . ܐ.ܝ.[3] ܕܐܠܟܣܢܕܪܘܣ ܒܪ ܡܐܡܐ: ܟܕ ܡܫܪ̈ܝܢ ܗ̈ܘܘ ܠܡܟܬܒܘ ܡܠܟܘ̈ܬܐ[4] ܐܬܘܪܝܬܐ ܒܐܬܘ̈ܪܬܐ ܕܡܕܢܚܐ. ܡܢ ܫܠܘ ܡܩܒܬ ܘܐܬܚܪܒܬ ܡܠܟܘܬܐ ܐܬܘܪܝܬܐ ܕܦܪ̈ܣܝܐ: ܘܐܬܩܒܠܬ ܒܝܕܐ ܠܬܘܣܟܐ ܕܡܩܕ̈ܘܢܝܐ: ܘܫܬܠܛܬ ܠܟܠܗܘܢ ܡܠܟܘ̈ܬܐ ܕܐܬܘ̈ܪܬܐ ܗܠܝܢ. ܟܕ ܗܟܝܠ ܡܟܠ ܡܚܕܐ ܡܠܟܘܬܐ ܗܕܐ ܒܫܢܬ . ܢܠܚ.[2] ܕܝ̈ܘܢܝܐ: ܘܫܬܥܒܕܬ ܠܟ̈ܠܗܘܢ ܡܠܟܘ̈ܬܐ: ܠܦܪ̈ܬܘܝܐ[4] ܐܡܪ ܐܢܐ ܘܠܪ̈ܗܘܡܝܐ[4] ܘܠܡܕ̈ܝܐ ܘܠܦܪ̈ܣܝܐ ܕܒܡܕܢܚܐ ܘܠܒܢܝ ܗܘܪܐ ܘܠܗܢ̈ܕܘܝܐ ܘܠܛܝ̈ܝܐ ܘܠܐܬܘ̈ܪܝܐ: ܗܢܘܢ ܐܪܒܥ ܡ̈ܠܟܐ ܗܠܝܢ ܠܒܪ̈ܝܬܐ ܠܡܦܩ ܠܐܬܘ̈ܪܬܐ ܕܣܘܪܝܐ ܘܒܝܬ ܢܗܪ̈ܝܢ ܕܐܬܝܗܒܘܢ ܗܘܘ ܒܫܘܥܒܕܐ ܕܪ̈ܘܡܝܐ ܠܡܥܒܕܐ ܘܠܡܣܪܒ ܐܝܟ. ܘܐܦ ܠܗܢܐ ܒܗܘܕܢܐ ܒܫܢܬ ܦܡܓ ܐܘܣܒܝܘܣ. ܟܕ ܠܥܒܘܪ ܡܠܟܐ. ܕܒ. ܦܡܓ ܕܫܠܡ ܠܣܘܪܝܐ ܘܠܡܫܝܚܝܐ ܘܠܐܦܕܘܡܝܐ :·:

ܗܠܝܢ ܟܠܗܘܢ ܡܠܟܘ̈ܬܐ ܒܙܒ̈ܢܐ ܗܠܝܢ ܡܛ̈ܘ ܗ̈ܘ ܒܐܬܘ̈ܪܬܐ ܕܐܦܣܝܐ ܪܒܬܐ: ܣܛܪ ܡܢ ܗܠܝܢ ܕܒܐܬܘ̈ܪܬܐ ܕܣܘܪܝܐ: ܘܣܛܪ ܡܢ ܗܠܝܢ ܬܘܒ ܠܒܪ̈ܝܬܐ ܕܒܐܬܘ̈ܪܬܐ ܗ̇ܠܝܢ ܕܡܕܢܚܐ ܗ̇ܘ ܕܡܬܩܪ(ܝ)ܐ ܬܡܘܢܛܦܘܠ :·:]

* 8 r°. . . . .

[. . . . . :·: ܗܠܝܐܢܘܣ] ܕ[ܗ]ܘ[5] ܗܒ ܐܟ[ܠ]ܝܢ ܟܢ
[ܒܫܢܬ ܠ. ܟܕܘܢ[6] ܡܛܠ: ܗܘܐ] ܕܝܢ ܡܐܘܣܐ ܓܢ̈ܝܐ[4]
.ܕ. ܡܛܠ ܕܢܚܠܝ: ܗܒ ܐܢܬܘܢ، [ܒܪ ܫ̈ܢܝܢ. ܠܐ.[7]

[1] Mich. ″ܦ̇ܪ. — [2] Text. impr. .ܚܕܒ.. — [3] Mich. ܫܢܬܐ ܦܫܝܛܬܐ″ : p. 287, l. 2, correxi. — [4] Puncta plur. desunt. — [5] Initio et fine huius paginae desunt simul versus circ. 23. In hac parte incipiebat caput tertium operis; cf. p. 264, l. 5. — [6] E Mich., p. 141, suppl. — [7] E Mich., p. 146, suppl.

ܐܬܡܠܟ] ܒܡܩܕܘܢܝܐ ܗܘ̇ ܕܒܠܗ ܕܐܪ̈ܕܒ
ܘܕܦܐܠܘܡܦܘܣ [.ܒܒܘ. ܒܬܪܗܘ.][1] ܐܬܡܠܟ̇ ܗܘܬ ܕܝܢ
ܫܢܬܐ. ܕܟ. ܕܡܠܟܘܬܗ: [.ܘܕܝ. ܡܢ ܐܒܪ]ܗܡ، ܕܗܘܐ
ܡܐܣܪ ÷ ܡܬܒ̈ܢܝܢ ܠܗ ܕܝܢ ܫ̈ܢܝܐ [.ܒ. ÷
ܘܒܬ[ܪܗ ܕܝܢ ܒܗ ܒܫܢܬܐ .ܕܒ. ܒܬܪܗܘ ܐܬܡܠܟ:
ܒܬܪ [ܚܕ ܝܘܡܐ] ܠܒܢܬܗ ܕܦܠܛܘܡܘܣ. ܘܐܫܬܠܛ
ܫ̈ܢܐ .ܐ. ܒܠܚܘܕ: [ܡܢ ܒܬܪ ܡܩܕ]ܘܢܝܐ ܕܠܗܘ ܘܕܢܣܝܢܐ
ܒܐܪܡܢܝܘܣ ܒܪܗ. .ܒܚ. [ܒܐܝܪ]ܚ ܫܒܛ. ܐܬܡܠܟ̇
ܗܘܐ ܕܝܢ ܫ̈ܢܝܢ .ܠܛ. ܡܬܚܫܒܐ ܕܝܢ ܒܠܚܘܕ
ܒܡܢܝܢܐ ܕܫ̈ܢܝܐ: ܫܢܬܐ ܚܕܐ ÷
ܡܢ ܒܬܪ ܗܢܐ ܡܡܠܟ ܘܐܠܐܟܣܢܕܪܘܣ:[2] ܘܫ̇ܩܠ
ܒܒܗ ܡܢܬܐ ܕܡܠܟܘܬܐ ܠܐܠܟܣܘ ܐܚܘܗܝ. ܘܗܘ̤
ܢܫ[3] ܐܙܠ ܠܪܘܡܝ. ܠܐܠܟܣܘ ܕܝܢ ܫܒܩ ܒܗ (ܢ)ܡܠ[ܟ][4]
ܒܡܩܕ[ܘܢ]ܦ[ܛ]ܠܘܡܐܘܣ. ܒܗ ܐܝܟܢ ܗܒܝܠ ܗܘ̤
[ܘܐܠܟܣܢܕܪܘܣ ܒܪܘܡܝ] ܫ̈ܢܝܐ .ܝܒ.: [ܘܒܬ]ܪܗ
.ܒ. ܫ̈ܢܝ] ܠܐܢܛܝܘܟܘܣ ܒܪܗ. ܡܢ ܒܬܪ ܗܦܘܛܝܐ
ܕܠܐܢܛܝܘܟܘܣ ܕܬܠܬ ܘܕܐܦܝܦܢܝܘܣ. .ܒܝ. ܒܬܫܪܝܢ
ܐܚܪ̈ܝ]..............................
....
.... *8 v°.
........ܬ[5].............ܢ[... ܒܡܚܝܢܐ ܕܝܢ]
ܕܡܢܝܐ ܐܬܡܠܟ̇ ܗܘܬ: ܫܢܬ. ܚܡܫ.. ܐܬܡܠܟ[ܘ ܗܘ̣ ܗܘܐ
ܕܝܢ ܒܗ] ܒܬܪ ܒܪ ܫ̈ܢܝܐ. ܠܐ.: ܡܬܚܫܒܝܢ ܠܗ ܕܝܢ
ܒ[ܡܢܝܢܐ ܕܫ̈ܢܝܐ: ܫ̈ܢܝܐ] .ܟ. ÷
ܐܢܛܘܢܝܘܣ ܕܝܢ ܒܗ ܐܝܟ ܒܪܘܡܝ: ܚܡ ܐܚܘ[ܗܝ، ܫ̈ܢܝܐ]
.ܟ.: ܡܢ ܒܬܪܗ ܫ̈ܢܝܐ .ܢ. ܒܪܝܪ ܩܠܝܠ: ܒܠܚܘܕ
[ܫ̈ܢܝܐ .ܠ.:] ܒܬܪ ܗܘܦܛܝܐ ܕܐܣܩܠܝܦܝܘܕܘܛܘܣ

[1] E sequentibus ita videtur supplendum; cf. El. Nis. (ed. Lamy, *Bull. de l'Acad. royale de Belgique*, 1888, p. 575 sqq.). — [2] In marg., minio scriptum, ܘ. — [3] Ms. ܢܫ. — [4] Ms. [ܒܡܠܟ]. — [5] Initio et fine hujus paginae desunt simul versus circ. 24. Hic pertinere videntur notitiae de imperatoribus quas e Chronico Iacobi recitat El. Nis.; vide infra, p. 328, 329.

ܘܕܒܐܪܝܢܘܣ [.ܫܢܝܢ.][1] ܒܐܒ ܢܝܣܐ. ܡܥܒܕ ܕܝܢ
ܒܡܠܟܘܬܐ ܕܐ ܐܢܛܘܢܝܘܣ, ܘܐ[ܦ] ܠܩܘܣܛܢܛܝܢܘܦܘܠܝܣ
ܦܠܢܝܐ. ܒܫܢܬ ܕܦܠܐܘܢܝܐ ܢܒܠܬܐ. ܫܢܬܐ ܗܘܬ
ܕܐ[ܪܩܕܝܘܣ] ܘܕܐܘܢܘܪܝܘܣ ܒܫܢܬܐ ܕܝܢ ܕܬܐܘܕܘܣܝܘܣ
ܪܒܐ. ܘܒܪܗ ܕܩܘܣܛܢܛ[ܝܢܘܦܘܠܝܣ] ܗܘ ܕܗܘܐ ܠܗܘܢ
ܫܠܝܐ ܀

ܡܢ[2] ܒܬܪ ܐܪܩܐܕܝܘܣ ܡܠܟ ܒܡܠܟܘܬܐ ܬܐܘܕܘܣܝܘܣ
ܒܪܗ. ܒܗ ܐܝܬܘܗܝ, ܒܪ .ܝ. ܫܢܝܢ ܒܠܚܘܕ. ܒܗ ܕܝܢ
ܐܡܠܟ ܥܡܗ ܗܘ ܕܝܢ[3] ܐܘܢܘܪܝܘܣ ܫܢܝܢ .ܝ.: ܥܡܗ
ܒܪ ܚܡܫܬܗ [ܕܝܢ] ܘܘܐܠܢܛܝܢܝܐ[ܢܘ]ܣ ܫܢܝܢ. ܥܡܗ.:
ܒ[ܠܚܘܕ ܫܢܝܢ. ܡܠܟ.: ܡܢܗ ܒܬ ܒܗܘܦܛܝܢܐ
ܘܐܠܢܛܝܢܝܐܢܘܣ ܘܫܢܝܢ ܘܐܒܝܢܝܢܘܣ.[ܒܢܝܐ.
ܒܬܪܗܘܢ ܘܐܡܠܟ ܒܬܪܗ ܕܐܪܩܐܕܝܘܣ][1] . . . .
. . . .

*9 r°. . . . .

. . . . ܗܘܘ[4] . ܒܬܪ. . . . . ܝ.
ܘܠܗܕܐ ܒܬܪ ܕܡ[ܠܟܘܬܐ ܠܐ ܠܐܢܫ ܐܫ]ܟܚܘ ܕܢܬܒܥܘ[ܢ]
ܠܗ ܡܢ ܒܠܚܘܕ[5] [ܕܒܬܪܘܗܝ ܬܫܥܝܬܐ] ܐܦ ܕܗܟܢܐ
ܘܫܘܝ, ܢܡܠܟܐ ܕܡܠܟܘܬܗ ܘܫܢܝܐ [ܗܘܘ ܕܐܘܣܛܝܢܘ]ܣ ܀
ܕܬܠܬ ܕܝܢ ܬܘܒ ܕܗܘ ܒܠ ܫܢܝܐ [ܗܠܝܢ ܕܡܢ ܪ]ܘܡܝܐ
ܣܦ ܗܘܐ ܕܢܬܬܚܝܐ: ܘܢܫܠܛ ܠܟܠ ܐ[ܢܫ ܗܠܝܢ ܕܡܢܬ]ܦܩܘܢ
ܘܠܐ ܢܕܝܢ: ܘܐܦܩ ܢܒܝܬ ܒܡܘܒܠܐ [ܗܢܐ ܕܫܢܝ]ܐ
ܒܕܡܐ ܠܫܢܝܐ ܗܠܝܢ ܕܢܠܗ. ܘܠܐ. . . . .
ܗܠܝܢ ܒܬܪ ܕܡܢ ܦܠܓܐܐ. . . . . ܣ
ܘܡܬܬ[ܢܟܝ]ܠ[ܝܢ] ܐ . . . . ܐܫܪܝܐ
ܬܘ[ܒ. . . . .] . . . .

*9 v°. . . . .

. . . .

[1] Ex El. Nis. (ed. Lamy, l. c.), suppl. — [2] In marg., minio scriptum, ܝ. — [3] Ms. ܢܝ. — [4] Initio et fine huius paginae desunt simul versus circ. 26. — [5] Litterae ܡܫܒ, quae hic sequuntur, deletae esse videntur.

.... ܬܐ[1] ܗܠܝܢ ܕܟܬܝܒܬ
.... ܕܢܣܬ ܕܐܠܗܘܬܐ ܐܝܬ[ܘܗ̇ܝ] ܐܦ
ܗ[.............. ܡ]ܛܠ ܘܒ̈ܢܝܐ ܕܡܫܠܡܘܬ[ܐ] ܗܘܐ
ܕܦܪ̈ܨܘ[ܦܐ: ܘܡܛܠ ܡ̈ܠܟܐ ܗ̇ܘ]ܢ ܕܟܐܒ̈ܐ ܒܟܐܒ̈ܐ
ܐܬܢܟܠܘ ܒܗ̇· ܟܕ ܚܕ. .... ܠܒܝܫܘܬܗܘܢ
ܘܒܒܝܫܘܬܗܘܢ.· ܘܡܦܪܢܣ ܐܢܐ [ܠܥ̈ܢܝܐ ܘܠܝܬ̈ܡܐ ܘܠ]ܦܪ̈ܘܣܬܐ
ܕܟܠ ܚܕ ܒܫܡܗܘܢ ܚܕ ܒܬܪ ܚܕ: ܘ[ܕܒܐܝܟܢܐ ܘܐܝܢܐ
ܣܦ]ܪܝܬ: ܘܕܒܐܝܟܢܐ ܐܦ ܒܦܠܠܬ: ܐܝܟܢܐ ܕܚܕ[2] ......
.... ܚܕ̈ܐ ܒ̈ܢܝܐ ܕܝܠܗ̇ ܠܡܩܒܠ ܘܒ̈ܢܝܐ [ܕܡ̈ܠܟܐ
ܕܪ̈ܗܘܡܝܐ .... ܦ] ܠܠܫܘܕܥܘܬܐ ܫ̈ܢܝܐ ܕܚܠܝܦ[ܕ ......
.... ܐ] ܠܘܬ ܚܕ̈ܪܐ: ܘ[..............
...ܕܝܠܗ]ܘܢ ܘܡܒܢܝܢܐ[3] [ܕܫ̈ܢܝܐ ....]..........
....
....

[ܐ. ܐܪܕܫܝܪ[4] ܒܪ ܦܒܟ ܫ̈ܢܝܐ. ܝܕ. ܝܕ..
ܒ. ܫܒܘܪ ܒܪ ܐܪܕܫܝܪ ܫ̈ܢܝܐ. ܠܐ. ܡܗ..
ܓ. ܗܘܪܡܝܙܕ ܒܪ ܫܒܘܪ ܫ̈ܢܝܐ. ܒ. ܡܙ..
ܕ. ܘܪܗܪܢ (ܒܪ ܗܘܪܡܝܙܕ) ܬ̈ܘܡܬܐ. ܢ..
ܗ. ܘܪܗܪܢ ܒܪ ܘܪܗܪܢ ܫ̈ܢܝܐ. ܝܙ. ܣܙ..
ܘ. ܘܪܗܪܢ ܣܓܢܫܗ[5] ܝܪ̈ܚܐ. ܕ. ܣܙ..
ܙ. ܢܪܣܗ ܒܪܒܫܡܗ[6] ܫ̈ܢܝܐ. ܙ. ܘܝܪܚܐ. ܐ. ܥܕ..
ܚ. ܗܘܪܡܝܙܕ ܒܪ ܢܪܣܗ ܫ̈ܢܝܐ. ܙ.[7] ܦܐ..
ܛ. ܫܒܘܪ ܒܪ ܗܘܪܡܝܙܕ ܫ̈ܢܝܐ. ܥ. ܩܢܐ..
ܡܢ ܒܢܝܢܐ ܕܫ̈ܢܝܐ ܕܡ̈ܠܟܐ ܕܦܪ̈ܣܝܐ ܘܕܦܛܪ̈ܝܪܟܐ ܢܕܥܐ

[1] Initio et fine huius paginae desunt simul versus circ. 26. — [2] Litterae ܚܕ quae hic sequuntur deletae esse videntur. — [3] Ms. ″ܘܡܒܢܝܢ. — [4] Seriem regum Sassanidarum et sequentia quae uncis inclusa sunt e Mich., p. 129-130, supplevi, patrum nominibus ex El. Nis. (ed. Lamy, p. 585) additis. Eliae catalogus, qui in titulo arabico (non in syriaco) Iacobo adscribitur, a Mich. et a canone Iacobi longe discrepat. — [5] El. ″ܣܓܢܫ Mich. ܣܓܢܫܗ. — [6] Ex El. Nis. suppl. — [7] In text. impr. .ܚ.; ut numeri cum canone et cum supputatione sequenti quadrent, e vers. arab. et El. Nis. correxi.

ܕܫܢܬܐ ܗ̇ܝ. ܕܩ. ܕܩܘܣܛܢܛܝܢܘܣ ܫܢܬܐ. ܕܢܛ.
ܐܬܠܝܗ̇ ܗܘܬ ܕܫܒܘܪ. ܡܢ ܠܒܪ ܫܢܬܐ. ܕܝ.
ܕܐܠܟܣܢܕܪܘܣ ܒܪ ܡܐܡܐܐ ܒܪܘܡܐ ܠܗ̇ܝ. ܕܩ.
ܕܩܘܣܛܢܛܝܢܘܣ ܫ̈ܢܝܐ. ܢܝ. ܡܫܬܢ̈ܝܢ: ܘܡܢ ܗ̇ܝ
ܡܕܒܪܢܘܬܐ ܕܐܪܕܫܝܪ ܒܦܪܣܐ ܠܗ̇ܝ. ܕܢܛ. ܕܫܒܘܪ
ܩ̈ܛܝܢ. ܢܝ.. ܘܚܕ ܗܘܐ ܡܫܒܘܪ ܥ̈ܣܪܐ. ܫܛ.[1] ܐܓܒܠܝܢ:
ܘܫܢܬܐ. ܕܓ. ܕܗܠܝܢ ܒܬܪܐ ܕܐܬܬܚܒܒ ܡܕܒܪܢܘܬܐ
ܒܫܘܪ ܡܠܘܟܐ ܕܠܗ: ܒܢܕܐ ܕܫ̈ܒܛܝܐ. ܢܝ. ܡܢ ܗܠܝܢ
ܕܫܒܘܪ ܒܫܢܬܐ ܗܘܝܐ ܡܠܘܟܐ: ܒܗ ܡܢ ܫܢܬܐ. ܕܒܐ.
10 r°. ܕܩܘܣܛܢܛܝܢܘܣ ܒܬܫܥܣܪܐ ܕܡܠܟܘܬܗ:[2] *ܗ̇ܝ
ܕܐܬܝܗ̇ ܕܗܘܦܛܐ ܩܝܡ [ܕܗܠܝܢ ܕܫ̈ܢܝܐ ܕܒܬܪܗ ܕܝܢ
ܩܘܣܛܢܛܝܢܘܣ] ܘܐ[ܣܛܪ] [ܗ]ܘ; .[ܕ]ܠ. : [ܒܗܠܝܢ]
[ܕܝܢ ܕܦ̈ܪܣܝܐ ܫܢܬܐ. ܕܓ.] ܕܗܠܝܢ ܕܫ̈ܢܝܐ ܟܠܗܝܢ
[.ܕ]ܠ. ܕܡܠܟ[ܘܬܐ ܕܒܝܬ ܦܐܪܣܐ][3]. ܒ[ܡܠܟܘܬܐ ܕܝܢ
ܗ̇ܘ ܕܦ̈ܪܣܝܐ ܐܬܝܠܕ[ܬ] ܫܢܬ[ܐ ܗܘܬ ܡ[ܕܒܪ]ܢܘܬܐ. ܫܢܬ
ܩܠܐ.. ܒܫܢܬܐ ܕܝܢ ܗ̇[ܘ ܕܐܘ]ܠܡܦܝܐܕܐ ܐܬܝܠܕܬ.
ܫܢܬܐ ܡܕܒܪܢܘܬܐ ܕܐܘܠܡܦܝܐ[ܕܐ ܗ̇]ܝ. ܕܪܒ..
ܒܫܢܬܐ ܕܝܢ ܗ̇ܘ ܕܐܘܠܡܦܝܐ ܗ̇ܝ. ܕܫܒܥ.. ܒܗ̇ܘ ܕܝܢ
ܕܩܘܣܛܢܛܝܢܘܣ ܐܬܝܠܕ ܗ̇ܝ. ܕܟܒ. ⁘
ܩܘܣܛܢܛܝܢܘܣ ܓܒܪ ܡܐܣܐܪܘܣ ܠܐܪ̈ܡܝܐ ܒܢ̈ܘܗܝ.
ܗ̇ܘ ܩܢܫܐ ܠܩܘܣܛܢܛܝܢܘܣ ܘܠܩܘܣܛܢܛܝܢܘܣ[4] ⁘

[1] Mich. .ܣ.; e canone et e contextu correxi. — [2] Text. impr. om.; e vers. arab. supplevi. — [3] E Mich., p. 130, suppl. — [4] Hic occurrit in ms. initium Canonis quod ad sequentem paginam remittere necesse est. In disponendo isto Canone, codicis dispositionem, quantum sinebat ars typographica, imitatus sum.

ܐ]ܦܝܣܩܘܦܐ. ܕܝܠܗ. ܒܡܠܬܐ ܕ
ܗܘܐ] ܒܐܘܪܚܗ̇ܝ
ܐܠܗܘܬܐ.] ܒܡܪܝܡ
ܕܝܢ ܢܣܒܘ]ܗ. ܘܐܬܪܡܘܗ̱ܝ
ܒܡܣܘܢܝܘܣ] ܗ̇ܘ
ܕܣܡܟܐ ܐܢܬܐ]ܠܗܘ[4]
. . . .
ܩ . . . .
. . . .
ܡܢ . . . .
ܢܘܗ . . . .
ܬܬ . . . .
ܗ . . . .
ܡܠܟܐ . . . .
ܠܐ ܡܛܠ ܚܫܝܒܘܬܐ . . . .
ܕܡܠܟܐ . . . .] ܡܛܠ ܚܢܢ
ܗ . . . .
ܚܢ . . . .

ܒܫܢ̈ܝܐ	ܕܪ̈ܗܘܡܝܐ	ܕܦܪ̈ܣܝܐ
ܕܫܢ̈ܝܐ	ܬܐܘܕܘܣܝܘܣ[1] ܫܢ̈ܝܐ. ܠܒ.	ܫܒܘܪ ܫܢ̈ܝܐ ܗܥ.
ܐܘܠܘܡܦܝܐܣ. ܪܥܗ.		
ܐ	ܟܐ	ܝܐ
ܒ	ܟܒ	ܟܐ
ܓ	ܟܓ	ܟܒ
		ܟܓ
ܐܘܠܘܡܦܝܐܣ. ܪܥܘ.		

ܬܐܘܕܘܣܝܘܣ[1] ܡܠܟܐ ܥܠ[ܝܢ
ܘܗܘܐ ܕܐܪܥܐ ܠܒܪܬܐ ܘ[ܠܒܪܬܗ[2]
ܐܦ ܠܐܪܟܠܝܬܐ. ܘܠܚܠ[ܦܘܗ̱ܝ
ܦܘܩ ܕܐܬܟܢܫܬܐ
ܐܠܗܝܬܐ ܐܢܫܝܢ ܀
ܬܐܘܕܘܣܝܘܣ ܥ[ܠܝܢ
ܐܪܓܝܬܐ ܠܒܠܥܘܗ̱ܝ ܘܠܚܠ[ܦܘܗ̱ܝ
ܐܦܝܣܩܘܦܐ. ܡܛܠ [ܚܫܐ
ܕܟܒ[ܫ]ܬ. ܘܐܦ ܠܒܐܪ[ܟܝܐܘܣ
ܐܦܝܣܩܘܦܐ ܕܐܘܪ[ܫܠܡ
ܡܛܠ ܚܫܐ ܕ[ܒܪܬܐ
ܕܦܪܘܣ. ܘܦܠܦܝ
ܠܐܦܝܣܩܘܦܐ [ܘܦܠܦܝ ܐܦ
ܠܐܘܣܒܝܘܣ. ܕ[ܚܢܘܢ[2]
ܒܬܪܟܐ ܩܕܝܫܐ ܀[3]

[1] Ms. : ܬܐܘܕܘܣܝܘܣ". — [2] E Mich., p. 130, supplevi. — [3] Infra, apparent reliquiae litterarum rubra linea inclusae. — [4] Lacunas e Mich., p. 124, supplevi.

Fol. 10 v°.

]ܐܦܝܣܩܘܦܐ. ܕܝܠܗ. ܡܠܟ ܒܡܕܝܢܬܐ ܕ[ܩܘܣ]ܛܢܛܝܢܐ ܝܘܠܝܢܘܣ ܫܢܝܐ. ܝܗ. ܀ ܐܦܝܣܩܘܦܐ. ܕܪܗܒ. [ܡܠܟ ܒܡܕܝܢܬܐ ܕܐܘܪܫܠܡ ܡܐܟܣܝܡܘܣ: ܕܗܘܐ ܚܒܘܫ ܕܝܬܒܐ ܓܒܝܐ ܗܘܬ. ܒܕܪܘܦܐ ܕܝܢ ܫܢܝܐ ܀ ܐܦܝܣܩܘܦܐ. ܕܗܐ. ܡܠܟ ܒܡܕܝܢܬܐ ܕܐܘܪܫ ܒܬܪ ܡܟܣܝܡ ܒܪܢܒ ܀	.ܠܗ.] ܩܘܣܛܢܛܝܢܘܣ ܒܪ ܐܢܛܘܢܝܢܘܣ ܫܢܝܐ [.ܟܗ. [1]	ܦܠܐ [. . . . . ܐܬ[ܐܝܐܘܣ]ܦ. ܒ[ܝ]ܘܡܝ ܡܠܟܘܬܐ ܕܩܘܣܛܢܛܝܢܘܣ ܫܢܬܐ. ܐܘ ܚܕ ܐܘ [ܬܠܬܐ ܕܚܕ. ܡܠܟܘ ܗ[ܘܐ ܕܝܘܠܝܢܘܣ. ܫܢܝܐ ܐܘ ܠܐܠܟܣܢܕܪܝܐ ܡܛܠ ܕܡܫܡܠܝܢܘܬ. ܒܗ ܒܬܪܒܬܐ ܗܘ ܫܠܡܐ ܀

ܐܠܟܣܢܕܪܘܣ. ܕܝܠܗ.

ܐ	ܐ	ܠܒ

܀ ܒܗܢܐ [ܙܒܢ]ܐ
ܡܠܝܢܝܢ[2] ܠܗܘܢ
ܒܪܢܫܘܬܐ ܐܘ
ܐܢܬܘܢ: ܒܪ ܐܢܫܘܬܐ
ܐܢܫ ܒܪܝܫܢܘܬܐ ܕܐܘܠܐ ܗܘܬ ܒܥܕܬܐ
ܠܐܬܪܐ ܗܘ ܀

ܒ[ܗ]ܢܐ ܗܘܐ ܐܬܢܬܘ[ܩ]ܝܬ
ܗ]ܝܐ ܩܘܢܕܘܣ ܀

ܒܗܕܐ ܗܘܐ ܙܒܢ ܕܡܫܝܚ ܐܒܘܢ ܪܘܡܝܐ
ܥܠ ܒܪܫܢܝܐ ܕܒܥܠܘ ܐܪܝܘ. ܘܡܫܡܫܝܢ
ܒܗ ܩܠܝܠܐ ܫܠܡ ܡܥܫܐ.
ܗܠܝܢ ܐܒܘܢ ܒܡܕܢܚܐ ܥܠ ܢܝܚܝܢ: ܘܩܦܝ
ܡܢܗ ³ ܚܠ] ܚܡܫ ܒܪ ܝܠܗܘܢ ܕܩܫܝܫ[ܐ]
ܐܦܝܣܩܘܦܐ. ܘܡܫܝܚܐ ܐܢ[ܫ] ܒܡܕܢܚܐ.
ܘܫܒܩܐ ܘܡܫܝܚ ܠܟܠܗ ܐܬܪܐ ܕܒܗ
[ܢܘܗܪܝܢ] ܒܡܫܘܬ [. ܦܫܛܐ. ܀]

[1] E Mich., p. 134, supplevi. — [2] Ms. : ܡܠܝܢܝܢ. — [3] Ms. : ܡܢܗ.

Fol. 11 r° et 13 r°.

. . . . .ܪ[1] ܫ]. . . . .

ܟܕ ܕܝܢ ܐܘ]ܣܛܐܬܝܘܣ ܐܦܝܣ[ܩܘܦܐ ܕܐܢܛܝܘܟܝܐ ܐܫܬܕܪ

ܗܘܐ ܠ]ܐܟܣܘܪܝܐ. ܟܕ ܫܡܥܘ ܕܝܪܝܐ ܕܩܘ[ܣܛܐܢܛܝܢܘܣ:

ܐܘܪܬܐ]ܕܩܕܫܘ ܟܕ[2] ܚܕܝܢ ܣܓܝ ܐܘܣܛܐܬܝܘܣ ܠܦ[ܐܘܠܝܢܘܣ.

ܐ̈ܢܫܝܢ] ܕܝܢ ܡܫܒܚܝܢ ܠܐܘܠܐܠܝܢܘܣ. ܘܟܕ ܗܢܐ ܡܠܟ [ܣܘ:

ܠܐܘܦܪܘ]ܢܝܘܣ ܡܩܝܡܝܢ ܚܠܦܘܗܝ. ܟܕ ܕܝܢ ܐܦܠܐ [ܗܢܐ

. . . . . .]ܬ: ܦܠܐܘܣܛܠܐܘܣ ܗܘܐ ܚܠܦܘܗܝ. ܟܕ ܐ[ܢ̈ܫܝܢ.

ܘ]ܟܬ[ܒܪ] ܕܟܢܫ ܗܢܝ. ܚܕܝܢ ܠܗܘܦܐܣܝܢܘܣ. ܘܐ̈ܢܫܝܢ

ܐܚܪܢܝܢ [ܗܘ]ܘ ܟܠܗܘܢ ܥܕܬܐ ܕܐܢܛܝܘܟܝܐ. ܦܐܘܠܝܢܘܣ ܕ[ܝܢ ܐܚܪ

ܗܘܝ. [ܣܓܐ] ܟܠܡܕ[ܡ]ܕ ܘܒܡܪܬܐ ⁘ ܒܣܘܢܗܕܘܣ ܐܢܛܝܘܟܝܦܘܠ[ܝܣ[3] ܕܝܢ:]

ܟܕ ܐܠܟܣܢܕܪܘܣ ܐܚܪܢ: ܗܘ ܕܕܟܝܪ ܥܢܝܐ. ܟܠ.: ܐܘܪܬ[ܘܕܩܫܘ]

ܟܕ ܚܕܝܢ ܠܦܐܘܠܘ. ܐ̈ܢܫܝܢ ܕܝܢ ܠܡܐܘܣܛܝܘܣ. [ܘܟܕ]

ܦܐܘܠܘ ܐܬܛܪܕ ܡܢ [ܐ̈ܢܫܝ]ܢ: ܟܠ ܡܐܘܣܛܝܘܣ: . . . . .

ܒܡܕܝܢܬܐ ܐܝܬ ܗܘܐ . . . . ܒ . . . .

ܐܝܬ ܠܐܘܣܛܐܬܝܘܣ ܟܕ [ܣܘܡܟܝܬܐ ܠܣܘܢܗܕܘܣ ܐܢܛܝܘܟܝܦܘܠܝܣ]

ܘܐܪܦ ܠܬܪܝܢܘܗܝ ⁘

ܒܡܢܝܢܐ ܕܫ̈ܢܝܐ	ܕܪ̈ܘܡܝܐ ܩܘܣܛܢܛܝܢܘܣ	ܕܦܪ̈ܣܝܐ ܫܒܘܪ	܀ ܩܘܣ[ܛܘܪܘܣ ܒܐܢܛܝܘܟܝܐ] ܗܘܬ ܘܒܒܪܬ ܐܘܩ[ܝܢܐ]܀
ܢܕ ܢܗ ܢܘ	ܒ ܓ ܕ	ܠܚ ܠܛ ܡ	ܩܘܣܛܢܛܝܢܘܣ[4] ܡ[ܠܟܐ ܐܬܬܢܝܚ ܠܬܪܒܥܬܐ ܕܐܝ̈ܪܐܢ [ܘܡܫܟܢܘ ܒܐܝ̈ܕܘܗܝ، ܚܠ ܡܠܐ [ܕܝܒܘ܀ ܒܡܬܪܐ ܕܫܡܗ ܐܬܐܟܣܝܣ[ܛܘܣ ܗ̇ܝ .ܕܟ.. ܘܚܕ ܫܢܝܢ: ܐܝܟ ܠ[ܗܘܬ ܢܠܡܘܣ ܠܪܘܡܝ̈: ܘܠܗܘܬܗ [ܗܘܐ ܩܘܣܛܢܛܝܘܣ ܡ̇ܠܟܐ ܗ̇[ܘ ܕܒܢܐ ܩܘܣܛܢܛܝܘܣ ܒܡܐܪ̈ܕܝܢ ܕܡ[ܠܟ
ܩܘܣܛܢܛܝܢܘܣ ܡ̇ܠܟܐ ܗܘܐ ܒܫܢܬ ܕܝ̇ ܐ̇ܡܠܟܝ ܫ̈ܢܝܐ .ܠ..			ܐܬܐܢܣܝܘܣ: ܘܡܬܢܚܪ̈ܝܢ ܛ[ܪ̈ܝܢ ܐܦܝܣܩܘܦܐ ܡܢ ܪ̈ܘܡܝ ܡܢ[ܠ
ܐܘܠܝܢܝܢܐ ܗ̇ܘ .ܪ̈ܦ.			
ܢܙ ܢܚ	ܗ ܘ	ܡܗ ܡܘ	ܩܘܣܛܢܛܝܘܣ. ܠܐܢܛܝܘܟܝܐ [ܠܘܬ ܩܘܣܛܢܛ[ܝ]ܢܘܣ. ܐܘ[ܦܪܐܛܘܣ ܘܒܝܬܐ[ܢܛܝܘܣ ܘܟܠܗܕ ܚܠܝܡܘ ܢܚܠܐ [ܣܛܐܦܢܘܣ[6] ܀

ܒܗ ܒܫܢܬ ܝܥܩܘܒ ܐܦܝܣܩܘܦܐ
ܕܢܨܝܒܝܢ: ܡܝܬ ܘܐܠܟܣ
ܒܬܪܗ܀
ܒܝܒܠܐ ܗܢܐ ܐܬܢܣܝܘܣ
ܫܒܝܐ ܕܬܪܝܢ ܗܘܐ
ܒܒܢܝܘܬܐ܀ [5]

[1] Quot versus supra steterint, incertum. — [2] Ms. : ܡܢ. — [3] Supra 4 primas litteras stat linea rubra. — [4] Ms. : ܡܘܣܛ". — [5] Infra, scriptae sunt graecae litterae formae insolitae : initium est Αντωινος (*sic*) [α]γιος : ο, et deinde, ut videtur, λα..ρs : ..λ.οs : ε.σ7. — [6] Lacunas e Mich., p. 136, supplevi.

Fol. 11 v° et 13 v°.

.... ܒܪ[1] ܩܘܣܛܢܛܝܢܐ . ܘ . ܫܢܝܢ[2] ܐܘܟܠܝܣ] ܒܪܘܡܐ: ܘܐܘܟܠܝܣ
ܒܬܪ ܕܗܘ ܐܦ ܩܘܣܛܢܛܝܢܘܣ[2] ܘܒܡܪܐ ܒܪܗ [ܕܐܘܣܒܝܘܣ[2]
ܩܘܣܛܢܛܝܢܘܣ] ܫܢܝܐ . ܟ .: ܒܐܘܦܠܝܣ ܦܪܝܣܘܢ [ܡܢ
ܦܠܚܐ[2] ܡܢ ܩܠܒܘܗܝ ܕܡܠܟܘܬܗ ܘܐܬܟܪܝܐ[ܠܗ .
ܢܦܩܬ ܐܢܘܢ ܕܝܢ ܗܢܘܢ: ܕܐܘܣܒܝܘܣ ܗܘܐ ܒܪ ܥܡܗ ܕܩܣܛܠܝܐ
ܘܠܠܗܘ] ܢܦܫ ܗܘܐ ܠܗ ܠܪܫܘܬܐ ܒܪܘܡܐ: ܒܬ[ܩܛܠ ܡܢ
ܦܠܚܐ ܕ]ܡܠܟܘܬܗ. ܗܘ ܓܝܪ ܗܘܐ ܡܠܟܘܬܗ ܡܢܕܪܫ]
ܠܟܠܗ ܐܬܠܛܠܢܐ ܘܐܦܪܝܡ. ܒܪܐ ܠܛܐܘܣ ܕܝܢ: ܒܬܪ [ܗܘܐ
ܒܡܢܪܝܫ .:. ܩܘܣܛܢܛܝܢܘܣ ܕܝܢ ܡܠܟܐ ܒܪ ܟܠ ܗܠܝܢ
[ܐܚܕܒ]: ܐܙܠ ܒܐܘܦܐ ܟܠ ܛܪܘܢܐ. ܘܒܪ ܐܦ[ܪܝܡ ܘܟܐ ܐ]ܢܘܢ .
[ܐܘܟܠܝܣ ܒܠܫ]ܕܘܢܘܗܝ .:.

.... ܠ ....
.... ܠܗ .... ܗܘ
ܒܐܘܬܪܐ ܐ]ܬܐܘܬܝܘܣ
ܗܘ . ܕܟ . ܘܒܟܬܒܝܢ ܐܪܬܝܐܘ
ܫܠܝܘܗܝ] ܠܟܐܘܪܒܝܘܣ

ܒܫܢܬܐ] ܕܫܢܝܐ]	ܕܡܠܟܘܬܐ] ܩܘܣܛܢܛܝܢܘܣ]	ܕܦܪܩܘܬܐ] ܐܒܝܪ]
ܦܛ ܟܢ	[ܐ] ܢ	ܠܢ ܠܛ
ܐܘܠܘܡܦܝܐܣ ܪܦܐ.		

ܥܕܬܐ ܩܘܣܛܢܛܝܢܘܣ[3]
ܡܪܟܐ ܡܢ ܦܢܝܬܗ ܘܥܟܐ
ܠܗܘܢ. ܘܒܗ ܒܫܢܬܐ ܗܘܘ
ܘܩܛܠܐ ܩܛܠܐ ܒܡܕܝܢܬܐ.
ܘܡܬܪܐܝܬ ܒܐܘܪܫܠܡ
ܒܠܗ ܫܢܬܐ .:.

ܒܪ ܬܪܡ[ܠ]ܬܗܘܢ ܒܐܠܟܣܢܕܪܝܐ
.... ⁘

ܐܬܬ] ܕܐܡܒܪܝ ܕܒܐܝܬ [.ܦܠܢ.
ܕܬܘܒܐ ܐܬܟܢܫܬ ܐܚܪܝ
ܡܕܝܢܬܐ[4]

ܐ]ܦܝܣܩܘܦܐ .ܕܠܗ. ܗܘ
ܒܡܕܝܢܬܐ [ܕ]ܪ̈ܘܡܝܐ ܠܡܐܪܩܘܣ
ܓ̈ܒܝܐ .ܐ.. ܡܬܢܕܒ ܗܘܐ
ܒܒܒܠܐ ܗܢܐ [ܒܠܝ]ܢܣܝܢ: ܐܦܪܝܡ
ܡܠܦܢܐ ܣܘܪܝܐ. ܬܠܐ [ܡܕܝܢ]ܬܐ ܐܬܟܢܫܬ ܒܢܬ
ܢܗܪ̈ܝܢ ܘܐܬܦܪܢܬ [ܡܘܣ]ܠ[ܐܢܛ]ܝܐ.] ܗܘ ܕܒܠܚܡ
ܡܬܦܪܢܐ [ܗܘܬ ܐܢܛܝܦܠܘܣ][2] ⁘ ܒܐܬܪܐ ܠܐܒܣܘܪܝܐ
ܠܡܐܪܩܘܣ ܐܦܝܣܩܘܦܐ] ܕܪܘܡܐ ....[6]

ܟܐ	ܛ	ܦ
ܟܒ	ܝ	ܦܐ
ܟܓ	ܝܐ	ܦܒ
ܟܕ	ܝܒ	ܦܓ
ܐܬܠܡܟܣܐܘ .ܢܩܒ.		
ܟܗ	ܓ	ܦܕ
ܟܘ	ܝܘ	ܦܗ
ܟܙ[5]	ܝܙ	ܦܘ

ܫܢܬ .ܦܩܘ. ܕܝ̈ܘܢܝܐ. ܒܗ̇ ܒܢܐ
ܩܘܣܛܢܛܝܘܣ ܠܐܡܕ ܡܕܝܢܬܐ
ܒܒܝܬ ܢܗܪ̈ܝܢ. ܘܒܗ̇ ܒܫܢܬܐ
ܗܘܐ ܡܪܕܐ ܡܢ ܪ̈ܘܡܝܐ ܥܠ
ܦܪ̈ܣܝܐ ܒܠܠܝܐ ⁘

ܗ̇ܘܝܐ ܣܘܢܗܕܘܣ ܒܒܐܪܝܘܠܐܢܘܣ
ܡܛܠ ܗܝܡܢܘܬܐ ܘܡܛܠ ܐܬܢܐܣܝܘܣ.
ܘܢܛܪ̈ܝܢ ܣܝܡܐ ܕܗܝܡܢܘܬܐ ܗ[ܘ
ܕܢܝܩܝܐ ܘܚܪܡܘ ܠܐܬܢܐܣܝܘܣ ⁘
ܒܫܢܬܐ ܗ[ܝ] .ܕܡܗ. [ܕܩܘܣܛ]ܢܛ[ܝܢ]ܘܣ
ܗܘܐ[7]

[1] Quot versus supra steterint, incertum. — [2] E Mich., p. 137, suppl. — [3] Corrigendum videtur ܦܠܢ". — [4] Videtur ad ann. 22 Iacobi signo referri. — [5] Ad hunc ann. spectat notitia Eliae Nis., p. 328, n° I. — [6] Saltem unus versus periit. — [7] Continuatur in pag. sequenti.

Fol. 12 v°.

ܡܪܟܐ ܗܘ ܕܡܘܣܛܐܦܘܣ ܘܕܪܟܐ] ܠܐܢܛܝܦܘܣ ⁘

ܕܐܢܛܝܦܘܣ ܩܛܠ ܗܘ ܠܗ
ܘܕܐܡܐܢܛܝܦܘܣ ܐܚܘܗܝ
ܐܬܚܛܦ ⁘ ܦܠܓ ܡܘܣܛܐܦܘܣ ܠܐܢܛ]ܝܦܘܣ
ܘܡܬܩܛܠ ܠܐܠܘܣ ܡܐܣܪ
ܚܝܠ. ܦܘܡܐ. ⁘ ܕܡܣܢ
ܡܘܣܛܐܦܘܣ[1] ܡܐܣܪ:
ܠܐܠܝܐܢܘܣ ܐܚܘܗܝ
ܕܠܐܠܘܣ ܚܝܠ. ܡܣܡ. ⁘ ܕܡܝܬ
ܠܐܢܛܝܦܘܣ ܕܐܢܛܝܦܛܪܐ[2]. ܘܢܦܠ
ܕܡܢܕܐ ܠܒܘܪܣܝܐ ܕܬܡܢ
ܐܘܕܡܣܘܣ ܕܠܐܪܡܢܝܐ ⁘
ܒܪܒܪܐ ܗܢܐ ܕܡܬ[ܢܒܐ ܗܘܐ
ܐܦܠܝܐܪܘܣ[3] ......]

ܫܢܝܐ ܕܝܘܢܝܐ	ܕܪ̈ܗܘܡܝܐ ܡܘܣܛܐܦܘܣ	ܕܦܪ̈ܣܝܐ ܐܟܢܪ
ܢܚ	ܘ	ܟܐ
ܐܘܠ[ܡܦܝܐܣ .ܪܢܓ.]		
[ܩܛ]	ܛ]	ܢܚ
[ܠ]	[ܚ]	[ܩ]ܛ
[ܠܐ]	[ܛ]	[ܝ]
[ܠܒ]	[ܝ]	[ܟܐ]

ܐܦܝܣܩܘܦܐ. ܕܠܗ. [ܗܘܐ
ܒܒܝܬܐ ܕܪ̈ܗܘܡܝܐ
ܕܐ[ܡܬܩܪܘܢ] ܥ̈ܢܝܐ
.ܠܛ. ⁘. ⁘ ܡܬ[ܢܚܢ
ܗܘܐ ܒܪܒܐ ܗܢܐ
ܒܡܘܬܐ ܐܒܪܗܡ
ܡܕܘܢܝܐ[4] .....]

[1] Ms. : ܘܣܛܦܘܣ". — [2] Ms. : ܦܛܪܐ". — [3] E Mich., p. 139, suppl. Quot versus infra steterint, incertum. — [4] E Chron. Edess. et Mich., p. 140, suppl. Quot versus infra steterint, incertum.

Fol. 12 r°.

ܒܗ ܕܫܢܬ ܐܪܡܢܝܐ]ܘ ܗܘ ܕܐܣܒܪܗ ܐܪܡܝܐ ܒܐܘܪܫܠܡ [ܕ]ܐܬܬܘܗܝ ܗܘܐ. ܕܒܗ :.
ܡܪܐܘܠܝܢܘ ܐܪܡܝܢܘ. ܕܒܗ. ܗܢܝ. ܘܒܬܪܗ. ܕܒܗ.. ܐܢܓܪܝܘܢ ܀ ܒܗܕܐ
ܫܢܬܐ. ܒܬܫܪܝܢ ܗܘܬ ܐܬܐܬܝܗܘܢ. ܗܘ ܕܗܘܐ ܒܠܝܠܝܐ ܕܐܘܢܓܢܘܢ ܀ ܡܢܐ
ܢܠܝܐܝܢܘ ܡܐܡܪ ܥܠ ܕܒܠܒܐ ܘܢܘܚܬܐܝܬܗܘܢ. ܘܕܒ ܥܒܕ ܡܠܟܐ ܕܬܬܠ
ܒܟܪܘܬܗ ܕܢܠܝܐܝܢܘ[1]: ܢܦܩ ܡܢ ܐܢܛܝܘܟܝܐ ܕܢܐܙܠ ܠܡܘܫܠܡ: ܘܟܒܫܗ
ܒܡܢܝܚܘܬܐ ܀ ܒܗ ܐܬܕܒܩ ܐܘܪܘܒܣܝܘܣ ܡܢ ܐܢܛܝܘܟܝܐ. ܕܝܢ ܗܘ
ܠܒܐܘܪܘܢܘ ܡܢ ܡܘܢܘܬܐܢܛܝܦܠܝܘ. ܘܐܝܬܝ ܠܕܪܬܐ ܕܬܡܢ. ܘܥܡܡ[2]
ܒܢܫ ܐܪܡܝܐ ܒܐܢܛܝܘܟܝܐ ܡܢ ܟܠܗ ܐܘܪܘܒܣܝܘܣ[3] ܠܒܐܠܝܛܝܘ. ܒܗ
ܗܒܠ ܗܘ ܒܠܝܛܝܘ[4] ܠܐ ܗܘܐ ܐܝܟ ܬܪܒܝܬܗ ܕܐܪܡܝܐ ܐܠܐ: ܕܢܦܫ
ܠܗ: ܘܫܒܩܢ ܫܠܡܗ ܠܐܘܪܘܐܛܝܘ.] ܗܘ ܕܝܢ ܗܢܘ ܒܕܪܬܐ ܕܐܬܬܘܪܘܒܣܘ
ܕܬܡܢ. ܘܐܬܩܛܠ] ܡܢ ܐܘܪܬܘܪܘ]ܒܣܘ ܒܗ ܒܪܝܫ ܡܢ ܫܬܐܣܬܗ ܕܒܠܛܝܘ
ܠܦܐܘܠܝܘ]ܣ ܐܢܫ ܡܢܟܐ ܐܦܣܩܘܦܐ ܠܗܘܢ ܐܦܝܣܩܘܦ]ܐ ܒܐܝܕ ܠܡܦܩܪܘ]ܣ. ܒܬܠ
ܗܘ ܕܐܦ ܡܢ ܠܒܠ ܡܢ ܒܪܗ ܡܪ[ܝܡ ܐܡܪܝ ܕܡܢ ܫܠܦ ܐܘܣ]ܛܐܬܝܘܣ ܀

ܒܬܫܪܝܢ ܗܘܬ ܒܗܕܐ [ܗܘܐ ܐܘ]ܦܟ[ܝܘܣ ܐܦܝܣܩܘܦܐ ܕܐܢܛܝܘܟ..........]	ܒܗܢܐ] ܕܐܢܬܐ]	ܕܐܘܪܗܝ] ܕܗ. ܠ. ܢܠܝܐܝܢܘ ܡܠܟܐ ܐ. ܫܢܐ. ܐ.][5]	ܕܦܛܪܝܪܟܐ] ܚܕܡܢ]

[1] Ms. : ܘܚܢܘܬܐ". — [2] Ms. : ܗܢܡܢ. — [3] Ms. : ܗܘܗܘܗܘ". — [4] Ms. : ܗܦܘ". — [5] Cf. p. 283, l. 26 sqq., et Mich., p. 146.

Fol. 14 r°.

܀ ܕܒ ܡܠܟܘܬܗ ܕܟܠ. ܕܡܫܬܡܥ ܠܠܫܢܗ[ܘ ܦܠܓܐ]
ܠܡܕܒܪܢܘܬܗ. ܗܢܐ ܕܒ ܕܒܪ ܚܡܫܐ ܘܥܣܪܐ ܠ[ܡ ܐܒܕܪ ܐܒܢ]
ܠܗ ܢܝܚܝܢ

.. ܦܢܐ ܐܬܐ ܐܬܐܘܡܘ ܡܢ [ܦܪܘܡܐ
ܗܘ ܕܐܬܪܟܐ ܠܐܠܡܫܕܪܢܐ ܘܐܬܘܪ
ܠܗ [ܠܒܢ]ܪܘܡܐ ܫܢܝܐ .ܘ. ܀
ܘ]ܟܬܐܘܗܝ ܕܒ ܫܢܝܐ .ܐ. [ܒ]ܠܝܘܪ
ܐܬܓܠܝ ܕܟܠ ܒܚܫܘܟܐ ܀..܀
ܘܕܒ [ܐ]ܬܒܪܝܢ ܐܘܓܘܣܛܘܣ (ܦܪܐ)[4] ܡܢ
ܐܪܬܐܘܗ: ܘܩܡܘ .ܒ. [ܩ]ܕܡܝܐ ܀
ܗ]ܘܐ ܘܕܟܐ ܪܒܐ. ܘܩܡܘܬ [ܡ]ܠܟܘܬܗܘܢ
ܕܐܦܛܠܡܘܣ [ܒܠ]ܐܟܣܢܕܪܘܣܘܡܘ
ܒܫܢܬܐ .ܝܒ. ܡܢ [ܒ]ܠܬܪ ܗܘ
ܕܡܠܟܘܬܐ ܀
܀ ܕܟܠ ܦܪܘܣܘܦܘ ܠܪܘܡܐ ܒܫܢܬܐ

ܒܡܢܝܢܐ ܕܫ̈ܢܝܐ	ܕܪ̈ܘܡܝܐ ܕܠܦܢ. ܘܡܠܟܘܬܗ ܫܢܝܐ .ܐ..	ܕܦܪ̈ܘܡܐ ܐܒܕܪ
ܠܛ	ܐ	ܚ
	. ܕܠܛ. ܘܐܠܟܣܢܕܪܘܣ ܡܢ ܘܐܠܘܣ ܐܚܘܗܝ. ܘܐܪܟܠܐܘܣ ܫܢܝܐ .ܝܒ..	
ܦ	ܐ .	ܠܛ
	ܐܘܠܘܡܦܝܐܘܣ .ܪܦܐ.	
ܡܐ	ܒ	ܘ

ܗܘܐ [ܪܘܡܐ] ܕܡܢ
ܐܠܦܐ] ܟܐܠܟܣܢܕܪܝܐ[1]

ܐܝܟ[7] .ܦܦ. ܕܩܢܝܐ[2]
܀ ܗܘܐ ܘܕܟܐ ܦܫܝܐ
ܘܕܠܓܠ ܫܡܐܐ. ܒܢܐ.
ܟܠܐܢܫ ܡܕܝܢ. ܘܒܗ

ܒܫܢܬܐ ܕܗܠܝܢ ܐܪܒܥܐ	ܗܐ	ܠ	ܟܒ	ܕܒ. ܕܬܠܓܐ ܀
ܗܩܠܐ ܀[3]	ܗܒ	ܕ	ܟܓ	܀ ܗܘܐ ܒܪܕܐ ܪܘܪܒܐ ܘܬܡܝܗܐ
	ܗܓ	ܗ	ܟܕ	ܒܩܘܝܡ ܐܪܛܒܢܘܣ ܀ . ܒܕܒ. [ܒ]ܐ[ܒ
	ܐܠܘܟܣܢܕܪܘܣ. ܪ̈ܦ.			ܐܬܟܠܝ ܒܐܪܛܢܝܘܣ [ܒܫܢܬܐ] . ܕܟ.
	ܒܫܢܝ̈ ܬܠܬܐ ܠܗܘܢ			ܕܬܠܓܐ ܀
	ܐܦܝܣܩܘܦܐ ܕܐܘܪܗܝ:			ܕܐܬܒܢܝܐ ܗܝܪܘܕܣ ܡܠܟܐ
	ܘܠܗܘܢ ܟܠܗܘܢ ܐܦܝܣܩܘܦܐ			ܒܐܠܦܪܝܘܣ ܘܡܠܟܐ ܒܪܘܡܝ
	ܕܦܪܣܐ ܕܡܕܢܚܐ.			ܘܕܐܬܪܝܢ ܠܐܘܪܗܝܐ [ܕܐܒܓ]ܪ ܘܐܬ
	ܘܕܐܬܪܝܢ ܠܐܘܪܗܝܐ			ܐܘܣܝܐ ܀
	ܘܡܫܝܚܝܘܬܐ ܗܝ ܕܒܗܘܢ ܐܠܗܐ ܀			

[ܒܗ ܐܬܪܕܡܘܣ ܒܫܢܬܐ] ܗܝ[5]. ܕܟ. ܕܐܬܪܗܘܢ ܬܠܬܐ: ܕܐܬܓܠܝ

[ܐܬܗ. ܦܫܝ. ܕܩܘܪܐ. ܘܒܥܒ]ܘܗܝ ܐܬܐܝܢ ܠ[ܡܬܦܪ]ܢܣܘ

[1] Ad ann. 40 signo refertur. Cf. Mich., p. 148. — [2] Voces minio scriptae. — [3] Videtur ad ann. 41 signo referri. — [4] Ms. : ܡܠܘܟܘ". Sequitur signum omissionis. — [5] Ms. : ܗܘ.

Fol. 14 v°.

ܡܟ..........
ܒܠ..........
ܐ: ܒܪ..........
ܒܪܗ ....
ܕܐ ܐܬܬܠܝܢ..........
ܐܬܪܚܡܬܘܗܝ ܪܥܝܢܐ:
ܗ. ܘܢܣܒ ....
ܠܬܪܝܢܬܐ ܕܐ[ܢ]ܫܘܬܐ ܀

ܒܬܪ ܘܐܠܝܢ ܪܗܘܒܐ
ܠܡܩܒܠ [ܐ]ܪܬܘܪܘܒܘܬܐ. ܘܫܪܐ
ܠܐܢܛܝܘܟܝܐ ܐܦܝܣܩܘܦܐ ܩܛܝܠܐ.
ܒܬܠܬܪ ܗܘ .ܒܗ. ܐܦ ܐܬܠܟܣܢܘܣ
ܐܠܟܣܢܕܪܐ ܡܢ ܒܪܬܗ. ܘܡܒܒܪܝܢ
ܫܠܡܘܗܝ ܐܪܟܝܐ: ܠܠܘܩܝܘܣ ܗܘ ܕܬܠܬܪܗ
ܫܒܥܐܠܦܐ ܡܢ ܡܪܢܬܗܘܢ ܀ ܒܬܠܬܘܗܝ
ܒܪܒܐ ܗܘܐ ܒܡܘܢܛܢܘܣ ܐܢܛܝܘ
ܦܠܘܣ ܡܢ ܐܦܝܣܩܘܦܐ ܐܪܬܘܕܘܟܣܐ[5]
ܕܐܝܟ ܕܒܡܘܬܒܐ ܕܐܬܐ: ܠܐܢܛܝܘܟܘܣ

ܕܦܬܓܡܐ ܥܒܪܝ	ܕܪܘܡܝܐ ܘܐܠܝܢ	[ܒܡܢܝܢܐ ܕܫܢܝܐ]
ܗܒ	ܘ	ܒܪܡ
ܗܡ	ܐ	ܒܡ
ܗܗ	ܢ	ܒܝ
ܗܝ	ܛ	ܒܢ
ܐܬܠܒܚܢܐܘܗ . ܪܦܢ.		
ܗܢܝ	ܝ	ܒܛ
ܗܛ	ܐ	ܒ
.. ܐܘܪܫܝܐ ܒܪܗ		
ܕܫܒܥܝ ܫܢܝܐ ܛ.		
ܢܓܝܐ . ܢ..		

ܢܦܩ ܘܐܠܝܢ ܠܡܩܒܠ
ܒܪܒܪܬܐ[1] ܫܢܝ[2] ܕܒܒܪܗ
ܐܝܩܛܪܘܣ[3] ܢܗܪܐ. ܘܒܪ
ܐܡܝܢ ܕܒܐ ܘܛܪܪ ܐܢܘܢ ܡܢ
ܐܪܒܐ ܕܪܘܡܝܐ. ܐܦ ܠܝܢ ܒܪ
ܒܒܪ ܒܒܚܘܡܘܢ ܥܣܪ. ܐܠܝ[4] ܐܢܘܢ.
ܘܗܘܘ ܐܪܟܝܐ ܒܠܗܘܢ ܠܡܪܬܐ
ܒܒܠܒܗܘܢ ܕܐܘܪܚܡܘܗܝ ܪܥܝܢܐ ܀

ܒܪ ܫܒܥ ܐܬܐܟܣܘ[ܣ]
ܐܦܝܣܩܘܦܘܬܐ ܫܢܝܐ. ܒܦܩ.[7]
ܘܒܒܪ ܐܦܝܣܩܘܦܐ. ܪܦܢ.[7]
ܘܐܫܬܪ ܠܐܢܛܝܘܟܝܐ. ܗ.
ܘܐܢܫ: ܥܒܕ ܫܡܫܐܝܬ. ܒܒ.
ܒܐܝܪ. ܘܒܬܪܗ ܡܠܟ[ܐ] .ܕܝ. ܒܒܪܬܐ
ܕܐܠܒܡܕܝܢ[ܐ] ܦܛܪܘܣ. ܫܢܝܐ .ܝ. ܀
ܒܬܛܪܝܢ ܐܝܪܬܘܪܘܒܝܩܐ
ܡܢ ܒܪܬܐ ܕܐܘܪܫ[ܠ]ܡ ܡܢ
ܐܪܟܝܐ. ܘܒܬܪܐܬܐ

ܐܦܝܣܩܘܦܐ ܕܐܢܛܝܘܟܝܐ. ܗܘ[6] ܕܝܢ
ܡܬܝܠܕ ܗܘܐ ܒܝܘܢܐ ܗܢܐ.
ܘܒܐܡܘܠܝܢܘܣ ܕܡܐܡܘܪܐ.
ܘܠܪܫܝܥܘܬܗ ܕܢܘܡܐ. ܘܦܠܚܘܗܝ
ܕܡܐܡܪܡܠܝܐ. ܐܬܗܢܝܘ ܕܝܠܗ
ܕܒܐܡܘܠܝܢܘܣ ܀

ܢܐ	ܢܒ	ܐ

ܒܫܢܬ ܘܐܠܟܣܢܕܪܝܘܣ
ܕܗ ܐܬܚܠܦ ܩ̈ܫܝܐ .ܢܒ.
ܘܐܡܪ ܒܬܪܗ ܠܐܢܛܝܘܟܝܘܣ
ܒܪܗ: ܕܒܝܫ ܗܘܐ
ܐܘܦܝܡܢܝܣ ܐܦ ܡܢ ܗܘ
ܐܒܘܗܝ ܒܪܘܡܐ.

ܢܒ	ܝ	ܒ

ܠܐܒܝܣܘܢܐ ܐܦ ܒܪ[ܢܫܐ
ܐܦܝܣܩܘܦܐ ܀ ܒܗ ܒܫܢܬܐ
ܠܒܢܐ ܗܘܐ ܒܐܘܪܗܝ ܡܬܝܠܕ
ܗܘܐ ܛܘܒܢܐ ܡܪܝ ܐܦܪܝܡ.
ܡܢܗ ܒܫܢܬ .ܬܦܗ. ܕܝܘ̈ܢܝܐ.
.ܟܠ. ܒܝܪܚ ܀
ܡܬܝܕܥ ܗܘܐ [ܒܝܘܡ]ܐ ܗܢܐ.
ܠܡܐܢܝܘܣ ܩ[ܦܠܩܣܛܐ
ܒܐܢܛܝܘܟܝܐ ܀ [ܒ]ܐܠ[ܟܣܢܕܪܝܐ
ܕܝܢ: ܕܝܘܢܝܣܝܘܣ ܩ[ܦܠܐ

ܡܦܣܩܢܐ ܕܫܠܡܐ ܘܫ̈ܠܡܠܡܐ ܡܬܝܠܕ ܗܘܐ ܀ ܐܦ ܒܗ[8] ܬ[ܘܒ] ܒܐܢܛܝܘܟܝܐ
ܡܬܝܠܕ ܗܘܐ ܒܢܘܣ[ܛ]ܬܐ[9] ܐܦܪܘܬ ܕܢܝܐ: ܗܘ ܕܐܦ ܐܒܘܗܝ ܠܐܠܗܐ ܀[10]

ܡܬܬܒܝܪ[ܝܢ][11] ܢܫ̈ܐ ܟܠ ܐܪܥܐ ܕܡܘܒ[ܠܐ][12] ....
ܘ]ܡܬܒܠ[ܥܐ ܗܘ]ܬ ܒܠܒܘܫ ܐܬܘܬܐ [ܕܐܡܘܢ ܡܕܒܪܐ[13]
......[ܠ [ܒܒܢܘ] ܥܠܡܐ [..............................
.... ܩ[ܘܣܛܐ ....
.... ܗܘ ܗܘ ....

[1] Puncta plur. desunt. — [2] Ms. : ״ܝܘܡ. — [3] Ms. : ܩܘܪܣܛܘܣ״. — [4] Ms. : ܘܠܐܡ. — [5] Ms. : ״ܐܬܪܘܬܗ. — [6] Ms. : ܗܘ. — [7] E. Mich., p. 150, suppl. — [8] Ms. : ܒܗ. — [9] Hic voces ״ܬܠ ܬ״ ܒܗ ܐܦ iterum scriptae, sed linea inclusae sunt. — [10] Infra apparent fragmenta litterarum, quae ad notitiam infra datam non pertinere videntur. — [11] Ad ann. 48 signo referri videtur. — [12] Ms. : ״ܘܪܘ. Horum versuum longitudo incerta. — [13] E Mich., p. 151, suppl.

ܡܬܬܥ[ܕ]ܒ ܗܘܐ ܒܡܫܝܚܘܬܐ ܕܐܝܬܘܬܗ
ܕܡܬܬܠܝܢ ܗܘܐ ܒܥܒܕܐ ܗܢܐ. ܐܝܟܢܐ
ܕܝܢܐ ܗܘ ܕܐܟܡܐ ܠܐܠܗܐ [ܡܢ] ܢܦܫ
ܕܢܦܪܘܩ ܡܢ ܫܘܥܒܕܐ ܘܐܡܪܐ [ܘܐܬ]ܡܠܟ
ܗܟܢ. ܡܢ ܒܬܪ ܐܘܪܚܐ ܗܢܘܢ [ܕܫܘܒܚܐ
ܘ]ܒܪܘܚܐ: ܐܫܬܡܥܘܗܝ ܒܬܒ[ܥ]ܐ ܒܥܕܬܐ ܚܕ[ܐ][3]
ܘܐܘܪܚܘܗܝ ܒܫܘܪܝ ܥܠܡܐ. [ܘܐܝܟ ܕܐܬܢܝܘ ܡܢ
ܚܕ ܗܘܐ ܐܝܟܢܐ: [ܘܐܟܠ ܡܢܗ ܡܢ ܥܕ]ܬܐ ܠܫܡܥ ܕܢ[ܗ]ܘܐ. [ܐܟܢ
ܕܠܐ ܡܥܘܕ ܠܡ[ܟܠ]ܢ ܠܡܦܩ [ܥܠ] ܐܠܗܐ ܀

ܒܫܢܬܐ ܕܝܘܢܝܐ	ܕܪܘ[ܡܝ]ܐ ܦܠܝܦܘܣ	ܕܦܪܣܝܐ ܐܪܕܫܝܪ..
ܐܘܠܡܦܝܐܣ. ܪܦܛ.		
ܬ	ܒ	ܐ

Fol. 15 r°. ܗܘ[ܒ] ܘܐܠܝܨ ܦܪܘܣܝܐ ܠܚܬܦܐ[1]
ܕܢܒ[ܥ]ܘܢ ܟܐܢܫܘܬܐ: ܘܐܦ ܠܡܘܩܪܐ[1]
ܕܢܬܕܒܪܘܢ ܐܝܟ .. ܠ.......
ܒܠܫ[ܢܐ] ܕܝܢ ܥܠ ܐܪܬܕܘܟܣܘ
ܐܝܟ ܪܘܦܐ. ܡܢ ܐܦܘ ܠܐܪܬܝܩܘ
ܕܢܗܘܘܢ ܒܗܘܢ ܥܠ ܡܐ ܕܢ[ܬ]ܠܘ.
ܡܛܠ ܗܕܐ ܒܗ ܡܢ ܐܬܘܗܝ
ܒܫܘܡܠܝܐ: ܠܩܢܘܢܐ
ܕ]ܐܬܘ ܠܗܘܢ ܡܢ ܒܝܐܝܬܘܢ
ܕ]ܢܫܒܩܘܢ ܥܠ ܐܪܝܐܘ. ܕܢܬܦܢܘܢ[2]
ܡܢ [ܐܠ]ܦܐ ܗܘ ܕܐܬܘ [ܒܗ]
ܦܓܪ ܠܗܘܢ ܕܝܢܐ. ܐܦ ܒܗ
ܢܦܪܘ ܀

<table>
<tr><td colspan="3">ܕܟܪ. ܬܐ[ܘܕܘܣܝܘܣ
ܫܢܝܐ] ܘܐ. ܫܢܝܐ. ܝܐ.</td></tr>
<tr><td>ܢܕ</td><td>ܐ</td><td>ܕ</td></tr>
<tr><td colspan="3">ܠܐ. ܐܪܩܕܝܘܣ ܫܢܝܐ ܕ.
ܫܢܝܐ. ܕ..</td></tr>
<tr><td>ܗܢ
ܗܘ</td><td>ܒ
ܠ</td><td>ܐ
ܒ</td></tr>
<tr><td colspan="3">ܐܘܠܘܣܛܝܘܣ. ܬܝ.</td></tr>
<tr><td>ܢ</td><td>ܕ</td><td>ܠ</td></tr>
</table>

⁘ ܐܬܒܢܝܬ. ܦܪ. ܕܡܕܝܢܬܐ

⁘ ܐܬܒܢܝܬ ܡܕܝܢܬܐ ܕܒܡܠܬ
ܬܐܘܕܘܣܝܘܦܘܠܝܣ ⁘[4]

ܩ. ... ܗܘ. ... ܗ ... ܗ. ... ܗ ...

[1] Cf. Mich., p. 151. — [2] Ms. : ܒܝܠܡ. — [3] Cf. Mich., p. 153. — [4] Infra, scriptum est Θεοδοσιουπολις.

Fol. 15 v°.

[ܒܫܢܬ . ܦܨ̈ܓ . [1] ܕܡܠܟܘܬܐ ܕܝܘܢܝܐ: ܕܐܬܟܢܫ̇ . ܕܕ. ܕܬܐܘܕܘܣܝܘܣ [ܪܒܐ
ܣܘܢܗܕܘܣ ܕܐܦܝܣܩܘ[ܦܐ]: ܠܡܕܝܢܬ ܡܠܟܘܬܐ ܩܘܣܛܢܛܝܢܘ[ܦܘܠܝܣ].
ܩܘܡܝܢ ܕܐܒ̈ܗ[ܬ]ܐ ܠܡܩܕܘܢܝܘܣ ܕܡܬܚܒܛ ܥܡ ܪܘܚܐ ܘܠܟ̈ܝܢ
[ܗܪ ܒܝܬ]ܗ ܀ ܒܗ ܐܬܟܢܫܬ ܣܘܢܗܕܘܣ : ܒܬܪ ܠܓܪܓܘܪܝܘܣ ܕܢܙܝܐܢܙ
ܠܢܩܛܪܝܘ : ܘܐܩܝܡܘܗ ܬܚܝܬ ܐܦܝܣܩܘܦܐ .ܕܘ. ܠܢܩܛܪܝܘܣ ܀

ܒܗ [3] ܒܠܢܛܝܢܘܣ ܙܥܘܪܐ ܡܝܬ ܒܡܣܘܢܝܘܣ ܡܠܟ̇ .ܕܝܢ. ܚܠܦܘܗܝ ܒܒܪܬܐ ܕܐܝܛܠܝܐ . ܦܠܐܒܝܐܢܘܣ .. [ܐܬ]ܒܪܝ ܐܪܩܐܕܝܘܣ ܡܠܟܐ ܡܢ ܐܒܘܗܝ ܀ ܗܢܘܢ [4] ܐܪ̈ܬܕܘܟܣܐ ܐܚ̈ܝܕܐ ܕܐܝܛܠܝܐ . ܒܡܣܥܕ[ܢ] ܠܗܘܢ ܐܦܝܣܩ[ܘ]ܦܐ ܒܬ[ܪ] ܦܘܠܝܢܘܣ ܠܐ[ܘ]ܓܪܝܘܣ ܀ [5]	ܕܦܪ̈ܣܝܐ ܫܒܘܪ	ܕܪ̈ܗܘܡܝܐ ܬܐܘܕܘܣܝܘܣ	ܒܡܢܝܢܐ ܕܫ̈ܢܝܐ	ܕܬܠܬܝܢ ܗܘܐ ܒܘܠܐ ܗܢܐ: ܐܦܝܣܩܘܦܐ ܐܡܦܝܠܘܟܝܘܣ ܕܐܝܩܘܢܝܢ . ܘܐܡܒܪܘܣܝܘܣ ܕܡ[ܕ]ܝܘܠܢܘܢ . ܘ[ܐܘܓ]ܘܣܛܝܢܘܣ ܕܐܦܪܝܩܐ ܕܦܣܝܢܕܐ ܘܕܝܘܕܘܪܘܣ ܕܛܪܣܘܣ ܀
	ܗ	ܕ	ܬܫܦ [2]	
	.ܢܒ. ܘܡܠܟ ܒܬܪܗ ܒܪ ܫܒܘܪ ܪܒܐ ܐܪܬܚܫܫܬ ܕܐܪܕܫܝܪ ܘܕܫܒܘܪ ܗܢܘܢ [4] ܕܒܬܪ ܡܕܒܪܢܘܬܗ ܫ̈ܢܝܐ ܚܡܫ ܫ̈ܢܝܐ ܐܪܒܥ ܀			
	ܐ	[ܘ]	ܝܦ	ܐܦܝܣܩܘܦܐ .ܕܪܒܝ. ܩܡ ܒܐܠܟܣܢܕܪܝܐ ܬܐܘܦܝܠܘܣ
	ܒ	ܐ	ܘ	ܫ̈ܢܝܐ . ܟܐ... ܐܦܝܣܩܘܦܐ .ܕܪܗܘ.

. . . .

ܐܘܠܘܡܦܝܐܣ. ܪܢܐ.		
ܫܢܐ	ܢ	[ܠ]
ܫܢܒ	ܬ	[ܕ]
ܫܢܓ	ܝ	[ܗ]
ܫܢܕ	ܝܐ	ܘ
ܐܘܠܘܡܦܝܐܣ. ܪܢܒ.		
ܫܢܗ	ܒ	ܐ
ܫܢܘ	ܝܓ	ܢ
ܫܢܙ	ܝܕ	ܬ

܀ ܒܗ ܙܒܢܐ ܐܠܟܣܢܕܪܝܐ ܐܣܬܟܢܬ ܒܝܕ ܐܬܠܝܬܐ ܗܘܬ..

ܡܢ ܟܐܪܘܙܘ. ܣܘܪ[ܘ]ܣ [6] ܀

ܠ. ܕܬܘܢܐ [7]

. . . . ܐܠܐ ܕܐܬܐܠܨܘ ܐܣܩܘܦܐ [8] [. . . . .

ܣܦ[ܝܬܐ ܗܘ ܫܠܝܚܐ ܕܐܝܟ [8] . . . .

. . . . ܣܘܡܟܐ ܕܐܦܝܣܩܘܦܘܬܐ [8] . . . .

[1] Iuxta canonem ann. — [2] Ms. : ܚܣ. — [3] Minio superscriptum ܗ. — [4] Ms. : ܝܘܢ. — [5] Inter haec et sequentia scriptum est ...σ.ρος. [...Ευαγριος]. Quot versus infra steterint, incertum. — [6] Cum El. Nis. sub ann. 698 ad canonem Iacobi referat, notitia autem omissa, et sub eodem anno Chron. Edess. Eulogii mortem narret, videtur haec notitia ad ann. 62 referenda. — [7] Ad ann. 64 signo videtur referri (quod rectum est). — [8] Numerus litterarum deperditarum incertus.

Fol. 16 r°.

ܐ...............

ܒܐܝܦ]ܣܘܒܐ .....

ܒܒܝܬܐ ܗܘܐ] ܢܦ[ܠ]ܬܒܗ ܀

ܗܘܐ ܒܡܕܝܢܬ [ܢܘܣܚ

ܒܢܘܢܐ. ܠܘܬ [ܗܘ ܕܐܬܕܪ[1]

ܬܐܘܕܘܣܝ]ܘܣ ....

ܗܘܐ ....

ܦܪܘܣܐ ....

ܕܝܢ ܐ.........

ܘܒܘܬܐ ....

ܘܒܘܢ[ܗܝ ....

ܒܫܢܬܐ] [ܕܝܘ̈ܢܝܐ	ܕܡܠܟܘܬܐ] [ܬܐܘܕܘܣܝܘܣ	ܕܐܦܝ̈ܣܩܐ] [ܘܪܗܝ̇
ܣܝܘ	ܗܝ	ܝ
ܐܬܠܒܟܐܘ. ܪܝܠ.		
ܣܛ	ܘ	ܐ
ܐܝܠ ܬܐܘܕܘܣܝܘܣ ܒܠ ܐܘܠܝܣܘ ܦܪܘܣܐ. ܘܒܕ ܣܕܪܘ ܡܪܟܒ. ܐܘܕܓ ܦܪܘܣܐ ܘܐܬܛܦܠ. ܒܗܘܦܠܝܐ ܕܐܪܘܐܕܝܘܣ ܗ̇ܘ. ܕܠ.· ܘܕܐܘܢܪܝܘܣ ܗ̇ܘ[2]. ܕܒ. ܀		

[1] ܕܒ ܕܝܢ [3] ܚܠܦ ܕܐܬܠ: ܐܟܪܘܗ ܚܠܒܐ ܠܒܪ[ܗ] ܐܘܢܪ[ܝܘܣ ܀]
ܕܠ. ܡܢ ܒܕܒܬܐ ܕܪܘܡܝ: ܐܪܩܐܕܝܘܣ ܀

ܫ. ܢܦܠܬ ܒܪ ܥܒܕܘܪ ܫ̈ܢܝܐ. ܟܐ.:		
ܠ	ܝ	ܐ.
.ܗܕܡܐ. ܐܣܟܠܦ ܐܪܣܐܪ[ܘ]ܣ ܥܡ ܐܣܘܪܝܘܣ [ܫ̈ܢܝܐ]. ܫ.		

ܬܐܘܕܘܣ]ܝܘܣ ܕܡܢܬ
ܘܐܣܟܠܦ ܐܪܣܐܪ]ܝܘܣ
ܘܐܘܣܘܪܝܘܣ ܕܡܬܪ]ܗ
ܐܪܣܐܪܝܘܣ ܕܡܘܣܛ[ܐܝܦܣܛܘܠܘܣ[4]:
[ܘܐܘܣܘܪܝܘܣ ܕܪܘܡܝ[4]

[ܐܪܒܥܐܣܛܘܣ[5] ܘ]ܦܠܓ ܗܘ ܠܗ
. . . . . . ܠ . . . .

Cf. Mich., p. 162. — [2] Ms. : ܘܣ. — [3] Ms. : ܕܡܝ. — [4] Cf. Mich., p. 164. — [5] E Mich., p. 162, suppl. Quantum perierit incertum.

Fol. 16 v°.

[ܕܦܪ̈ܘܣܐ ܡܚܠܦܢ]	[ܕܡܘܕܥܐ ܐܪܘܟܐܕܝܘܣ]	[ܒܡܢܝܢܐ ܕܫܢ̈ܝܐ]
ܒ	ܐ	ܠܐ
ܠ	ܒ	ܠܒ
	ܐܘܠܘܡܦܝܐܣ. ܪ̈ܦܕ.	
ܕ	ܠ	ܠܓ
ܗ	ܕ	ܠܕ
ܘ	ܗ	ܠܗ
ܙ	ܘ	ܠܘ
	ܐܘܠܘܡܦܝܐܣ. ܪ̈ܦܗ.	

[ܒܗ ܒܙܒܢܐ ܐܢܛܝܐܪܟܘܣ
ܡܢ ܒܡܠܟܘܬܐ ܐܢܛܝܘܟܘܣ
ܢܦܩ ܗܘ ܕܡܬܩܪܐ]
ܒ[ܪܘܡܘܣ]ܛܘܡܘܣ ܐܦܝܦܢܝܣ
ܕ[ܗ.]ܕ. [4] ܗܘ ܕܐܬܬܬܝ[1] ܠܡܠܟܘܬܐ
ܢ[ܬܪ]ܘܡܘܣ ܕܡ
ܐܢܛܝܘܟܝܐ ܀

....
..... ܩܘܣܡܘܣܛܝܩܘܣ [1]
.... ܠܒܪ[ܝܬܐ ܕܡ]ܠܝܐ
ܡܛܠ] ܕܝܢ [ܗܘ]ܐ ܒܘܒܠܐ
[ܗܢܐ ܀

[ܠܐܠܦ[ܐ [2] ܠܟܬܒܐ ܐܝܟ
ܡܕܪܫܬܐ ܕܐܪܘܟܐܕܝܘܣ. ܘܒܗ
[ܗܘܐ ܡܪܩܐ ܐܘܕܘ[1] ܒܡܩܘܡܝܐ ܕܡܠܟܘܬܐ ܘܕܐܪܝܣܛܘܦܘܣ [ܐܝܟ ܕܐܡܪ̈ܝܢ]
ܕܝܢ ܐܚܪ̈ܢܐ: ܒܡܩܘܡܝܐ ܕܝܢ ܗܘ[3] ܕܒܠܬܗ. [ܒܫܢܬܐ ܕܒܬܪ ܕܬܪ̈ܝܢ
ܡܢ ܢܦܩ ܠܡܣܩ ܡܢ [ܦܘܡܦܐ] ܡܠܟܝܐ. ܕܢܚܘܐ ܠܫܡܥܠܐ ܕܫܡܝܐ.
ܘܐܬܟܪܗ ܦܬܟܪܐ ܘܙܠܡܐ ܀

	ܫ ܦ	ܐ ܫ	ܟܐ ܟܫ	
ܕܠܒܪ̈ܝ ܗܘܐ ܒܒܒ[ܠ]ܐ ܗܘܐ ܕܒܦܣܩ ܒܠ[ܛ̈]ܐ ܠܐܘܪܘܪܘܣ [5] ܐ[ܦܝܣܩܘ]ܦܐ ܕܐ[ܦ]ܝܣܩܘܦܘܬܐ ܕܒܝܬ ܐܪܥܐ ܕܦ[ܠ]ܛܝܢܐ . . . . ܒܐ[ܘܪ]ܗܝ, ܒܪ ܡܢܐ ܦܘܠܝܐ ܡܢ ܐܦܝܣܩܘܦܐ. ܕܚܢ. ܕܗ̇ܘ ܠܫܡܗ] [6]	ܫܡܥܝ ܩܘܣܛ̈ܢܛܝܢܐ [ܡܠ ܘܫܝܢ ܐܦܝܣܩܘܦܐ̇ ܘܡܬܐܬܝܢܐ ܠܐܠܟܣܢܕܪܝܐ. ܘܗܘܐ ܣܠܩܘܗܝ ܠܟܘܢ ܐܦܝܣܩܘܦܐ. ܕܗ.. :. ܐܠܟܣܢܕܪܘܣ. ܘܗܢܝܢ ܕܠ ܒܬܪ] ܡܐܠܟܣܢܕ[ܪܘܣ] ܕܗܘܝܢ ܦ[ܛܪܝܪܟܐ] ܕܟܪܣܛܝܢܐ [ܘܕܒܒܪܝܟܐ [7] ܒܡܠܟܘܬܗ :.			. . . . ܐ[ܢ]ܛܝܘܟܝܐ [8] . . . . ܕܗ[ܘ]ܟܐ . . . . ܐ . . . . ܐ. [9]

[1] E Mich., p. 164, supplevi. — [2] Ad ann. 76 signo videtur referri. — [3] Ms. : ܗܘ. — [4] Linea numeralis apparet; ܐ.ܢ. legere reliquiae numeri vetant; cf. ann. 78. — [5] Ms. : ܐܘܪܘܪܘܣ. — [6] Suppl. valde dubium : ܐܠܟܣܢܕܪܝܐ et ܐܢܛܝܘܟܝܐ reliquiis litterarum, ܐܘܪܫܠܡ anno excluduntur. Infra, spatium est 5 versuum. — [7] Cf. Mich., p 169. — [8] Supra scriptae sunt graecae litterae; forte Ιεζ[δε]γερ[δης]. — [9] Sequitur saltem unus versus.

Fol. 17 r°. 1 . . . .

. . . .

. . . . ܐܦ . . . . ܘܟܕ ܐܣܬܪܕܘ

[ܒܡܕܒܪܐ. ܐܘܕܥܘ ܦܛܪܝܪܟܐ.]² ܒܪ ܐܪܕܐܒܘ[ܪܝ]ܣ ܪܒ ܚܝܠܐ ܕܪ̈ܘܡܝܐ

[ܘܐܪܐܘܒܫܪܘܗܝ ܘܒܣܝܦܐ]ܢܩܘܗܝ³ ܪ̈ܒܝ ܚܝܠܐ ܕܪ̈ܘܡܝܐ⁴: ܘܩܛܠܘ

[ܠܥܒܕܐ ܪ̈ܒܝ ܚܝܠܐ ܕܦܪ̈ܣܝܐ.]² ܘܐܬܢܨܚܘ ܕܝܢ ܒܦܪܣ. ܐܦ ܩܛܠܐ

Fol. 17 v°. [ܕܐܬܐܘ ܠܡܕܝܢܬܗܘܢ ܕܦܪ̈ܣܝܐ]² . . . .

. . . .

. . . .

. . . .

. . . .

. . . .

ܐܦܝܣܩܘܦܐ. ܕܒܝ. ܗܘ ܒܕܒܪܬܐ
ܕܐܠܟܣܢܕܪܝܐ. ܕܬܝܡܘܬܐܘܣ ܫܢܝܐ
.ܢ.܀ ܐܦܝܣܩܘܦܐ. ܕܟܠܗ. ܗܘ
ܒܕܒܪܬܐ ܕܪܗܘܡܝ ܠܗܘܢ ܫܢܝܐ. ܟܐ.܀

[.ܝܗ. ܢܒܘܟܕ ܒܪ ܘܪܘܡܝ ܫܢܝܐ] .ܠܛ.		
ܐܘܠܘܡܦܝ[ܐܕܐܗ] .ܪܟ.		
ܫܛ	ܠ	[ܐ]
ܫܝ	ܠܐ	[ܒ]
ܫܝܐ	ܠܒ	ܓ
ܫܝܒ	ܠܓ	[ܕ]
ܐܘܠܘܡܦܝ[ܐ]ܕ[ܗ] .ܪܟܐ.[5]		
ܫܟܐ	ܠܚ	[ܐ]
ܫܟܒ	[ܠܛ]	[ܒ]
ܫ[ܟܓ]	[ܡ]	[ܓ]
[ܫܟܕ]	[ܡܐ]	[ܕ]

....

....

[1] Notitiae apud Eliam servatae quae spectant ad ann. 87 et 110 (cf. p. 328, n°s II, IV) in textu deperdito erant. — [2] Cf. Mich., p. 176. — [3] E Socr., VII, 18, suppl. — [4] Puncta plur. desunt. — [5] A latere canonis ܗܘܢ ʺܘ scriptum et deletum est. Infra stant litterae ܗܘ.

Fol. 18 v°.

. . . .

. . . .

. . . . ܠܐ . . . .

. . . . ܘܟܪ̈ܝ[ܘ]ܟܐ ܕܢܗܪܐ ܀

ܒܪ ܐܫܬܕܪܘ [ܕܘܟܢܘܬܐ ܘܡܫܘܚܬܐ܀ ܒܐܘܪܚܗ̇ ܕܬܠܓ ܗܘ ܢܗܪܐ. ܕܠܐ. ܒܐܣܛܘܟܣܐ [ܕܝܢ ܗܘ. ܕܒܟܐ. ܒܐܣܛܘܟܣܘܗܝ ܀ ܗܘ ܒܦܣܘܣܛܐ ܠ[ܛ]ܛܠܘܣ[ܛܘ ܐܦܣܛܘܣܐ ܕܛܒ. [ܐܣܛܘܟܣܘ ܀	ܕܦܪ̈ܘܫܐ ܢܗ̈ܪܐ	ܕܘܪ̈ܟܐ ܠܐܣܛܘܟܣܘܣ	ܒܡܢܝܢܐ ܕܫ̈ܢܝܐ
	ܐܣܛܘܟܣܐ ܘܣܛܘ. ܝܓ.		
	ܛ	ܟܒ	ܡܟܘ
	ܒܠܐ ܘܟܐܘܪܬܐ ܫܢܝܐ. ܛܒ. ..ܘ. ܫܢܝܐ .ܘ.		
ܒ[ܪܟܐ ܗܢܐ ....[1]	ܢ ܣ	ܐ ܒ	ܡܟܘ ܡܟܐ

[1] Sequitur saltem unus versus.

Fol. 18 r°.

....

....

.... ܒܫܢܐ ܕ ....

.... ܐܢܫ ܫܢܝܐ. ܒܗ ܫܢ[ܬܐ ܗܝ ܡܢ ܫܘܬܦܘܬܐ

ܢܒܝܘܬܐ ܗܘ ܕܐܦ[ܝܣܩܘܦܘܬܐ ܗܘܐ ܕܐܘܪܗܝ: ܡܢ[..........

..........] ܦܝܠ. ܦܝܠ ܡܢ[1] ܕܒܐܪܐܝܠܘܢ ܚܠܦ ܘܡܢܐܠܗܘ

ܠܬܐܘܕܘܣܝܘ]ܣ. ܗܠܝܢ ܕܝܢ ܕܒܐܠܟܣܢܕܪܝܐ. [ܚܠܦ ܦܪܘܛܪܝܘܣ

ܠܛܝܡܬܐܘ[ܣ. ܗܘ ܗܟܝܠ ܘܕܘܟܬܐ ܦܛܪܝܪܟܘܬܐ: ....

.... ܐܦܝܣܩܘܦܐ ܕܝܢ ܗܠܝܢ ܕܐܘܪܫܠܡ ܡܢ [ܗܝܟܠܘܬܐ:

ܒܗ ܠܐ ܡܬܡܟܟܝܢ] ܗܘܘ ܡܢ ܟܕܘܬܐ: ܘܠܐ ܡܫܡܫܝܢ ܗ[ܘܘ ܗܠܝܢ

ܠܟܘܬܦܘܬܗ[ܘܢ: ܒܗ ܠܐ ܚܙܝܢ ܗܘܘ ܒܫܘܠܛܢ[ܗܘܢ ....

... ܒܗ ܕܥ[ܕܬܐ ܕܐܘܪܫܠܡ. ܦܫܝܛܐܝܬ[2] ܟܠ[ܗܝ]ܢ ܘ[ܒܫܢܬܐ

ܦܪܘܣܐ[3] ....]ܘܦ ܐܢܫܝܢ ܟܕܘܬܐ ܘܒܚܘܣܪܢܘ[ܬܐ ܘܡܫܚܠܦܬܐ[3]

.... ܙ]ܒܢܬ ܒܥܕܬܐ ܕܡܫܝܚܐ. ܡܠ ....

.... ܕܐ ܐܢܫ. ܡܢ ܗܕܐ ܡܢܗ ....

ܠܐ ܐܢܐ ܕܡܢܕܪܬܐ[3] ܕܡܫ[ܝܚܐ ܪܗܛܬ ܘܡܢܗ ....

[4]........ ܫܘܡܠ[ܝ]ܐ ....

[1] Ms.: ܡܢ. — [2] Litterae ܘܟܠ deletae esse videntur. — [3] E Mich., p. 239, suppl. — [4] Quot versus infra steterint, incertum. Notitia apud Eliam servata quae ad ann. 134 pertinet e Canone desumpta esse videtur (cf. infra, p. 328, n° VII).

Fol. 19 r°

. . . . ܪ . . . .
. . . ܦܐܛܪܘܣ]ܣ[1
. . . . ܠܒܬܪܗ܆ ܕܒ
. . . . . . ܠܗܘ̱ ܐܒ
2. . . . .

ܕܦ̈ܛܪܐ ܦܛܪܘ..	ܕܪ̈ܘܡܝܐ ܐܝܠܝܢ	ܒܡܢ[ܝܢܐ ܕܫ̈ܢ]ܝܐ
ܟܒ	ܠ	ܡܛ
ܟܛ	ܕ	ܡܝܒ
ܕܒ	ܗ	ܡܝܗ
ܟܗ	ܘ	ܡܝܘ
ܐܟܠ]ܕܒܟܬܒܐܘܣ . ܣܟܘܡ.		

. . . .
. . . .
ܗ]. . . . . ܒܬ[ܪ
ܡܠܝܠ ܘ]ܐܬܦܛܪ ܦܛܪܘ[ܣ܆
ܘܗܘܐ [ܒܬܪܗ] ܡܐܠܐܟܝܢ̱
ܣܛܪ]ܐܢܘܣ ܐܦ[ܝܣܩܘܦܐ
ܕܟܠܗ. ܀ [ܒܐܠܟܣܢ]ܕܪܝܐ
ܕܒ ܒܫܢܬ]ܦܢܟܣܬܐܘܗ ܦܐܠܘܦܐ
ܘܐܠܘܦ܆]ܡܢ ܐܦܝܣܩܘܦܐ
ܕܒܗ. ܦܛܪܘ]ܣ ܗܘ ܕܒܬܘܠܬܐ
ܕܡܝܟܘܣ. ܒܬ] ܕܝܢ ܥܣܪ ܫܢ̈ܝܢ܆
ܡܬܦܛܪ ܦܛܪܘ]ܣ ܒܬܪ ܘܟܕܐ
ܡܠܝܠ ܕܝܢ ܐܠܟܣܢ]ܕܪܝܐ ܘܗܘܐ
ܗܐ[ܦܝܣܩܘܦܐ]ܠܗ ܫܠܡܘܗܝ܀
ܒܐܘܪܫܠܡ ܡܛ]ܠ ܐܦܝܣܩܘܦܐ
ܕܝܢ. ܡܐܪ]ܛܘܪܘܣ܀

[1] Ms. : ܣ]ܘܣ". — [2] Quot versus infra steterint, incertum.

Fol. 20 r°.

1 . . . . ܝ . . . .

. . . ܒܪ ܕܐܬܐ: ܐܦ ܡܬܐܠܐܪܝܘܢ

ܕܐܣܛܘܟܝܐ. ܘܥܠ ܗܪܐ ܒܪ ܡܢ[

ܒܠܪ ܠ. ܫܢܝ ܐܬܟܬܒܘ

ܫܘܢ ܡܢ[ܐܝܟ ܐܬܦܪܕ

ܕ	ܘ	ܩܩܩ
	ܒܪ. ܐܘܣܛܐܣܝܘܣ ܘܠܝܛܪܐ ܫܢܝܐ ܒܝ..	

. . . . ⁘

ܐܦܣܩܘܦܐ] ܕܒ[ܐܘ]ܪܗܝ[1]

ܡܢ .ܕܢ[ܚ. ܘܐܬܟܬܒܘ[2] ⁘

ܐܦ ܗܘ ܡܬܐܠܐܪܝܘܢ ܡܢ ܐܣܛܘܟܝܐ. ܘܥܠ ܦܣܪܘܗܝ ܗܘܐ ܒܦܘܡܒܝܐ ܕܐܟܠܬܐ ⁘

ܡܬܬܠܒܫ ܠܐܘܣܛܘܣ ܘܐܬܠܘܗ: ܘܡܬܬܦܫܠܝܢ.. ܬܐܘܕܘܪܝܛܘܣ ܐܚܪܢܐ ܒܪܒܐ

ܠܢܝܚܐ ܡܬܐܠܐܘܬܘܢ ܘܒܪ ܦܪܡ ܒܒܪ ܒܐܬܪܐܘܗ. ܘܐܘܦܪ ܘܢܦ[ܠ

ܩܦ]ܐܠܐܬܐ ܘܫܡܘ ⁘

[ܬܐܘܕ]ܪܝܛܘܣ ܦܪܘܣܐ ܥܠ ܠܪܘܡܝ. ܘܚܪܡ ܡܢ ܡܕܒܪܗܘܢ ܠܐ[ܬܪܗ

ܐܪܡܝܐ]ܕܗܘܘ[3] ܐܘܣܛܘܪܐ. ܕܡܘܬ ܗܘܐ ܬܡܢ ܡܢ ܗܘ. ܘܐܬ[ܒܪܐ

ܗܘܐ ܠܐܬܪܐ ܗܠܝܢ[4] ܕ]ܐܘܣܛܘܢܐ ⁘ ܘܦܫ] ܗܘ [ܘ]ܐܬ[ܬ]ܚܡ ܘܦܝܣܘܢ . . . .

. . . . ܘ . . . .

[1] Quot versus supra steterint, incertum. — [2] Ms. : ܘܬܝܘܣ". — [3] Ms. : ܘܗܘܘ[ܐ". E Land, *Anecd. syr.*, III, 199, et Mich., p. 254 correxi. — [4] Cf. Mich., p. 254.

Fol. 19 v°.

.... ܒ[ܪ ܫ]ܢܬ
ܦܐܠܐܓܘܣ ܗܘ ܕܐܬ[ܬܣܝܡ
.ܕܒܪ. ܦܐܠܐܓܘܣ]ܗ ܀
ܕܐܠܟܣܢܕܪܐ ܗܘ .ܕ]ܒܢ.
[ܗܘܝܢ

ܒܡܢܝܢܐ ܕܫ̈ܢܝܐ	ܕܪ̈ܘܡܝܐ ܐܘܠܘܡܦܝܐܣ	ܕܦܪ̈ܣ[ܝܐ ܡ]ܠܟܐ
ܬܬܛ	ܐ	ܗ
ܬܬܝ	ܒ	ܘ
ܐܘܠܘܡܦܝܐܣ [.ܩܢܙ.		
[ܬܬܝܐ]	[ܓ]	ܙ

ܕ ....
ܗ ....
ܩܡ ....

ܒܗ ܐܫܬ[ܕܪ، ܐܘܦ]ܛܪܘܦܘܣ
ܡܢ ܩܘܣܛ[ܢܛܝܢܘܦܘܠܝܣ.
ܗܘܐ ܒܬܪܗ. ܕܝܢ. ܡ[ܐܢܕܪܘܢܝܩܘܣ ܀
.... ܫܛ[ܐ]ܣܡܘ
.... ܐ]ܣܦܘܪܐ ܒܠ
.... ܗܘ ܀
ܐܫܬܒܩ] ܕܗܒܐ ܠܐܘܪ̈ܚܐ
ܕܒܠܫ ܐܪ[ܥܐ ܕܪ̈ܘܡܝܐ ܀
ܡܠܟܐ ܫܦܝܐ[ܐ ܐܬܐ. ܠܐ ܕܝܢ
ܫܦܪ ܗܘܢ ܀ ܗܘܐ ܘ]ܠܐ ܙܒܢܐ.
ܘܡܫܒܚܬܐ ܕܐܒ̈ܗܬܐ] ܡܛܠ
ܕܫ̈ܡܒܬܐ ܗܠܝܢ]¹

¹ Lacunas e Chron. Edess. supplevi, ubi haec sub ann. Graecorum 809, 810 = ann. 173, 174 Iacobi narrantur.

Fol. 20 v°.

ܡܛܠ ܕܐ[ܬܠ ܠܐܚܘܗܝ ܘܐܡܠܟ] ܫܢ̈ܝܐ ܠ..		
ܡܢܗ	,	ܐ
ܐܘܠܘܡܦܝܐܣ .ܪܟ.		
ܡܢ	ܐܝ	ܒ
ܡܢܢ[1]	ܝܒ	ܠ

ܐܬܒܢܝ ܘܡܫܟܢܘܗܝ[2]
ܗܘܝ ܐ]ܡܫܝܚܐ ܘܡܠܟܐ ..
ܥܠܘ ܚܕܡܘܪܐ ܘ[ܗܘܐ

ܒܫܢܬ ܫܬܡܐܐ ܒܥܠܡ ܒܗ ܢܘܪܘܙ.. ܢܘܪܐ ܡܬܬܠܐܬܐ ܐܬܚܙܝܬ ܒܫܡܝܐ ܠܡܕܢܚܐ
ܕܬܐܒܕܘܪܐ ܥܠܗ ܠܠܝܐ. ܘܒܫܢܬܐ ܒܬܪ ܡܠܟ ܢܩܘܡ ܩܘܣܛܐ ܘܥܒܕܘ ܡܪܕܐ
ܒܗ ܦܘܩܐ.. ܒܗ ܐܪܡܢܝܐ ܐܬܬܐ ܗܘܐ [ܘܡܪܐ ܚܝܠ ܐܚܪܢ ܒܢܚܬܐ ܕܒܝܬ
ܝܘ[ܡܝ ܘܒܗ] ܒܚ[ܕ]ܝܘ ܣܢܒ ܠ[ܘ]ܗܝ .ܦ. ܐܬ[ܡ]ܝܩ][3]

[1] Apud Mich., a latere canonis scriptum est : ܝܢܝܐ ܕܐܠܗܐ ܡܢܢ ܕܫܢܝܐ .ܡܢ. ܥܠܡܐ. — [2] E Mich., p. 257, suppl. Quot versus supra steterint, incertum. — [3] Si quid post hoc steterit, non liquet. Notitia prima in seq. pagina cum hac coniungenda videtur.

Fol. 21 r°.

܀ ܐܝܬܝܐ [ܡܛܠ ܟܠ ܐܘܪܚܗ ܘܠܐ ܐܫܟܚ]
ܕܢܟܬܒ[ܗ̇][1] . . . .
. . . .

	ܒܡܢܝܐ ܕܫܢ̈ܝܐ	ܕܡܘܟܐ ܐܢܛܘܠܐܛܝܣܘܣ	ܕܦܪ̈ܘܣܐ ܡܢܐ.	
ܐܦ[ܝ]ܣܩܘܦܐ. ܕܟܘܫ. ܡܢ ܒܒܪܬܐ ܕܪܘܡܝ ܐܢܛܘܢܝܢܘܣ ܀ ܀ ܐܦܝܣܩܘܦܐ. ܕܟܪ. ܡܢ ܒܒܪܬܐ ܕܐܘܪܫܠܡ ܐܠܝܐܘܣ ܀ ܀ ܐܦܝܣܩܘܦܐ. ܕܟܘܠ. ܡܢ ܒܒܪܬܐ ܕܐܠܟܣܢܕܪܝܐ ܢܦܩ ܫ̈ܢܝܐ. ܟܐ. ܀ ܒܬܪ ܐܦܝܣ̈ܩܐ ܕܟܬܒܢܢ ܗܘܐ ܒܪܒܝܐ ܗܢܐ ܥܒܕܘ ܐܦܝܣܩܘܦܐ ܕܒܬ ܐܪܥܐ ܀	ܡܛܠ / ܡܦ	ܬ / ܕ̈	ܕ / ܗ	ܒܫܬܕܪ[ܘ] ܚܟܝ̈ܡܐ ܐܣܛܪ̈ܘܢܘܡܘ ܕܪ̈ܘܡܝܐ ܘܐܣܛ]ܪܒܘ ܟܠ ܢܝܫܗܘܢ ܘܠܐ ܐܫܟܚܘ ܕܢܟܬ]ܒܘܢܗ̇. ܒܗܕ ܗܕܐ. ܒܬܟܝܠܐ ܕܐܪܐ [ܒܕܝܢܬܐ ܒܬܫܒܘܚܐ ܕܪ̈ܘܡܝ[ܐ][2] ܀
	ܐܘܠܘܡܦܝܐܕܐ. ܫܒܐ.			
	ܡܦܐ / ܡܦܒ / ܡܦܓ / ܡܦܕ	ܝܗ / ܝ / ܝ / ܝ	ܘ / ܙ / ܚ / ܛ	ܫܢܬ. ܦܝ. ܕܡ̈ܝܢܐ[3] ܀ ܦܩܕ ܩܠܒܐ [ܕܢܫܪܘܢ ܠܟܘܡܪ̈ܐ ܕܦܬܟܪ̈ܐ ܐܘܦܝܩܝܐ ܘܢܦܩܘܢ ܡܢ ܬܒܝܢ ܬܫܡܫܬܐ ܗܢܐ ܕܦܟܕܬ ܗܘ[ܢܘܣܘܣ ܕܩܠܝܣܕܪܢܐ ܘܢܡܣܪܘܢܗ̇[4] ܀
	ܐܘܠܘܡܦܝܐܕܐ. ܫܒܒ.			
܀ ܐܦܝܣܩܘܦܐ. ܕܠܪ. ܡܢ ܒܐܘܪܗܝ ܦܠܘܣ ܀ ܀ ܒܪ ܐܫܬܪ ܕܐܘܣܪܘܢܘܣ ܡܢ ܩܘܝܣܛܐܢܛܝܢܘܦܘܠܝܣ. ܗܘܐ ܝܠܦܘܗܝ. ܕܝܛ. ܛܝܡܬܐܘܣ ܀ ܒܐܢܛܝܘܟܝܐ ܕܝܢ ܒܪ ܐܫܬܪ ܦܠܐܘܝܐܢܘܣ.	ܡܦܗ / ܡܦܘ / ܡܦܙ / ܡܦܚ	ܟ / ܟܐ / ܟܐ / ܟܒ	ܝ / ܝܐ / ܝܒ / ܝܓ	ܡܟܝܢ ܒܢܬ[ܐ]ܠܟܣܢܘܣ ܚ[ܕ] ܩܠܒܐ. ܘܒܪ ܐܘܬ ܚܠܦܗ̇ ܗ[ܘܦ]ܐ[ܢ]ܛܝܘܣ ܐܘܪܒ. ܘܐܬܐܡܪ ܒܥܝܢܗ ܀ ܐܦܝܣܩܘܦܐ. ܕܠ. ܒܐܠܟܣܢ[ܕ]ܪܝܐ ܡܢ ܕܐܬܝܣܘܪܘܣ ܫ̈ܢܝܐ [ܠ.][5] ܀
	ܐܘܠܘܡܦܝܐܕܐ. ܫܒܓ.			
	ܡܦܛ	ܟ	ܕ	

ܡܢ ܐܦܣܩܘܦܐ. ܕܕܘܝܕ. :
ܘܐܬܐܘܪܝܘ. ܐܦܣܩܘܦܐ
. ܕܟܠܗ. ܡܢ ܒܢܘܗܝ
ܘܡܟܐܒܘ ܥܢܝܐ. ܘ. :·:

ܡܢ	ܒܗ	ܢܗ
ܡܢܐ	ܒܡ	ܢܘ
ܡܢܒ	ܒܗ	ܢܙ
ܐܬܠܕܒܩܐܘ. ܐܚܕ.		
ܡܢܠ	ܒ	ܢܫ
ܕܘܝܕ. ܢܐܫܝܢܘ ܥܢܝܐ. ܠ..		
ܡܢܕ	ܐ	ܠ
ܡܢܗ	ܒ	ܢ

ܒܫܢܬܐ ܡܕܒܚܬܐ
ܕܢܐܫܝܢܘ ܒܗ ܐܬܚܪܒ
ܒܝܬܐܠܗܐܘ[7] : ܐܬܚܒܠ
ܗܘ ܘܦܠܓܘ ܢܝܫܢܘ :
ܘܡܠܐܟܐܘ
ܕܡܕܒܚܝܢܘ ܕܠܗ.. ܒܫܢܬܐ. ܕܒ. [ܕ]ܢܐܫܝܢܘ ܒܝܬ
ܢܐܫ ܐܦ[ܝ]ܣܩܘܦܐ [ܕܐܘܪ]ܗܝ ܘܐܢܛܝܘܟܝܐ. ܘܡܘܬܐ[8]
ܣܠܩܘ[ܢ] .ܕܟܐ. ܐܦܝܣܟܘܦܘ :·:

ܐܬܒܝܘ ܘܡܕܒ[ܚ]ܝܢܘ | ܐܪܐܘܠܐܪܘܗܝܢܘ
ܕܟܐ ܘܕܝܠܐ ܡܢ | ܕܟܠܗ. ܕܠܗ.
ܒܕܝܫܐ.. ܐܬܬܪܝ | ܒܠܘܕ[ܝܘ] :·:
ܐܠܗܐ ܡܢ ܐܘܪܗܝܢ
ܘܡܢ. ܕܗܘ. ܢܫܐ :·:

ܐܦܣܩܘܦܐ. ܕܝ. ܘܡܢ
ܒܡܕܝܢܬܐ ܝܘܢܝܐ
ܢܫܐ. ܒܝܘܡܬܐ ܕܝ
ܘܡܢ. ܕܝ. : ܐܘܪܗܝܘܡܐ[ܘ] :·:

ܒܗ ܐܬܠܟܝ ܢܐܫܝܢܘ[ܘ] ܡܢܠ
ܠܡܕܝܢܬܐ ܕܟܠ[ܗ]ܝܢܐ. ܘܫܢܐ
ܘܐܬܐܘܪܝܘ ܡܢ ܐܬܠ[ܗ]ܘܢܐ ܘܡܢ
ܠܗܢ ܐܦܣܩܘܦܐ. ܕ[ܟܠ]ܗ.
ܦܠܓܘ ܢܡܕܝܢܐ :· [ܘܒܠܐ
ܫܢܬܐ ܫܢܐ ܫܢܘ ܠܗܘܢ [ܘܡܢ
.ܕܝ. ܐܘܪܗܝܢܘ :· [..ܫܢܬ .ܕܠ] ܕܡܢܐ
ܐܬܒܪܠܐ ܐܬܠܝܢܘ ܦܪܐܘܦܝܢܘ
ܘܐܬܐ[ܘܪܗ]ܝܢܘ ܘܐܝܪܝܐܘ[6] ܘܡܟܬܒܢ[ܗ]ܘ
ܕܟܠܝ ܘܗܘ [ܕ]ܐܬܒܪ[ܝ] ܘܗܘܝܢܘ ܕܟܠ[ܗ]ܝܢܐ :·:

[1] Cf. Mich., p. 259. — [2] Lacunas e Mich., p. 259, 260, supplevi. — [3] Ad ann. 184 videtur signo referri. Etiam contra ann. 185, 187, 188 stant signa, sed ad quas notitias referant non liquet. — [4] Lacunas e Chron. Edess. supplevi. — [5] E Chron. anni 846 (supra, p. 219) suppl. — [6] Ms. : "ܘܐܠܘܙ. — [7] Ms. : "ܚܘܠܠܐ. — [8] Ms. habet punctum post vocem.

ܒܬܪ ܦܘܠܘܣ ܠܐܦܝܣܩܘ]ܦܐ
ܕܡܕܝܢܬܐ ܘܐܦܢ ܠܡ[ܕܒܪܬܗܘܢ.
ܚܠܦܗܘܢ ܗܠܝܢ ܕ]ܦܩܕܠܗ
ܗܘܘ ܠܡܦ]ܢܝܢܘܬܗ
ܕܚܠܡܦ]ܬܢܘܬܐ[1] ܀ ܐܦܝܣܩܘܦܐ
.ܕܠܗ.] ܡܢ ܒܐܘܪܗܝ
ܐܣܩܠܦܝ]ܘܣ. ܀ ܐܦܝܣܩܘܦܐ
.ܕܠܐ. ܡܢ ܒܐ]ܠܟܣܢܕܪܝܐ
ܦܛܪܘܩܐܘ]ܣ ܫܢ̈ܝܐ .ܢ...
ܒܐܘܪܫܠܡ] ܐܦܝܣܩܘܦܐ .ܕܢܘ.
ܡܢ ܕܒܐܘܪ]ܗܘܣ ܕܒܬܪܗ
.ܕܢ. ܦܠܛ]ܘܣ ܀
ܐܦܝܣ]ܩܘܦܐ .ܕܢܐ. ܡܢ
ܒܐܢܛ]ܝܘܟܝܐ ܐܦܪܝܡ ܀
ܐܦܝܣܩܘܦܐ .ܕܟܒ. ܡܢ
ܒܩܘܣܛ″[2] ܐܢܬܝܡܘܣ ܀
ܐܦܝܣܩܘܦܐ .ܕܠܘ. ܡܢ
ܒܐܘܪܗܝ ܐܢܕܪܐܐܣ ܀

Fol. 21 v°.

܀ ܢܦܩ ܦܘܩܕܢܐ [ܡܢ ܡܠܟܐ ܥܠ]
ܩܠܝܪܐ ܕܢܥܠܒܘ]ܢ ܒܠܡ[ܘ]ܢ [ܠܡܦܢܝܢܘܬܗܘܢ]
ܕܚܠܩܕܘܢܝ. ܐܦ ܒܗ ܫܢ]ܬܐ ܀]

ܒܡܢܝܢܐ ܕܫܢ̈ܝܐ	ܕܥܘܕܪܐ ܢܣܛܝܩܘܢ	ܕܦܪܘܣܐ ܡܢܘ	
ܡܢܘ	ܓ	ܟܐ	..ܢܦܠܬ ܒܥܕܬܐ ܗܘ[ܪܗܬܘܣ[3] ܀ ..ܐܬܚܕܕܘ ܣܟܝ̈ܬܐ ܒܣܢܝܢ̈ܘܢ ܀ ܗܘܬ ܗܘܐ ܦܠܓܬܐ ܒܐܘܪܗܝ ܀
ܐܘܠܘܡܦܝܐܣ .ܫܒܥ.			
ܡܢܙ	ܕ	ܟܒ	܀ ܐܦܝܣܩܘܦܐ .ܕܢܐ. ܡܢ ܒܝܪܘܬ ܢܘܢܘ. ܕܒܬܪܗ .ܕܢܒ. ܦܠܒܘܣ ܀ ܐܬܗܦܟܬ ܒܥܕܬܐ ܐܢܛܝܘܟܝܐ ܘܫܠܡܘܢܐ ܀ ܐܬܚܙܝ ܟܘܟܒܐ ܕܢܘܗܪܐ ܒܐܪܒܥܐ ܒܫܒܬܐ ܕܢܝܣܢ. ܘܒܬܪܗ ܕܐܢܛܝܘܟܝܐ ܢܦܠܬ ܀
ܡܢܚ	ܗ	ܟܓ	
ܡܢܛ	ܘ	ܟܕ	
ܢ	ܙ	ܟܗ	
ܐܘܠܘܡܦܝܐܣ .ܫܒܥ.			
ܢܐ	ܛ	ܟܘ	܀ ܐܬܘ ܦܪܣܝܐ ܘܛܝ̈ܝܐ. ܒܪܒܝܐ ܠܐܬܪܘܬܐ ܕܐܢܛܝܘܟܝܐ ܘܕܐܦܐܡܝܐ.. ܗܘܬ ܡܛܐܡܘܣ ܒܩܘܣܛ″[2] ܘܢܦܩܬ ܒܪܬܐ ܘܐܬܡܠܟܬ ܗܘܦܟܬܐ ܀܀܀. ܐܬܘ ܦܪܣܝܐ
ܢܒ	ܝ	ܟܙ	
ܒܟܠ. ܢܣܛܝܩܐܘܢ ܫܢ̈ܝܐ .ܠܢ. ܀			

ܐܦܝܣܩܘܦܐ. ܕܠ. ܡܢ ܒܐܘܪܗܝ ܐܒܪ̈..
ܒܪܘܡܝ ܩ[ܡ ܐܦܝܣܩܘܦܐ. ܕܝܟ.
ܒܢܘܦܐܛܝܣ. ܘܒܪ
ܒܝܘܠ ܓܠܝܡ. ܟܠ ܢܘܚܢ
ܗ̇ܘ ܕܗܘܐ ܦܠܝܟܣ ܕܡ̇ܕܝܢ
ܐܡܝܪ ܕܛܪ̈ܝܢ ܗ̤ܘܐ. ܘܒܪ
ܦܐ] ܗܢܐ ܡܠܟܐܝܬ ܒܢܝܬ.
ܘܗܘ]ܐ. ܕܢܕ. ܐܢܛܐܦܛܘܣ
܀ ܘ]ܟܢܫ ܠܘܬܗ ܢܣܛܘܪܝܘܣ
ܠܐܦܝ̈]ܣܩܘܦܐ ܦܪ̈ܝܫܐ. ܘܐܬܐ
ܡܐܘܪܝܣ ܠܘܬܗ. ܥܡ ܐܚ̈ܪܢܐ
ܩ̈ܠܝܩܝܐ ܘܡܬܚܠܠܝܢ ܒܟܠ ܐܬܪܐ
ܕܟܕܬܐ. ܘܟܕܢ ܠ]ܝܐ ܚܕܪ.
ܒܟܠ ܕܒܠܐ [ܐ]ܠܐܦܝܛܘܣ ܀
ܕܐ ܢܦܩ [ܐ]ܢܛܝܟܘܣ ܡܢ
ܐܦܝܣܩܘܦܐ. ܕܟ̣.
ܒܩܘܣܛܢܛܝܢܘܦܘܠܝܣ. ܒܢܝܐܘܣ ܀

ܬܠ	ܐ	ܟܢ
ܬܕ	ܒ	ܟܠ
ܐܘܠܘܡܦܝܐܣ. ܫܥܐ.		
ܬܗ	ܠ	ܠ
.ܫܢ. ܒܡܫܪܘ ܒܪܗ ܕܗܘܐ ܓ̈ܢܣܐ. ܦܝ. ܀		
ܬܘ	ܕ	ܐ
ܬܙ[5]	ܗ	ܒ
ܬܚ	ܘ	ܠ
ܐܘܠܘܡܦܝܐܣ. ܫܥܒ.		
ܬܛ	ܐ	ܕ
ܬܝ	ܒ	ܗ
ܬܝܐ	ܠ	ܘ
ܬܝܒ	ܕ	ܐ
ܐܘܠܘܡܦܝܐܣ. ܫܥܓ.		
ܬܝܓ	[ܐ]	ܒ
ܬܝܕ	[ܒ]	ܠ

ܠܒܝܬ ܢܘܚܝܢ ܘܐܡܪܝܢ ܕܠ ܒܡܦܩܬ.
ܘܐܣܪܝܢ ܘܡܟܢ ܕܩܒܠܬܐ ܩܠܝܩܝܐܬܐ.
ܢܦܩܘ ܗ̇ܘܝܢܐ ܘܡܟܢ ܘܫܒܩܘ. ܀
ܒܕܟܐ ܠܐܬܪ̈ܘܬܐ ܕܐܬ̈ܦܝܢܟܐ ܀
..ܐܬܛܪܕܘ ܒܝ ܢܣܛܘܪܝܘܣ ܠܘܬ
ܒܡܨܪܘ[4] ܪܘܦܝܢܘܣ ܘܗܪܝܒܘ ܓܝܘܣ
ܕܟܐ ܠܡܛܠܪܘܣ ܘܗܝܒ ܐܢܫܐ
.ܐ. ܓ̈ܢܣܝܢ ܀ ܒܝܕܘ ܓ̈ܒܪ̈ܝܐ ܘܐܡܬܝܒܘ
ܠܗܘܢ ܪܫܝܐ. ܘܐܬܬ ܪ̈ܗܒܐ ܘܢܚܪܒܘ
ܐܝܢ ܀ ܐܠܐ ܒܠܝܡܐܪܝܘܣ ܪܒ ܚܝܠܐ
ܘܚܒܫ ܠܒܐܪ̈ܒܝܐ ܘܐܣܪܗ ܒܕ ܐܫܡܥ
ܠܛܪܘܢܐ ܗ̇ܘ ܕܩܛܝܪ ܗܘܐ ܒܗ̇. ܘܐܬܬܐ
ܒܒܗ ܐܦ ܐܢܛܐܦܛܘܣ ܕܪܘܡܝ
ܘܒܝܬ ܒܩܘܣܛܢܛܝܢܘܦܘܠܝܣ.
ܘܗܘܐ ܢܠܦܘܗܝ ܒܪܘܡܝ. ܕܢܗ.
ܘܡܠܟܐܪܝܘܣ ܀

ܗܘܐ ܪܕܦܐ ܢܡܘܣܐ ܘܦ̈ܠ]ܚܐ[6]

[ܒܪ ܒܘܡܬ]ܡܢ ܐܘܬܘܪܘܡܘܣ ܒܐܠܟܣܢܕܪܝܐ. ܗ̇ܘܐ ܕܝ
[ܒܕܒܪ ܠܐܟܣܢܕܪܝܐ ܗ̇ܘ ܕܝ ܐܦܝܣܩܘ]ܦܐ. ܕ]ܠܒ. ܐܠ[ܘ]ܪܘܡܘ[ܣ. ܗ̇ܘ ܕܒܪ ܐ]ܒܕܐ ܓ̈ܢܣܝܐ. ܒ. ܐܬܐܪܘ][7]

[1] Lacunas e Mich., p. 265, 266, supplevi. — [2] Ita abbreviatum in ms. — [3] Ex Evagr., IV, 8, et Dion. (*Rev. de l'Or. Chr.*, 1897), ann. 841, suppl. — [4] Ms. : ܒܡܫܪܘ. — [5] Ad hunc ann. stat signum, sed ad quam notitiam remittat non liquet. — [6] Continuatur in pag. sequenti. — [7] Videtur saltem unus versus infra stetisse.

Fol. 22 r°.

܀ ܟܕ ܢܦܪܘܫ܆ ܘܥܠ ܟܠܗܘܢ ܐܝܠܝܢ ܕܠܐ ܡܟܠܐ ܕܢܫܬܘܬܦܘܢ ܠܣ[ܘܢܕܣܡܘܣ]
ܕܠܡܫܪܝܘܬܐ. ܘܐܬܬܨܝܪܘ ܟܠܗܘܢ ܕܐܝܬܐ ܡܢ ܒܡܟܪܢܝܗܘܢ. ܘܟܬܒ[ܟܘܢ] ܗܘܘ
ܠܫܡܗ ܐܚܪܢܐ ܒܣܘܪܝܐ. ܘܗܘ ܗܝܡܢܐ ܐܬܬܟܝܢ ܡܫܝܐ ܒܣܘܪ[ܝ]ܐ ܗܠܝܢܐ
ܘܬܠܝܬܝܐ. ܐܡܪܝܢܐ ܕܐܘܣܝܐ ܦܘܠܐܝܐ ܘܫܡܗܬܐ ܢܟܗܢܘܢ ܒܗ ܀ ܒܪ ܐܦܪܝܡ
ܣܘܢܕܣܡܘܣ ܕܡܠܟ. ܐܦܣܩܘܦܐ ܒܐܝܬܝܐ. ܘܐܢܫܝܢ ܠܣܐܘܪܘܣ.
ܘܗܘܐ ܕܗܦܟܐ ܡܫܝܐ ܒܐܒܪܗ܆ ܘܐܬܦܫܛܬ ܗܠܝܢܐ ܀

ܒܫܢܬ ܩܘܣܛܢܛܝܢܘܣ ܀
܀ ܐܦܝܣܩܘܦܐ .ܕܪܘ. ܡܢ ܒܬܪ
ܒܝܬܠܘܗܝ. ܡܬܢܝܚ ܗܘܐ ܒܪܒܢܐ
ܗܢܐ ܒܐܠܟܣܢܕܪܝܐ ܢܦܫܗ
ܦܠܘܦ[ܛ]ܢܘܣ[1]. ܐܫܬܪܝ ܘܐܬܠܘܗܝ ܡܢ
ܐܠܟܣܢܕܪܝܐ. ܘܩܡ ܐܦܠܝܣܐܢܘܣ.
܀ ܒܬܪ ܐܦܪܝܡ ܗܘܐ ܒܐܢܛܝܘܟܝܐ
.ܕܢܒ. ܀ ܕܡܟܣܝܡܘܣ ܀ ܐܦܝܣܩܘܦܐ
.ܕܢܓ. ܡܢ ܒܐܘܪܫܠܡ ܕܐܪܘܢܘܣ ܀
ܡܢ ܗܘܢ ܕܠܐ ܫܠܒܝܢ ܠܣܘܢܕܣܘܣ
ܕܠܡܫܪܝܘܬܐ: ܒܬܬܚܫܝܢ .ܒ.
ܐܦܝܣܩܘܦܐ ܗܫܐ ܒܒܕܝܢܐ:
ܢܩܘܒ ܘܐܬܐܪܕܘܪܘܣ: ܒܦܠܓ
ܕ[ܒܒܪܐ ܗܘܘ ܠܗܘܢ [ܐ]ܦܝܣܩ"[4]
ܡܢ ܪܕܘܦܝܐ ܕܒܐܬܐܠܡܫܪܝܘܬܐ ܀

ܒܡܢܝܢܐ ܕܫ̈ܢܝܐ	ܕܪ̈ܗܘܡܝܐ ܩܘܣܛܢܛܝܢܘܣ	ܕܦ̈ܪܣܝܐ ܫܒܘܪ
ܪ̈ܝܗ	ܓ	,
ܪ̈ܝܘ	ܕ	ܐ
ܐܘܠܘܡܦܝܐܣ .ܪܥ.		
ܪ̈ܝܙ	ܗ	ܒ
ܪ̈ܝܚ	ܘ	ܓ
ܪ̈ܝܛ	ܙ	ܕ
ܪ̈ܟ	ܚ	ܗ
ܐܘܠܘܡܦܝܐܣ .ܪܥܐ.		
ܪ̈ܟܐ	ܛ	ܘ
ܪ̈ܟܒ	ܝ	ܙ
ܪ̈ܟܓ	ܝܐ	ܚ
ܪ̈ܟܕ	ܝܒ	ܛ

ܐܫܬܪܝ ܚܫܐ ܕܒܫܢܬ ܬܠ[ܬ]ܡܐܐ.
ܘܒܗ ܒܫܢܬܐ ܒܗܝܢ ܗܘܐ ܡܬܚܪܬܐ
ܪܒܐ ܪܒܫܐ [ܢܩܒܬܐ] .ܩ.. ܘܡܫܪܝ
ܒܗ ܒܫܢܬ[ܐ .ܕܦ.][2] ܕܬܘܫܐ ܗܠܡ
ܒܡܣܪܘ [ܘܫܒܩܐ][3] ܠܦܘܪܐ ܘܠܟܠ
ܘܠܐܬܚܫܒܢܐ [ܘܠܐܦܩܝܢܐ] ܘܠܐܬܬܪܘܬܗܘܢ.
ܘ[ܐܦ] ܫܒܩ ܪ̈ܘܚܢܐ ܠܐܪܟܐ ܕܡܛ̈ܪܘܢܐ[2]
ܘܕܐܪ̈ܘܢܐ ܘܕܫ̈ܪܒܢܐ ܀
ܗܠܡ ܒܡܣܪܘ ܘܫܒܩܐ ܠܡܐܠܝܣܛ[ܘܣ]
ܘܠܟܠܗ ܐܬܪܐ ܬܝܒܢܐ ܕܒܫܢܬ ܢܦܪܘܫ ܀
ܗܘܐ ܒܗܬܐ ܪܒܐ ܒ[ܟܠܗ] ܐܪܥܐ.
ܒܕ ܫܪܝ ܡܢ ܒܡܫ ܡܢ ܠܒܠ] ܡܪܢܝ܆
ܫܢܬ .ܦܠ. ܕܬܘܫܐ. ܫܢܬ .ܦܢ. ܕܡ
ܗܘܐ ܒܟܠܗ ܐܬ[ܪܐ] ܕܒܒܢܝܐ ܀

ܐܦܝܣܩܘܦܐ. ܕܒܪ. ܡܢ
ܒܡܘܬܗ ܕܐܢܛܝܦܘܠܘܣ
ܐܘܛܒܝܘܣ ܀ ܐܦܝܣܩܘܦܐ. ܕܠܝ.
ܡܢ ܒܐܘܪܗ̇ ܐܬܟܢܫܘ ܀
ܗܘܐ ܒܡܬܐ ܕܛܘܪܐ
ܒܠܒܘܢ ܐܬܬܘܪܬܐ ܕܒܕܝܢܐ.
.ܒ. ܫܢܝܢ: ܒܕܒܪܐ ܕܓܪܡ
ܐܬܒܢܬܐ ܡܢ ܟܠܗ ܬܘܪܐ.
ܒܫܢܬܐ. ܕܒܗ. ܕܡܠܟܘܬܗ.
ܦܡܪ] ܢܣܛܘܪܝܘܣ ܦܠܚܐ
ܘܐܬܒܢܝܘ ܐܦܝܣܩܘ[ܦܐ ܡܢ̈ܐܐ
ܒܡܘܬܗ ܕܐ[ܢܛܝ]ܦܠܘܣ ܘܩܡ
ܣܘܢܗܕܘܣ ܗ̇ܘ] ܕܒܬܦܪܐ
ܣܘܢܗܕܘܣ ܕܐܦܣܘܣ. ܘ[ܦܡܪ ܠܗܘܢ
ܘܐܢܬܒܗ ܠܬܐܘܕܘܪܘܣ]ܘ ܘܠܬܐܘܕܘܪܘܣ

ܐܘܠܘܡܦܝܐܣ .ܫܠܒ.

ܪܒܗ	ܒܝ	ܟ
ܪܒܘ	ܒܓ	ܟܐ
ܪܒܙ	ܒܗ	ܟܒ

ܐܘܠ ܒܫܢܬܗ ܘܚܕܐ [ܡܠܟܐ] ܟܠ ܐܘܪܗ ܘܫܟܒ ܠܥܠܡ ܀
ܘܒܢ ܫܢܬܐ ܗܘ[ܐ] ܕܒܝܘܪܒܝܢ ܒܠܫ ܪܘܒܢܐ. ܒܕܒܪܐ ܠܝ[ܒܢܐ].
ܘܒܬܪ] .ܐ. ܫܢܝܢ ܘܒܗ ܐܝܟ ܠܦܘܩܕܢܐ ܘܡܫܠܡܢܐ ܕܟ[ܝܢܗܘܢ ܀
ܗܘܐ ܒܦܢܝܐ ܪܒܐ ܘܫܡܫܘܬܐ ܒܟܠܗ ܐܬ[ܪܐ] ܕܒܕܝܢܐ.
ܘܗܢܐ ܟܠܗ ܐܬܥܒܕ ܗܘ[ܐ] ܐܝܟ ܕܐܦܠܐ ܒܕ ܗܘܟܢܐ
ܐܟܠܝܢ ܗܘ ܩܛܝܪܐ ܕܒܥܝܢ ܗܘܘ ܠܡܥܒܕ ܀
ܘܒܬܪ ܬ[ܐܘܕܘܪܐ] ܒܠܚܘܕܝܬܐ ܀

ܫܢܬܐ ܬܪܝܢܐ [ܒܫܠܝܐ] ܘܫܒܠܗ
ܩܛܝܠܬܐ ܒܐܬܪܐ [ܕܦܪܣܝܐ] ܀
ܐܘܠ ܬܘܒ ܒܫܢܬ ܘܫܒܥ ܠܦܠܛܪܐ
ܒܕܝܢܬܐ ܕܠܐܘܕܝܩܝܐ ܘܗܘ ܟܕ ܚܠܝܐ ܀

. ܦܘ .
ܕܪܘܣܐ

ܐܬܩܪܝ ܡܢ ܦܠܚܐ ܠܬܐܘܕܘܣܝܘܣ ܬܐܘ[ܕܘܣܝܘܣ]
ܘܐܬܩܛܠܘܗܝ: ܘܪܗܛ ܕܪܬܐ ܦܘܠܚܢܐ ܒܟܠ] ܥܡܐ ܕܟܢܪܐ ܀

ܘܐܢܬܒܗ ܠܬܐܘܕܘܪܘܣ]ܘ ܘܠܬܐܘܕܘܪܘܣ [ܘܠܗܘܒܟܐ] ܦܠܚܬܒܗܘܢ.

ܕܟܠܐ ܒܬܪܬܐ [ܠܪܘܡܝ ܘ]ܠܝܘܢܝ ܐܚܪܢܝܗ [ܘܓ]ܠܝܐ ܕܟܢܗ ....] ܠܬܐܘܕܘܣܝܘܣ
.... ܚܪܐ. ܠܐ. ܫ .... ܥܒܕܐ ......

[1] Haec notitia in marg. addita est. — [2] E Mich., p. 287, suppl. — [3] Si rectum est supplementum, ܘ deest in ms. — [4] Vox integre scripta est in ms.

ܦܠܓܗ̇ ܕܫܠܒܐ ܕܢܦܩܘܢ [ܕܦܪ̈ܝܐ
ܕܐܬܪ̈ܦܘ ܠܗܘܡܪ̈ܝܗܘܢ ܀ ܒܪܒܥܐ
ܗܢܐ [ܥܒܝܕܬ ܡܪܩܘܣ ܕܐܪ̈ܟܢܫܬܐ ܀
ܐܦܝܣܩܘܦܐ . ܕܢ . ܡܢ [ܒܪ]ܘܡܝ
ܦܐܠܐܓܝܘܣ ܀ ܒܗ [ܒܝܢ ܪܕܘܦܝܐ
ܡܠܠ ܡܢ ܟܘܬ̈ܒܐ ܕܒܟܪܣܝܐ .
ܒܟܕܘ] ܠܗܘܢ ܪܫ ܐܦ̈ܝܣܩܘܦܐ
ܣܠܩ] ܡܐܘܪܘܣ . ܠܐܪܥ ܬܠܝܬܐ
ܕܒܗ̇]ܡܪܐ ܣܪܓܝܣ ܕܒܝܬ [ܒܪ̈ܝܫܝܐ[1] .
ܘܟܠܠ ܒܡܬ ܀

ܒܐ]ܘܪܫܠܡ ܡܢ ܐܦܝܣܩܘܦܐ
ܕ]ܝܠܗ . ܐܘܣܛܐܬܝܘܣ ܀ [ܐܦܝܣ]ܩܘܦܐ
ܕܠܗ . ܡܢ ܒܐܘܪܗܝ [ܢܘ]ܢܣ ܀
ܐ]ܦܝܣܩܘܦܐ . ܕܢܚ . ܡܢ ܒܪܘܡܝ
ܠܘܢ ܀ ܒܐܢܛܝܘܟܝܐ ܡܢ
ܐ]ܦܝܣܩܘܦܐ . ܕܢܓ . ܐܢܐܣܛܐܣܝܘܣ .

ܐܦܝܣܩܘܦܐ . ܕܗܡ . ܡܢ
ܒܩܘܣܛܢܛܝܢܘܦܘܠܝܣ[2] ܢܘܣܚ .
ܗܘ ܡܪܕܘܬܐ . ܒܗ ܐܬܛܪܕ
ܐܘܛܘܟܘܣ ܗܘ ܕܩܕܡܘܗܝ ܀

ܒܡܢܝܢܐ ܕܝ̈ܘܢܝܐ	ܕܪ̈ܘܡܝܐ ܡܡܠܟܘܬܗܘܢ	ܕܦܪ̈ܣܝܐ ܒܡܠܟܘ
ܪܟܚ	ܟܘ	ܟܓ
ܐܘܠܘܡܦܝܐܕܐ . ܫܠܓ .		
ܪܟܛ	ܟܙ	ܟܕ
ܪܠ	ܟܚ	ܟܗ
ܪܠܐ	ܟܛ	ܟܘ
ܪܠܒ	ܠ	ܟܙ
ܐܘܠܘܡܦܝܐܕܐ . ܫܠܕ .		
ܪܠܓ	ܠܐ	ܟܚ
ܪܠܕ	ܠܒ	ܟܛ
ܪܠܗ	ܠܓ	ܠ
ܪܠܘ	ܠܕ	ܠܐ
ܐܘܠܘܡܦܝܐܕܐ . ܫܠܗ .		
ܪܠܙ	ܠܗ	ܠܒ
ܪܠܚ	ܠܘ	ܠܓ
ܪܠܛ	ܠܙ	ܠܕ
ܪܡ	ܠܚ	ܠܗ

܀ܐܬܚܙܝܬ ܢܘܪܐ ܒܫܡܝܐ ܠܓܪܒܝܐ
ܢܩ̈ܒܬܐ ܩ̈ܛܠܐܐ . ܗ̇ܘ ܗܟܘܬ ܐܦ
ܘܡܪܓܠܝܣ ܕܢܝܠܐ ܒܚܫܝܐ ܗܘܐ ܀

ܗܘܐ ܒܘܬܢܐ ܕܒܥܝܪ̈ܐ ܩ̈ܛܠܐܐ
ܡܢ ܡܕܝܢܐ ܠܗܬ ܕܠܒܐ·
ܡܛܠ ܥܫܝܐ ܕܫܪܬܐ . ܘܡܒܡܗܘܢ
ܗܠܝܢ ܐܦ ܢܡܘܣ ܐܦܝܣܩܘܦܐ ܀

ܗܪܣܝܣ ܕܦܢ̈ܬܐܝܬܐ
ܥܒܝܕܬ ܒܗܢܐ ܙܒܢܐ ܀
܀ܒܫܢܬܐ ܗܠܝܢ ܕܦܫܪ ܗܘܐ ܒ̈ܝܫܬܐ
ܦܘܠܝܣ ܕܢ̈ܘܪܐ ܀ ܚܒܝ ܕܠܒܐ
ܐܢܛܝܘܟܝ ܡܛܠ ܗܝܡܢܘܬܐ .
ܘܦܩܕ ܕܠܐ ܐܢܫ ܢܐܡܪ ܡܠܬܐ
ܥܠ ܗܝܡܢܘܬܐ ܥܠ ܥܠܡ . ܐܠܐ
ܥܠ ܐܢܫ ܐܝܟ ܐܢܛܝܘܟܝ] ܢܬܒܥ .
ܘܐܝܠܝܢ ܕܠܐ ܫܠܡܝܢ ܢܬܪܕܦܘܢ ܀

Fol. 22 v°.

܀ ܒܐܘܪܗܝ ܡܢ ܐܦܝܣܩܘܦܐ [.ܕܥܡ.
ܐܦܝܣܩܘܦܘܬܗ ܀ ܠܐܪܬܕܘܟܣܘ [ܕܝܢ
ܐܝܬ ܗܘܐ ܠܗܘܢ ܐܦܝܣܩܘܦܐ [ܗ]ܠܝܢ.
ܒܡܕܝܢܬܐ ܐܝܬ ܗܘܐ ܢܡܘܣ
ܘܬܐܘܕܘܪܘܣ. ܒܗܿ ܕܝܢ
ܒܡܘܣܛܐܪܝܘ[ܦ]ܠܝܣ ܐܝܬ
ܗܘܐ. ܢܘܣܝ [ܗܿܘ] ܕܐܣܝܐ.
ܘܬܐܘܕܘܣܝܘܣ [ܗܿ]ܘ ܕܐܠܟܣܢܕܪܝܐ[3]:
ܗܿܘ [ܕܒ]ܗ ܒܪܒܝܐ ܫܠܡ ܀

. ܝ. ܗܦܛܝܩܘܣ ܒܝܬ .ܝ.		
ܐܘܠܡܦܝܐܣ. ܫܠܘ.		
ܪܡܐ	ܐ	ܠܐ
ܪܡܒ	ܒ	ܠܒ
ܪܡܓ	ܓ	ܠܓ
ܪܡܕ	ܕ	ܠܕ
ܐܘܠܡܦܝܐܣ. ܫܠܙ.		

[ܕܡܫܬܡܫ ܐܘܪܬܕܘܟܣܘ ܪܫ ܐܦܝܣܩܘܦܐ ܒܡܕܝ[ܢ]ܬܐ
ܠܦܠܘܣ [ܡܢ ܐܠܟܣܢ]ܕܪܝܐ ܗܿܘ ܕܒܬܘܪܐ ܕܒܝܬ ܐܒܗܬܐ ܀ ܡܬ[ܬ]ܪܕ ܐܬܢܣܝܘܣ]
ܡܢ ܐܬܢܣ[ܝ]ܐ. ܘܗܘܐ ܠܐܢܛܝܘܟܝܐ ܀ ܒܐܬܪܗ [1]ܠܐܠܟ[ܣ]ܢܕܪܝܐ[4]
ܡܢ ܗܘ]ܝܘܠܝܐ[ܢܘܣ ܦܠܘܛܐ ܡܢ [ܠܐܠܟܣܢܕܪܝܐ ܒܬܪ ܐܦܠܝܩܪܝܘܣ
ܘ]ܚܝ ܀ ܡܢ. [5]

[1] E Barh., Chron. Eccl., 1, 213, suppl. — [2] Ita abbreviatum in ms. — [3] Ms. : "[illegible]. — [4] Ms. : "[illegible]. — [5] Deest folium in cod.

ܐܬܪܓܡ ܡܐܘܪܘ[ܗ]
ܐܦܣܩܘܦܐ ܕܐܘܪܗܝ ܀
ܒܝܕܘ [3] ܡܗ̈ܝܡܢܐ ܒܡܕܝܢܬܐ ܪܘܡ
ܐܦܣ̈ܩܘܦܐ ܠܐܬܢܣܝܘܣ ܀
ܠܡܗ̈ܝܡܢܐ ܕܒܐܘܪܗܝ ܗܘܐ
ܠܗܘܢ [4] ܐܦܣܩ″ [5] ܦܘܠܘܣ..
ܟ̈ܠܩܕܘܢܝܐ ܕܝܢ ܕܡܣܒܪܢ ܠܗܘܢ
ܬܐܘܕܘܣܝܘܣ ܀
ܒܪܘܡ ܐܦܝ̈ܣܩܘܦܐ ܕܐܬܪ̈ܐ
ܕܡܕܝܢܬܐ ܠܐ ܓܠܝܦܬܐ.
ܘܡܕܡܗܘܢ ܕܢܦ̈ܫܐ ܘܡܕܡܐ ܣܓܝܐܐ
ܡܢ ܡܕܡ ܦܬ̈ܓܡܐ ܀

ܒܐܠܟܣܢܕܪܝܐ ܡܢ ܐܦܣܩܘܦܐ
ܠܟ̈ܠܩܕܘܢܝܐ ܦܛܪܘܣ ܀
ܫܘܬܦܘܬܐ ܕܡܗ̈ܝܡܢܐ

Fol. 23 r°.

ܡܢܝܢܐ ܕܝ̈ܘܢܝܐ	ܕܪ̈ܘܡܝܐ ܕܐܪܝܬܡܛܝܩܘܣ [1]	ܕܦܪ̈ܣܝܐ ܘ[ܛܝ̈ܝܐ]
ܪܥ	ϛ	ܝܒ
.ܓ. ܦܘܩܐܣ ܫ̈ܢܝܐ .ܚ. ܘܝܪ̈ܚܐ .ܢ..		
ܪܥܚ	ܐ	ܓ
ܪܥܛ [2]	ܒ	ܝ̈
ܪܦ	ܓ	ܗܝ
ܐܘܠܘܡܦܝܐܣ .ܫܢܘ.		
ܪܦܐ	ܕ	ܨ
ܪܦܒ	ܗ	ܝ
ܪܦܓ	ܘ	ܫ
ܪܦܕ	ܙ	ܛ
ܐܘܠܘܡܦܝܐܣ .ܫܢܝ.		
ܪܦܗ	ܢ	ܓܝ
.ܝ.. ܗܪܩܠܝܘܣ ܫ̈ܢܝܐ .ܠܒ.		

ܒܗ̇ ܕ[ܐ]ܫܬܡܠܠ ܡܪܩܝܢܘܣ
ܘܟ̈ܢܘܢܘܗܝ ܟܠܗ[ܘܢ] ܒܒܗ.
ܡܫܬܪܝܐ ܫܢ[ܬܐ] ܗ̇ܘ
ܕܒܢܝܬ ܙܘܒܢܐ ܠܦܪ̈ܣܝܐ ܀

ܡܢܗ ܢܦܫ ܟܠ ܦܘܩܐ ܘܐܬܐ
ܠܐܘܪܗܝ ܘܠܟܡܗ̇ ܘܐܬܢܣܒ
ܒܗ̇ ܀
ܒܫܢܬ ܦܘܩܐ ܠܒܪܐ ܡܕܝܢܬܐ.

ܫܠܡ ܦܘܩܐ ܠܚܝܘܬܐ
ܕܦܘܪ ܒܒܢܝܢ ܀

ܫܠܡ ܦܘܩܐ ܠܐܝܟ[ܢ] ܡܕܝܢܬܐ.
ܐܦ ܠܬܠܬܐ ܐܦ ܠܪܒܝܥܝܐ ܀

.ܢܝ.
ܕܬ̈ܘܢܝܐ

ܗ]ܘ ܕܐܠܟܣܢܕܪܘܣ ܀

ܡ]ܬܬܠܝܢ ܐܦܝܣܩܘܦܐ

. . . . . . ܦܛܪܝܪܟܐ ܕܡ

. . . . ܠܒܟܐܙ

. . . . . . ܕܐܘܪܗܝܐ

. . . . . ܒܪܘܣܐ. ܘܐܝܟܐ

. . . . ܟܐ

. . . . ܗܘ

. . . . ܡܠܠ.

. . . .

ܟܐ	ܐ	ܪܦܗ
ܟܒ	ܒ	ܪܦܘ
ܟܓ	ܓ	ܪܦܙ
ܐܘܠܘܡܦܝܕܐ ܘ. ܐܫܬܐ.		
ܟܕ	ܕ	ܪܦܚ
ܟܗ	ܗ	ܪܦܛ
ܟܘ	ܘ	ܪܨ
ܟ	ܙ	ܪܨܐ
ܐܘ[ܠܘܡܦܝܕܐ ܘ. ܐܫܬܐ.]		

܀ ܩܛܠܝܢ ܕܗܘܒܐ ܠܗܘܢܐ ܘܡܬܚܠܦܝܢ

ܠܡܪܐܘܠܝܘܣ ܀

܀ ܒܫܢܐ ܦܛܪܝܪܟܐ ܠܐܘܪܗܝ ܀

܀ ܐܫܬܒܩ [6] ܦܛܪܝܪܟܐ ܠܟܠ ܡܕܝܢܬܐ

ܘܦܘܣܡ ܘܦܐ[ܠܩܣܛܘܣ ܀

ܐܘܡܪ ܡܪܐܘܠܝܘ[ܣ ܠܒܪܗ

ܣܘܡܣܛܐܪܛܝܘܣ [ܐܘܠܣܛܝܘܣ ܀ [7]

ܒܫܢܐ ܦܛܪܝܪܟܐ [ܠܒܪܝܢܘܣ [7]

ܘܐܫܬܒܩ [ܠܠܒܪܐ]ܘ [7] ܀

[1] Ms. : ܡܘܣ″. — [2] Ad ann. 279 spectat notitia apud El. Nis. (p. 329, n° XVI); e Chronico (dubium an recte) citata. — [3] Ms. : ܚܒ. — [4] Vox in marg. addita. — [5] Ita abbreviatum in ms. — [6] Ms. : ܡܚܒ. — [7] E Mich., p. 404, suppl.

Fol. 23 v°. . . . .
ܘܫܢܬ ܕܡܫܝܚܐ ܒܠܬ[ܐ] ܒܡ[ܪ]ܬܐ⁵
ܠܐܬܪܐ ܕܐܠܟܣܢܕܪܘܣ ܘܐܬܪܒܝܐ
ܘܐܦܝܣܩ ܕܚܕܪܐ ܀

ܐܢܛܝܘܟܝܐ ܐܬܟܢܫܬ
ܗܘܬ ܀ ܐܬܒ ܘܐܬܒܢܝܬ
ܦܘܡܐ ܠܟܠܗ̇ ܐܪܒܐ ܕܐܘܡܬܐ.
ܒܕܒܪܐ ܠܒܠܘܬܐ ܘܠܐܘܡܬܐ.
ܘܒܕܒܪܐ ܠܒܪܐ ܕܦܢܛܘܣ ܀
ܡܠܟܘܬܐ ܕܐܪܡܝܐ ܗ̇ܝ⁶
ܕܦܪܣ ܛܒܝܐ ܐܪܬܐ.
ܒܗ ܒܫܢܬܐ ܗܘܐ ܡܪܩܠܝܘܣ
ܡܢ ܡܠܟܐ ܕܐܘܡܬܐ ܐܚܪܝܐ
.ܕܐ.·. ܒܫܡܗ ܕܡܢ ܡܠܟܐ ܕܦܘܡܐ
ܐܚܪܝܐ .ܕܠܐ..

ܕܦܛܪܝܟܐ¹	ܕܐܘܡܬܐ¹	[ܒܢܝ]ܢܐ ܕ[ܫܢ]ܝܐ
ܟܚ	ܚ	ܪܝܚ
ܟܛ	ܛ	ܪܝܛ
ܠ	ܝ	ܪܟ
ܠܐ	ܝܐ	ܪܟܐ
ܡܠܟܐ ܡܘܕܝܐ ܕܐܘܪܚܐ		
ܡܢ ܡܫܝܚܐ ܫܢܝܐ .ܐ..		
ܐܢܛܘܢܝܢܘܣ .ܢܓ.		

ܐ	ܠܒ	ܝܒ	ܪܟܒ
ܒ	ܠܓ	ܝܓ	ܪܟܓ
ܓ	ܠܕ	ܝܕ	ܪܟܕ
ܕ	ܠܗ	ܝܗ	ܪܟܗ
ܐܢܛܘܢܝܢܘܣ .ܐܢܐ..			
ܗ	ܠܘ	ܝܘ	ܪܟܘ
ܘ	ܠܙ	ܐ	ܪܟܙ

ܡ[ܬ]ܚܫܒ ܠܐܘܪܗ̇ ܐܦܣܩܘܦܐ
ܡܢ ܟܠ ܦܘܡܐ ܐܟܚܕܐ ܀

܀ ܒܐܠܟܣܢܕܪܝܐ ܒܒܒܘ
ܬܫܡܫܬܐ ܐܦܣܩܘ″²
ܠܐܢܛܝܘܟܘܣ ܀
ܒ[ܐ]ܠܟܣܢܕܪܝܐ ܡܢ [ܐܦܝܣܩܘܦ]ܘܬܐ
ܠܬܫܡܫܬܐ ܒܢܝܢ.
܀ ܦܩܕ ܒܫܡܗ ܘܢܫܬܠ
ܐܘܪܗ̇ ܒܐܓܒܐ ܀

ܙܢܐ. ܕܫܢܝܐ .ܐܒ.

܀ ܒܒܒ ܡܘܪܗ ܕܪܘܦܐ
ܠܬܫܡܫܬܐ ܒܐܠܟܣܢܕܪܝܐ.
ܒܒܒܘ ܡܬܫܡܫܬܐ ܒܡܒܕܢܚܐ
ܪܒܐ ܐܦܣܩܘܦܐ ܠܝܘܣܝ ܀

ܕܐܬܡܪܡܪܘ ܘܕܒܥܪܘܢ :
ܘܕܒܣܪܘ [ܘܕ]ܦܪܥܘ :
ܘܕܐܬܬܪܟܢܘܒܠܬ[3] [ܘܕܡܘ]ܪܟܢܕ.
ܕܟܠܗܘܢ ܗ̈ܘܘ[4]
ܫܢ̈ܐ .ܒ.] ܠܡܘܪܟܐ

ܝ	ܠܝ	ܣ	ܐܫ
ܟܐ. ܫܢܝܘ ܒܪܗ ܕܟܣܪܘ ܡ̈ܠܟܐ .ܠ.			
ܒ. ܕܦ̈ܪܣܝܐ ܐܬܒܐܒܪ ܫ̈ܢܐ .ܒ. ܡ̈ܠܟܐ .ܐ..			
ܐ	ܐ	ܠ	ܫܐ
ܟܒ. ܕܦ̈ܪܣܝܐ ܐܪܕܫܝܪ ܒܪܗ ܕܫܝܪܘ ܫܢܬܐ .ܐ. ܡ̈ܠܟܐ .ܘ.			
ܐܘܠܡܦܝܐܣ .ܫܢܒ.			
ܒ ܠ	[ܐ] [ܒ]	[ܝ] [ܟܐ]	ܫܗ [ܫܘ]

ܘܛܠܠ ܦܪ̈ܣܝܐ ܠܒܣܛ]ܪܘ.
ܘܐܡܠܟܘ ܫܝܪܘܝ[7] .ܠ. [ܡ̈ܠܟܐ ⁘
ܘܐܘܪ̈ܗܝܐ ܐܬܠܝܘ ܕܢܛ]ܪܘܢ[8]
ܗܘܘ ܦܠܘ ܒܗ [ܫܒܥܐ ⁘
⁘ ܒܒܝܬ ܗܝܟ[ܠ]ܐ[ܡܠܟܘܬܐ
ܘܐܬܡܪܡܪ[ܘ[9] ܡܣܟܐ.
ܘܫܪܝܬ ܕܢܦ]ܩܘܢ ܦܪ̈ܣܝܐ
ܡܢ ܐ]ܪܥܐ ܕܪ̈ܗܘܡܝܐ
ܘܠܫ]ܘܒܬܐ ܠܐܬܪܗܘܢ[10] ⁘
⁘ ܗܝ]ܕܝ̈ܢܐ[11] . . . .
. . . .

[1] Nomen regis omissum. — [2] Ita abbreviatum in ms. — [3] Ms. : "ܫܝܪܘܝ"; ex El. Nis., f. 11, corr. — [4] Hic deleta est vox ܒܡܘܪܒܐ, post quam stat punctum ⁘. — [5] Ms. : ܐܬܠ[ܝ]ܘ"; cf. Mich., p. 405. — [6] Ms. : "ܡܠ. — [7] Super ܫ scriptum est ܕ. — [8] E Mich., p. 41c, suppl. — [9] Super ܒ scriptum est ܘ. — [10] Lacunas e Mich., loc. cit., supplevi. — [11] E Mich., loc. cit., suppl. Sequitur saltem unus versus.

TESTIMONIA IACOBI EDESSENI
APUD ELIAM NISIBENUM RECITATA.

(ܒܐ.) ܫܢܬ. ܦܣܚ.. ܒܗ ܐܬܝܠܕ ܡܫܝܚܐ ܒܒܝܬܠܚܡܐ I
ܒܫܢܬܐ ܒܫܒܥܐ ܒܐܕܪ.[1]

(ܦܐ.) ܫܢܬ. ܚܪܟ.. ܒܗ ܩܡ ܪܒܘܠܐ ܐܦܝܣܩܘܦܐ II
ܕܩܘܣܛܢܛܝܢܦܘܠܝܣ ܒܐܘܪܗܝ, ܡܕܝܢܬܐ.[2]

(ܝܓ.) ܫܢܬ. ܚܠܗ.. ܒܗ ܡܝܬ ܐܢܛܘܢܝܢܘܣ ܡܠܟܐ III
ܕܪ̈ܗܘܡܝܐ ܒܡܠܟܐ. ܕܗܘ. ܟܐܒ.[3]

(ܡܘ.) ܫܢܬ. ܚܡܫ.. ܒܗ ܡܝܬ ܪܒܘܠܐ ܐܦܝܣܩܘܦܐ IV
ܕܐܘܪܗܝ, ܘܩܡ ܒܬܪܗ ܗܝܒܐ.[4]

(ܡܥܗ.) ܫܢܬ. ܚܡܫ.. ܒܗ ܡܝܬ ܬܐܘܕܘܣܝܘܣ ܡܠܟܐ V
ܕܪ̈ܗܘܡܝܐ ܒܡܠܟܐ. ܕܗܐ. ܒܬܪܗܘܢ ܘܐܡܠܟ ܒܬܪܗ
ܡܪܩܝܢܘܣ.[5]

(ܡܥܘ.) ܫܢܬ. ܚܡܫ.. ܒܗ ܡܝܬ ܡܪܩܝܢܘܣ ܡܠܟܐ VI
ܕܪ̈ܗܘܡܝܐ ܒܡܠܟܐ. ܕܗܘ. ܒܫܢܝܢ ܐܚܪ̈ܢ. ܘܐܡܠܟ
ܒܬܪܗ ܠܐܘܢ.[5]

(ܡܥܙ.) ܫܢܬ. ܚܕ:: ܒܗ ܡܝܬ ܗܝܒܐ ܐܦܝܣܩܘܦܐ VII
ܕܐܘܪܗܝ, ܘܩܡ ܒܬܪܗ ܢܘܢܐ.[6]

(ܡܦ.) ܫܢܬ. ܚܡܫ:: ܒܗ ܡܝܬ ܠܐܘܢ ܡܠܟܐ VIII
ܕܪ̈ܗܘܡܝܐ ܒܡܠܟܐ. ܕܗܐ. ܒܫܢܝܢ ܐܚܪ̈ܢ. ܘܐܡܠܟ
ܒܬܪܗ ܠܐܘܢ ܒܪ ܒܪܬܗ ܕܡ ܫܢܬܐ ܘܡܝܬ.
ܘܐܡܠܟ ܒܬܪܗ ܙܢܘܢ.[7]

(ܡܦܗ.) ܫܢܬ. ܦܐ.. ܒܗ ܡܝܬ ܙܢܘܢ ܡܠܟܐ IX
ܕܪ̈ܗܘܡܝܐ ܘܐܡܠܟ ܒܬܪܗ ܐܢܣܛܣܝܘܣ.[5]

[1] Recitatur e Canone Iacobi (Brit. Mus., Add. 7197, f. 23). — [2] Recitatur e Canone (ed. Lamy, *Bulletin de l'Acad. roy. de Belgique*, 1888, p. 575 sqq.). — [3] Recitatur e Chronico (ed. Lamy); unde verisimile est notitias imperatorum (cf. n^os V, VI, VII, etc.) non e Canone, sed e serie imperatorum cuius fragmentum supra (p. 283 sqq.) edidimus, desumptas esse. — [4] E Canone (ed. Lamy). — [5] E Chronico (ed. Lamy). — [6] Recitatur «e Iacobo» apud Eliam (ed. Lamy), sed tacito operis nomine. Alia manu in ms. inserta est notitia, et textus arabicus deest. E Canone desumpta videtur. — [7] E Chronico (Add. 7197 f. 26).

X (ܩܡܓ.) ܫܢܬ. ܦܟܛ.. ܒܗ ܒܫܢܬ ܐܢܣܛܣܝܘܣ ܡܠܟܐ ܕܪ̈ܗܘܡܝܐ. ܟܙ. ܒܫܠܡܝܘ. ܘܐܡܠܟ ܒܬܪܗ ܝܘܣܛܝܢܘܣ.[1]

XI (ܪܟ.) ܫܢܬ. ܦܠܚ. ܒܗ ܒܫܢܬ ܝܘܣܛܝܢܘܣ ܡܠܟܐ ܕܪ̈ܗܘܡܝܐ. ܛ. ܒܫܠܡܝܘ. ܘܐܡܠܟ ܒܬܪܗ ܝܘܣܛܝܢܝܢܘܣ ܒܪ ܚܬܗ.[2]

XII (ܪܟܘ.) ܫܢܬ. ܦܥܘ.. ܒܗ ܫܠܡ ܝܘܣܛܝܢܝܢܘܣ[3] ܩܣܪ ܚܕܬܗ ܒܡܠܟܘܬܐ ܠܛܝܒܪܝܘܣ ܩܣܪ. ܒܝ. ܒܬܫܪܝܢ ܩܕܝܡ.[1]

XIII (ܪܠܙ.) ܫܢܬ. ܦܦܛ.. ܒܗ ܒܫܢܬ ܝܘܣܛܝܢܘܣ ܡܠܟܐ ܕܪ̈ܗܘܡܝܐ. ܒܐ. ܒܬܫܪܝܢ ܩܕܝܡ. ܘܐܡܠܟ ܒܬܪܗ ܛܝܒܪܝܘܣ.[4]

XIV (ܪܠܚ.) ܫܢܬ. ܦܨܓ.. ܒܗ ܒܫܢܬ ܛܝܒܪܝܘܣ ܡܠܟܐ ܕܪ̈ܗܘܡܝܐ. ܘܐܡܠܟ ܒܬܪܗ ܡܘܪܝܩܝܘܣ.[1]

XV (ܪܢܚ.) ܫܢܬ. ܛܝܓ.. ܒܗ ܐܬܩܛܠ ܡܘܪܝܩܝܘܣ ܡܠܟܐ ܕܪ̈ܗܘܡܝܐ. ܘܐܢܬܬܗ ܘܒܢ̈ܘܗܝ. ܒܟܙ. ܒܬܫܪܝܢ ܐܚܪܝ. ܘܐܡܠܟ ܒܬܪܗ ܦܘܩܐ.[1]

XVI (ܪܢܛ.) ܫܢܬ. ܛܟܐ.. ܒܗ ܢܣܒ ܗܪܩܠܐ ܡܠܟܘܬܐ ܕܫܒܫܒܐ. ܗ. ܒܬܫܪܝ.[5]

XVII (ܪܦܗ.) ܫܢܬ. ܛܢܒ. ܒܗ ܐܬܩܛܠ ܦܘܩܐ ܡܠܟܐ ܕܪ̈ܗܘܡܝܐ. ܘܐܡܠܟ ܗܪܩܠܝܘܣ.[1]

XVIII ܫܢܬ .., (ܕܛܝ̈ܝܐ) ܒܗ ܒܢܐ ܐܬܢܣܝܘܣ ܦܛܪܝܪܟܐ ܕܝܥܩܘ̈ܒܝܐ.[6]

[1] E Chronico (ed. Lamy). — [2] Add. 7197, f° 27. Huius notitiae, quam ex arabico transtuli, nomen auctoris cum textu syriaco periit; sed quin e Chronico Iacobi recitata sit dubitare vix possibile est. — [3] Ms. : ܝܘܣܛܝܢܘܣ. — [4] Recitatur «e Iacobo» apud Eliam (ed. Lamy); e Chronico desumpta videtur. Notitia autem de Petri patriarchae morte, sub anno 890 in versione Lamy data, neque in editoris textu neque in ms. Eliae occurrit. Eadem notitia repetitur a Lamy sub anno 902, quasi e Iacobo recitata; sed eius nomen in ms. non occurrit. — [5] Recitatur e Chronico (ܟܪܘܢܝܩܘܢ non, ut alibi, ܡܟܬܒܢܘܬ ܙܒܢ̈ܐ) Iacobi apud Eliam (ed. Lamy); sed ibi stetisse vix potest; tamen in ms. Canonis, his annis, nulla est lacuna. — [6] Recitatur «e Iacobo» apud Eliam (ed. Baethgen, *Abh. für die Kunde des Morgenlandes*, tom. VIII), sed tacito operis nomine; vix dubium quin e Canone desumpta sit citatio.

ܫܢܬ . ܝܛ . ܒܗ̇ ܗܘܐ ܟܢܘܫܬܐ ܚܢܢܝܐ ܒܟܠܗܘܢ XIX
ܐܬܪܘܬܐ ܕܦܘܪܣܐ[1].

ܫܢܬ . ܟ . ܒܗ̇ ܐܬܝܗ̇ ܡܘܒܝܦܘܣ ܕܢܚܠܐ ܠܦܪܣܐ. XX
ܘܫܪܝ ܒܗ ܢܘܡܐ . ܕܒܢܝ . ܒܐܒ . ܘܗܘܐ ܚܕܡܐ ܠܢܘܡܐ
ܕܒܗ . ܒܬܫܪܝܢ ܩܕܝܡ[2].

ܫܢܬ . ܟܐ . ܒܗ̇ ܐܡܠܟ ܦܘܠܘܟܪܝܘܣ ܬܠܬܐ XXI
ܕܝ̈ܗܘܕܝܐ[3].

ܫܢܬ . ܟܒ . ܒܗ̇ ܗܘܬ ܐܘܠܨܢܗ ܟܠܝܬܐ ܕܫܡܫܐ XXII
ܒܝܘܡ ܚܡܫܒܫܐ . ܗ . ܒܬܫܪܝܢ ܩܕܝܡ . ܒܫܢܬܐ
ܕܫܒܥ ܕܐܢܕܝܩܛܐ[2].

TESTIMONIUM

A MICHAELE SYRO RECITATUM[4].

ܢܨܝܒܢ ܕܐܘܪܗܝ، ܒܫܢܬܐ ܕܬܫ̈ܥܝܢ . ܛ . ܩܕܡܘ ܡܢ ܒܢܝܐ ܕܐܪ̈ܡܝܐ ܡܢ ܩܕܡ ܫܢܝ، ܕܡܠܟܘܬܐ ܐܫܘܪܝܬܐ ܕܦ̈ܪܣܝܐ: ܐܘܟܝܬ ܩܕܡ ܒܢܝܢܐ ܕܡܐܬܝܬܗ ܕܡܪܢ. ܕܐܬܝܬܗܘܢ ܗܠܝܢ[5].

ܕܡܪܘ . ܘܦܪܬܦܛ . ܘܒܫܪܘ . ܘܦܝܪܐܢ . ܘܐܟܫܐܡ . ܘܦܐܠ[6] . ܒܡܢ ܐܪܘܐܣܦ . ܘܐܟܫܐܡ . ܘܒܠܐܟܫܡ . ܘܗܠܝܢ ܒܛܝܒܘ ܡܫܬܒܗܘܢ ܒܕܝܪܐ ܠܢܒܝܐ ܕܡܫ̈ܠܚܐ ܒܪ̈ܗܘܛܝܐ . ܘܒܪ ܗܢܒܘ ܐܪ̈ܡܝܐ ܒܡܫܝܚܐ ܡܢܒܝܢ ܗܘܘ ܒܡܠ̈ܟܝܗܘܢ ܠܝܘܕܝܐ ܕܒܡ ܒܠ̈ܫܢܐ ܒܡܗܝܡܢܘܬܐ . ܗܢܝܢ ܩܕܡ ܬܠܬܐ ܦ̈ܣܝܩܐ ܘܐܬܒܥܝܘ ܒܠܝܗܘܢ ܒܢܒܝܐ ܕܐܦܠܐ ܦܠܢܝܐ ܡܫܡܫܝܢ ܗܘܘ ܕܢܘܡܘܣܘܗܝ ܒܢܝܗܘܢ .:.

ܗܠܝܢ ܒܠܦܢܐ ܒܪ، ܢܨܝܒܢ ܐܡܪ[5].

[1] Recitatur e Canone (ed. Baethgen). — [2] Recitatur «e Iacobo» (ed. Baethgen), tacito operis nomine. E Canone desumpta videtur. — [3] Recitatur «e Iacobo» (ed. Baethgen). E Chronico desumpta videtur. — [4] Hoc excerptum, adhuc ineditum, prope finem Chronici Michaelis legitur (codicis p. 775). Cf. supra, p. 281. — [5] Voces minio scriptae. — [6] Text. syr. ܘܦܐܠ, arab. : ܘܚܐܠ; cf. supra, p. 281.

ܬܫܥܝ̈ܬܐ ܕܫ̈ܝܠܘܬܐ ܀[1]

Cod. Berol. Sachau 315 f. 66 r°.

܀ ܢ[2] ܀ ܡܢ ܟܬܒܐ ܕܐܘܠܘܣܝܦܘܣ܀[3]
ܒܫܢܬ ܬܬܬ. ܕܝܘ̈ܢܝܐ. ܒܝܘ̈ܡܝ ܐܣܦܣܝܢܘܣ ܡܠܟܐ
ܕܪ̈ܗܘܡܝܐ. ܒܝܘܡ ܗܘܐ ܡܠܟܐ ܛܝܛܘܣ. ܒܪܗ ܕܐܣܦܣܝܢܘܣ
ܡܠܟܐ.[4] ܠܐܘܪܫܠܡ ܒܡܫܪܝܬܐ ܒܡܨܘܪܬܐ ܘܡܥܒܕܗܘܬܐ܀
ܬܘܒ ܒܫܢܬ. ܬܬܘܟܐ. ܚܙܘ ܢܨ̈ܚܢܝܗܘܢ ܕܐܡ̈ܘܪܝܐ.
ܠܩܪܒܐ ܘܥܩܬܐ ܘܡܥܪܩܘܬܐ ܘܦܢܝܘܬܐ ܘܦܠܦܠܘܬܐ.
ܘܢܝܚܘܬܐ ܘܡܚܪܒܘܬ ܡܕܝܢܬܐ. ܘܫܐܝܠܬܐ ܕܫ̈ܒܝܐ.
ܘܒܠܒܒܡܘܬܐ. ܘܐܒܕܬܐ ܘܫܒܝܐ ܘܡܪ̈ܡܬܐ.
ܘܕܠܘܬܐ. ܗܘܝ ܕܡܛܐ ܗܘܬ ܡܢ ܟܠܗܝܢ. ܘܡܪ̈ܕܝܬܐ
ܗܘܬ ܠܐܠܗܐ. ܥܠܝܗ ܟܠܗܘܢ ܠܡܫܝ̈ܚܘܗܝ ܡܫܠܡܢܘܬܐ
ܕܠܡܫܝܚܐ. ܘܐܘܕܝܘ ܬܠܬ ܝܘܡܝܢ ܒܡܫܝܚܐ ܐܠܗܐ.
ܘܡܫܝܚܐ ܐܫܠܡ ܐܠܗܐ ܟܠܗܘܢ ܪܘܚܢܐ ܕܒܢ̈ܝܐ.
ܗܘܘ ܢܦܩܘ ܘܡܟܫܦܢܐ ܠܒܝܬܐ. ܘܦܫܪܘ ܗܘܘ ܟܠܗܘܢ.
ܡܢ ܐܒܘܪܐ ܘܡܕܒܪܐ ܠܩܪܒܐ ܐܦ [ܢܫ̈ܐ] ܘܢܟܣܝܢ ܗܘܘ
ܐܝܟ ܩܛ̈ܠܐ. ܘܡܬܟܢܫܝܢ ܗܘܘ ܐܝܟ ܩܛܠܝܐ. ܘܡܢܝܢ ܗܘܘ
ܐܝܟ ܬܪܢܓܠܐ. ܘܦܣܝܢ ܗܘܘ ܐܝܟ ܥܢܐ. ܘܢܟܣܝܢ ܗܘܘ
ܐܝܟ ܚܙ̈ܝܪܐ. ܘܦܫܛܘ ܗܘܘ[5] ܒܗܘܢܐ ܢܘܟܪܝܐ ܕܒܢ̈ܝܐ
ܩܕܡܬܐ ܘܡܢܟܪܐ ....] ܢܟܣܐ ܐܝܟ ܥܢܐ...

* 66 v°. ܘܡܟܝܠܬܐ * ....

ܟܕ ܐܝܟ ܕܟܐܐ ܘܬܠܬܝܢ ܐܠܦܝܢ[5] ܒܡܝܫܝܐ. ܘܢܝܪܒܐ
ܫܘܩܢܐ. ܘܦܪܘ ܕܬܢܝܗ. ܘܚܕ ܚܒܪ ܡܢ" ܢܒܫܘܒ
ܒܡܕܒܪܐ. ܘܢܒܐ ܐܝܟ ܒܗܘܢܐ ܐܠܝܢܐ ܘܡܐܟܠܐ
ܕܢܝܢܐ. ܒܟܝܢܐ ܠܗ ܟܠܗܘܢ ܘܐܟܪ ܢܦܫܗܘܢ
ܒܗܘܬ ܘܡܫܬܒܩܬܐ ܠܐܠܗܐ. ܘܐܡܪܬ ܘܟܝ ܐܝܟ.

[1] Inscriptionem addidi. — [2] Numerus in margine appositus. — [3] In marg.: ܡܚܠ ܟܠ ܐܝܟ ܡܫܝܚܐ ܡܫܝܚܐ ܘܡܬܚܫܒ ܕܗܘܐ ܒܗ ܡܢ ܥܠܡ ܣܘܥܪܢܐ. — [4] Ms. ins. ܦܪܨܘܦܐ. — [5] Vox supra lineam scripta.

ܘܐܦܠܛ ܘܛܒܥ ܐܢܘܢ. ܘܐܦܠܛܘ ܐܢܘܢ ܡܢ ܬܘܫܐ ܕܣܛܝܬܐ ܠܐܘܪܚܐ ܕܫܪܪܐ. ܘܠܝܕܥܬܐ ܕܫܝܐ. ܘܦܩܕ ܘܢܛܪ ܐܢܘܢ ܥܠ ܗܝܡ" ܫܪܝܪܬܐ ܘܬܪܝܨܬܐ ܕܒܢܝܢ ܕܒܗܘܢ ܒܡܫܝܚܐ. ܘܕܠܐ ܢܫܬܠܕܘܢ. ܘܕܢܬܢܣܒܘܢ ܘܢܬܕܒܪܘܢ ܡܢ ܒܢܝܬܐ ܘܣܛܢܐ ܕܚܕܝܢ ܗܘܘ ܒܗܘܢ: ܘܐܡܪ[1] ܠܗܘܢ. ܚܙܘ ܐܚܝ ܘܡܚܒܒܝ ܒܡܠܬܐ ܒܒܢܝܢ ܘܟܪܝܢ ܟܬܝܒܬܐ ܕܟܢܫܠܬ ܒܠܒܝ ܐܠܗܐ ܡܢ ܚܕ ܣܛܢܐ ܘܡܫܠܡܬ. ܘܡܬܐܡܢܬ ܕܠܚܕܕܐ. ܘܠܚܪܬܐ ܟܘܪܬܢ[2] ܠܫܘܠܐ ܘܬܫܢܝܩܐ. ܕܠܐ ܬܫܟܚܐ. ܘܢܘܪܐ ܕܠܐ ܕܥܟܐ[3] ܘܢܘܪܡ ܫܢܝܐ. ܘܡܫܘܚܐ ܓܢܝܐ ⁘ ܐܚܝ ܟܡ ܠܐ ܢܗܘܐ ܟܡ ܠܐ ܢܕܝܠ. ܟܒܪܐ ܐܢܐ ܡܢܟܘܢ ܒܗܘܒܐ ܐܠܗܝܐ. ܕܬܫܬܠܡܘܢ ܡܢ ܒܢܝܬܐ. ܘܬܦܢܘܢ ܢܦܫܬܟܘܢ. ܘܟܕ ܡܬܟܪܝܢ ܠܫܪܪܐ. ܡܬܟܪܟܐ ܠܗ ܐܠܗܐ ⁘ ܘܐܡܪ ܡܪܝ ܐܦܪܝܡ ܒܫܒ ܡܢ ܡܐܡܪܘܗܝ.

ܒܡܟܐ ܕܪܓܫ ܐܢܬ ܥܠ .... ܡܢܟ.
ܘܐܢ ܐܬܪܥܝܬ ܠܗ .... ܫܡܥܐ.
ܢܛܠ ܠܟ .... ܘܡܫܒܚܝܢܗܘ[ܝ]

*ܒܠܗܘܢ ܢܘܟܪܝܬܐ ܕܗܠܝܢ. ܟܕ ܓܠܝܬܗ ܕܒܬܘ" ܡܫܝܚܬܐ 67 r°.
ܢܠܕܬ ܐܠܗܐ ܡܪܢ. ܘܕܒܠܗܘܢ ܡܕܡܪܐ. ܘܠܐܠܗܐ ܫܘ" ܠܒܠܡ ܒܠܡܝܢ ܐܡܝܢ ⁘ ܫܠܡ[4] ⁘

⁘ ܝܕ[5] ⁘ ܬܘܒ ܥܠ ܝܘܪܟܗ ܘܥܡܝܩܗ ܕܐܡܬܐ
ܕܒܢܝܬܐ ܐܚܪܬܐ ⁘[6]

ܬܘܒ ܒܫܢܬ .ܦܝ. ܕܝܘܢܝܐ. ܐܝܪܟܗ ܡܘܪ ܓܠܒܐ ܕܦܪ̈ܣܝܐ. ܠܐܡܝܕ ܡܕܝܢܬܐ ⁘ ܘܟܕ ܐܬܐ ܘܒܪܐ ܠܒܝܬ. ܘܐܫܪܗ ܢܘܡܐ ܫܒܒܐ ܘܠܐ ܐܬܬܦܝܣܬ ܠܐܝܕܗ ܒܡܪܟܐ. ܘܡܒܝܕܐ ܐܒܠܛܘ ܕܝܐܒܠ ܘܫܝܡܠ ܡܢܗ. ܦܘ ܘܒܠܗ ܢܝܠܗ. ܗܘܪܡ ܐܦܪܝܕܐ. ܢܒܝܗܘܢ ܡܢ

[1] Ms. ܘܐܡܪܘ. — [2] Forma serioris aevi pro ܟܘܪ̈ܬܢ ܚ. — [3] Voces in marg. insertae. — [4] Vox minio scripta. — [5] Numerus in margine scriptus. — [6] In marg. : . ܐܘܦ ܚܒܘ ܠܠ ܐܡܪ ܡܕܝܢܬܐ ܦܪܘܣܐ ܘܡܛܠ ܕܗܘܘ ܗܘܘ ܟܕ.

ܡܫܘܪܐ ܕܡܕܝܢܬܐ. ܒܫܘܒܚܬܐ ܪ̈ܒܬܐ. ܘܢܦܫܗ ܕܗܘ̈ܝ ܘܩܒܠܘ ܗܘܘ ܒܗ. ܘܟܕ ܐܬܢܨܚܬ ܒܠܒܗܘܢ. ܘܒܪ [ܚ]ܘܒܐ ܕܐܠܗܐ ܒܐܘܪܚܐ. ܐܬܚܙܝ ܠܗ ܡܫܝܚܐ ܘܐܡܪ ܠܗ. ܦܘܩ ܠܡܕܝܢܬܐ. ܘܐܘܒܠ ܒܬܪ ܬܠܬܐ ܝܘܡܝܢ ܢܦܠܝܢ ܐܢܐ ܠܟ ܒܐܘܪܚܝ: ܠܡܕܝܢܬܐ. ܡܛܠ ܕܝܢ ܕܢܦܩ ܚܝܠܗ ܠܝ ܒܚܒܘܫܝܗ. ܘܒܪ ܒܠܝܠܝ ܘܐܬܐ ܘܩܒܠ ܠܒܝܬ ܒܡܕܝܢܬܐ. ܘܫܪܬܐ ܬܠܬܐ. ܘܐܬܚܫܒܬ ܡܢ ܦܢܝܬܐ ܡܕܢܚܝܬܐ. ܕܢܛܪܝܢ ܗܘܘ ܠܗ ܕܝܪܝܐ ܕܒܗܘ ܢܗܪܐ ܡܕܢܚ̈. ܘܒܛܠ ܕܒܒܪ ܗܘܐ ܠܗܘܢ ܐܝܟ ܒܗܘܢ̈ ܦܘܪܫܢܐ ܣܘܓܐܐ. ܘܒܪ ܠܒܫܘ. ܘܐܫܬܘܝ ܢܒܪܟܐ ܘܙܘܥ. *ܘܒܕܒܪܗ. ܘܐܗܘܒܝܗ ܒܬܪܘܢܬܐ * 67 v°. ܕܢܛܪܝܢ ܗܘܘ. ܘܫܠܡܘ ܦܘܩܕܢܐ ܠܫܘܪܐ ܕܡܕܝܢܬܐ. ܘܢܛܠܘ ܠܕܝܪܐ. ܘܒܠܘ ܠܗ ܒܕܝܪܬܐ. ܘܦܬܚܘ ܬܪܥܐ ܕܡܕܝܢܬܐ. ܘܒܠܘ ܒܡܫܪܝܬܐ. ܘܐܪܡܝܘ ܒܗ ܢܘܪܐ ܬܠܬܐ ܐܝܟܢܐ ܗܘܘ. ܠܠܝܐ. ܗܘܘ ܒܗ ܢܛܠܝܢ ܘܢܪܡܝܢ ܘܢܫܘܩ ܒܬܫܥܐ ܕܠܐ ܢܦܩܘܢ[1]. ܘܐܬܡܒܝܘ ܒܗ ܡܛܠܬܐ ܗܘܬܪ ܡܢ ܗܘ̈ܝ ܕܐܬܚܙܝܘ ܒܬܪܝܢܐ ܘܒܕܘܒܫܬܐ. ܬܟܐܐ ܘܬܡܢܝܢ ܐܠܦܝܢ ܩ̈ܛܝܠܐ.:.

ܘܗܘܝܢ ܒܪ ܒܠ ܢܩܠܒܐ ܕܦܘܩܕܢܐ. ܕܢܐܬܐ ܠܡܕܝܢܬܐ ܘܢܛܠܐ ܠܒܝܬ ܓܢܐ ܕܥܕܬܐ ܪܒܬܐ ܕܐܝܬ ܗܘܐ ܒܗ[2]. ܘܐܝܬ ܗܘܐ ܒܗ ܒܥܕܬܐ. ܒܢܝܢܐ ܗܝܟܠܐ ܕܡܛܫܝܢ ܗܘܘ ܒܗ. ܘܐܦܩ ܐܢܘܢ ܠܟܠܗܘܢ. ܘܒܪ ܓܠ ܠܗ ܠܥܕܬܐ. ܐܕܝܢ ܘܢܝܐ ܠܝܠܒܗ ܕܡܫܝܚܐ ܕܝܢ ܗܘܐ ܒܠ ܐܘܣܬܐ ܒܗ ܒܕܒܝܚܐ. ܘܢܐܬܐ ܕܒܪܗ ܐܝܬܘܗܝ ܪܒܟܐ ܗܢܐ. ܘܦܩܕ ܠܗ. ܘܐܡܪܘ. ܕܢܠܒܗ ܕܡܫܝܚܐ ܒܪ ܡܪܝܡ ܐܝܬܘܗܝ. ܘܒܪ ܢܠܦ ܕܒܪܗ ܐܝܬܘܗܝ. ܗܢܝܢ ܢܦܠ ܒܠ ܐܦ̈ܘܗܝ ܘܣܓܕ ܠܗ. ܘܐܡܪ. ܕܗܢܐ ܐܝܬܘܗܝ: ܗܘ ܕܐܡܪ ܠܝ. ܕܦܘܩ ܠܝ ܠܡܕܝܢܬܐ. ܘܒܬܪ ܬܠܬܐ ܝܘܡܝܢ ܡܫܠܡ ܐܢܐ ܠܟ ܒܐܘܪܚܝ. ܘܦܩܕ ܡܢ ܗܘ

[1] Ms. ܢܦܩܘܢ. — [2] Ms. ܒܗ.

ܒܕܝܐ. ܘܠܐ ܬܘܒ ܐܬܡܛܠ ܐܝܟ. ܘܒ̈ܢܝܐ ܘܡܫܒܚܐ ܘܢܒܠܝ ܠܟܠܗ ܒܗܬܪܐ ܕܫܒܬܐ ܒܗ ܕܟܠܗ ܡܕܝܢܬܐ. ܘܡܫܡܠ ܠܟܠܒܐ ܕܐܡܫܚ *ܘܐܙܠ ܠܐܬܪܗ ܀ * 68 r°.

ܘܒܬܪ ܙܒܢܐ ܩܠܝܠ. ܒܪ ܡܫܒܚܐ ܪ̈ܘܡܝܐ ܒܡܕܝܢ ܕܗܘܐ. ܘܒܚܘܣܢܐ ܕܒܒܝܪܘ ܦܪ̈ܘܫܐ ܒܐܡܝܕ. ܐܬܘ ܪ̈ܘܡܝܐ ܘܐܬܟ̇ܬܫܘ ܥܡ ܦܪ̈ܘܫܐ ܗܠܝܢ ܕܡܫܒܚ ܗܘܐ ܡܘܕ ܟ̇ܠܒܐ ܦܪܘܫܐ: ܐܝܟ ܕܝܛܪܘܢܗ ܠܐܡܝܕ. ܘܐܫܬܘܫܪ ܒܠܒܗ ܡܪܒܐ ܙܒܢܐ ܘܢܘܟܪܝܐ. ܘܗܘܐ ܒܗ ܒܦܢܐ ܡܫܢܐ. ܘܐܬܚܪܝ ܕܐܬܬܐܟܠܘ ܒܗ ܢܬܝܪ ܡܢ ܣܬ̈ܡܒܐܐ ܒܬܫܡܫܐ ܡܢ ܒܦܢܐ. ܘܟܠ ܕܡܬܒ̈ܥܝܢ ܗܘܐ ܟܠ ܢܒܕܪܗ. ܘܢܚܘ ܗܘܐ ܠܗ. ܘܐܟܠ ܗܘܐ ܠܗ. ܘܒܒܬܘ ܗܘܘ ܩܪ̈ܝܬܐ. ܕܠܐ ܒܒܢܝܢ ܘܕܠܐ ܚܘܫܒܢ ܀

ܘܐܝܬ ܗܘܐ ܠܡܠܟܐ ܐܝܣܛܘܣ. ܪܒ ܢܚܠܐ ܕܡܫܒܚܗ ܗܘܐ ܩܪ̈ܝܣܘ. ܗܢܐ ܒܛܠ ܠܦܪ̈ܘܫܐ. ܘܐܠܝܨ ܩܛܠܗ ܠܕܦܫܗ ܒܐܡܝܕ. ܘܒܪ ܚܙܐ ܠܗܘܢ ܠܦܪ̈ܘܫܐ: ܒܒܗ ܡܢ ܪ̈ܘܡܢܐ ܡܠܬܐ ܕܡܫܝܢܐ. ܘܢܐܡܪܘܢ ܠܗܘܢ ܕܠܐ ܢܬܗܪܘܢ ܐܝܟܢ. ܘܢܦܩܘܢ ܘܢܐܙܠܘܢ ܒܠܝܕ ܠܐܬܪܗ. ܘܦܬܫܗ ܠܡܕܝܢܬܐ. ܒܬܪ ܒܩܘܒܠܬܐ. ܘܢܦܩܘ ܘܐܙܠܘ ܠܐܬܪܗܘܢ ܒܫܝܢܐ. ܐܝܟ ܡܘܕܝܐ ܕܗܘܐ ܠܗܘܢ ܡܢ ܩܪ̈ܝܣܘ ܪܒ ܢܚܠܐ ܕܪ̈ܘܡܝܐ ܀

ܚܙܘ ܐܚ̈ܝ ܠܚܝܠܘܬܐ ܘܠܒܨܝܪܘܬܐ ܕܡܫܡܠܝܬ̈ܐ[1] ܒܒܪܐ ܐܘ̈ܠܝܢܐ ܕܒ̈ܬܝܢ ܟܠ ܡܫܘܚ̈ܬܗܘܢ. ܛܘܒܘ̈ܗܝ ܠܒ̈ܢܝ ܕܥܠܠܐ ܡܢ ܫܘܠܡܐ. ܘܥܒܪ ܡܢ ܒܫ̈ܝܢܬܗ. ܘܡܬܦܝܣܐ ܠܗܘܬ ܐܠܗܐ. ܘܡܩܒܪ ܬܫܒܘܚܬܐ. ܘܬܐܒ ܡܢ *ܒ̇ܥܠܬܗ: * 68 v°. ܕܒܗܝܐ ܒܠܒܒܐ ܢ̇ܫܬܘܒ ܡܢ ܐܘ̈ܠܝܢܐ. ܘܡܢ ܫܡܬܐ. ܘܬܠܡܝ ܡܬܦܒܪܐ ܡܢ ܚܒܝܐ. ܘܡܢ ܬܫܝܡܐ. ܘܐܒܕܝܢ ܡܒܡܐ ܘܡܟܒܪ ܐܝܟ ܒܫ̈ܠܡܘܗܝ, ܘܒܒ̈ܫܬܗ. ܘܠܐ ܫܠܐ ܘܠܐ ܥܒܪ ܡܒܝܘܢ. ܗܘܪܒܐ ܢ̇ܫܠܛ ܒܠܗܘܢ, ܐܠܗܐ ܟܠ ܒܡ̈ܠܬܐ ܘܟܠ ܐܘ̈ܠܝܢܐ ܘܟܠ ܬܫ̈ܝܡܬܐ. ܕܐܝܟ ܗܠܝܢ. ܘܕܒܝܫ ܡܢ ܗܠܝܢ. ܘܒܗܘ

[1] Ms. ܕܡܫܡܠܝܬ̈ܢ.

ܒܠܒܟܐ ܢܕܬ ܢܘܪܐ ܕܚܘܒܐ. ܘܫܒܘܒܐ ܦܪܐ. ܘܠܒܟܐ ܕܕܘܘܢܐ. ܘܬܘܠܒܐ ܕܠܐ ܫܠܬܐ. ܘܠܝܬ ܠܗ ܠܐ ܡܦܝܓܢܐ ܘܠܐ ܡܫܘܚܠܢܐ. ܘܠܐ ܡܬܦܟܠ ܣܠܩܘ̈ ܠܐ ܓܠܘܬܐ ܘܠܐ ܒܣܘܬܐ ܘܠܐ ܦܘܪܢܐ ܀

ܡܪܢܐ ܢܫܠܡ ܠܝ ܡܢ ܒܢܝܫܬܐ ܠܛܒܬܐ. ܡܪܢܐ ܢܫܡܥ ܠܝ ܬܘܒܗ̈ ܘܬܘܬ ܢܦܫܐ. ܘܢܬܠ ܠܝ ܫܪܬܐ ܠܛܒܬܐ ܗܝ ܕܡܠܝܟܐ ܠܥܒܕܐ ܕܫܠܡܐ. ܡܪܢܐ ܢܦܩܕ ܒܠܝ ܪ̈ܚܡܘ ܘܚܢܢܗ. ܘܠܐ ܢܪܦܐ ܡܢ ܢܛܝܪܘܬܗ. ܘܢܫܒܘܩ ܚܘ̈ܒܝܢ ܘܢܫܘܐ ܢܛܪܝܢ ܒܚܢܢܗ. ܘܢܥܒܕ ܥܡܢ ܐܝܟ ܪ̈ܚܡܘܗܝ ܒܢ̈ܝܫܐ ܘܡܢܗܪܐ. ܘܢܬܠܝ ܒܠܝܢ ܚܝܘܗܝ ܘܫܠܡܗ. ܘܐܦܩ ܠܐ ܥܘܕܢ. ܐܠܐ ܢܬܒܝܬ ܒܚܒܢ ܐܝܟ ܛܝܒܘܬܗ ܘܡܪܚܡܢܘܬܗ. ܘܐܝܟ ܣܘܓܐܐ ܕܡܪܚܡܢܘܬܗ. ܡܛܠ ܕܛܒܐ ܘܡܪܚܡܢܐ ܘܡܠܐ ܪ̈ܚܡܐ ܐܝܬܘ̈. ܘܠܝܢ ܢܗܘܐ ܠܗ ܫܘ̈ ܘܬܘܕܝܬܐ. ܘܠܐܒܘ̈ ܀ ܫܠܡ ܗܘ ܫܪܒܐ[1] ܀

܀ ܬܘܒ[2] ܀ ܬܘܒ[3] ܒܫܒܬ . ܡܟܝܠ . ܕܛܘ̈ܒܢܐ. ܐܫܬܐܠܬ ܗܘܐ ܡܘܦܩܐ ܒܪ ܡܘܗܒܒ. ܓܒܪܐ ܒܝܫܐ ܘܡܫܝܢܐ *ܘܡܢܗܪܐ. ܡܢ ܚܕ ܣܛܢܐ ܘܫܘܠܛܐ ܘܦܪܘܫܝܐ ܕܦܘܠܚܢܗ (* 69 r°.) ܒܫܘ ܙܒܢܐ ܘܕܪܐ. ܘܐܡܪܐ ܒܒܝܫܐ. ܕܢܦܫܐ ܒܝܫܐ. ܠܒܟܐ ܒܝܫܐ. ܘܐܝܟ ܕܢܦܫ ܒܒܝ̈ܫܬܐ ܕܒܫܘ ܕܪܐ. ܫܠܬܐ ܒܠܝܗܘܢ ܐܠܗܐ. ܐܘ ܙܒܢܐ ܛܒܐ. ܐܘ ܙܒܢܐ ܒܝ̈ܫܐ ܘܡܢܗܪܐ. ܐܘ ܒܦܢܝܐ ܐܘ ܡܘܬܢܐ. ܐܘ ܡܒܝܫܘܬܐ ܕܪܘܚܢܐ ܐܝܟܐ ܐܝܟ ܕܗܘ. ܐܝܟ ܕܢܬܪܕܘܢ ܘܢܬܘܒܘܢ ܀

ܘܒܪ ܕܝܢ ܐܫܬܐܠܬ ܗܢܐ ܡܘܦܩܐ. ܒܠ ܓܒܪܢܐ ܘܒܠ ܡܘܪ̈ܝܒܐ. ܬܠܬ ܥܘ̈ܣܝܢ: ܫܢܝ̈ ܐܠܦ ܠܒܝܫܬܐ. ܒܥ̈ܡܠܐ ܘܒܡܬܕܐܬܐ ܘܒܫܘܦ ܪܘܚܐ. ܘܗܘܐ ܒܦܠܢܐ ܪܒܐ ܒܗܘܢ ܢܩܒܬܐ. ܘܡܢܬܗ ܫܢܝ̈ܫܐ ܐܝܟ ܦܠܓܘܢܐ. ܘܦܩܕܘ ܒܪ ܢܦܫ ܒܥܩܘܬܐ. ܘܠܝܬ ܕܢ ܕܦܠܚܢ ܀ ܘܐܝܕܒܢ ܚܒܪܐ ܒܙܘܢܐ. ܡܢ ܒܠܬ ܕܠܐ ܦܫ ܠܐ ܕܗܘܐ ܘܠܐ ܡܐܡܪܐ

[1] Voces minio scriptae. — [2] Numerus in margine scriptus. — [3] Vox minio scripta.

ܒܐܝܕܝ̈ ܒܢܝ̈ܢܫܐ. ܡܢ ܦܘܩܕܢܗ ܦܪܕܐܬܐ ܘܦܩܠܐ ܕܐܚܪܐ ܀ ܘܒܦܢܝܗܘܢ ܢܬܬܠܐ ܢܦܩܘ ܕܐܬܐ ܢܬܒܠܐ. ܘܐܟܠܘ ܒܢ̈ܝܫܐ ܡܫܟܢܐ. ܘܬܠܐ ܐܚܪܢܐ ܠܠܘܒܟܐ ܠܒܟܐ ܕܐܒܪܐ ܒܡܕܠܐ ܕܟܠܗܘܢ ܒܢ̈ܝܫܐ ܕܐܬܪܗ. ܐܝܟ ܕܠܬܟܪܗܘܢ ܘܠܫܘܠܛܢܗܘܢ ܘܡܣܓܕܗܘܢ. ܘܐܬܐܠܨܘ ܒܢ̈ܝܫܐ ܦܠܚܘ. ܘܦܫܘ ܒܐܘܠܨܢܐ ܪܒܐ ܘܒܒܘܬܐ. ܘܟܠܗ ܠܘܬ ܐܠܗܐ. *ܘܒܝܕܘ ܒܒܘܬܐ. * 69 v°.
ܘܦܪܒܘ ܕܬܒܠܐ ܠܐܠܗܐ. ܕܢܦܝܫܐ ܒܒܥܘܬܗܘܢ ܐܘܠܨܢܐ ܕܪܚܡ ܗܘܐ ܒܗ. ܘܐܠܗܐ ܡܪܚܡܢܐ ܦܩܕ ܕܫܒܝܗܘܢ ܘܫܒܩ ܒܒܘܬܗܘܢ. ܒܕܦܪܢܣ ܗܘ ܠܬܒܝܪ̈ܝ ܠܒܐ. ܘܠܒܐ ܚܫܝܫܐ ܐܠܗܐ ܠܐ ܒܣܠܐ. ܐܝܟ ܕܟܠܗܘܢ ܢܒܝܘܬܐ. ܘܐܒܝܫܘܬܗ ܡܢ ܫܠܝܚܐ. ܘܐܫܠܛ ܐܠܗܐ ܥܠܘ̈ ܐܢܫܝܢ ܕܠܐ ܪܚܡܐ ܘܕܠܐ ܢܦܫܐ. ܘܢܓܕܘ ܒܠܗ ܡܫܘܗ. ܘܢܓܕܘ ܐܚܘܗܝ ܘܒܢܘܗܝ ܘܒܢܬܗ. ܘܒܢܫܘܗܝ ܘܕܪܘܒܬܗ. ܘܫܒܩ ܘܦܢܘ ܒܠܗ ܒܡܬܪܬܐ ܕܒܝܬܐ ܗܘܐ. ܘܗܘܬ ܠܗ ܚܪܬܐ ܒܫܒܝܬܐ ܘܒܓܪܘܬܐ. ܘܐܝܟܢ ܡܪܢܐ ܒܟܠܗ ܒܪܢܫܐ. ܘܒܒܝܬ ܘܐܙܠ ܠܝܘܡܢܐ ܀

ܡܪܢܐ ܕܠܐ ܢܡܘܬ ܠܗ. ܘܚܢ ܐܚܘܢ ܒܟܠܗܘܢ ܫܡܥܬ ܘܐܘܠܝܢ: ܒܐܠܗܐ ܡܪܚܡܢܐ ܙܕܩ ܠܢ ܕܢܬܟܫܦ ܘܠܗ ܢܦܝܣ ܘܢܬܪܥܐ. ܘܐܝܟ ܢܬܚܢܢ. ܕܢܓܒܐ ܠܢ. ܘܕܢܬܪܚܡ ܥܠܝܢ. ܘܠܐ ܢܗܦܘܟ ܐܦܘ̈ܗܝ ܡܢܢ. ܘܕܢܫܡܠܐ ܠܢ ܡܢ ܒܢ̈ܝܬܐ ܛܘܒܬܐ. ܘܢܬܠ ܠܢ ܕܢܣܒܐ ܢܦܩ̈ܬܢ. ܘܠܐ ܢܬܪܢ ܠܐܒܕܢܐ. ܘܢܫܒܘܩ ܚܘ̈ܒܝܢ ܘܚܛܗܝܢ. ܘܚܘܣܝܐ ܠܢ ܘܢܦܫܐ ܠܚܝ̈ܝܢ. ܘܠܟܠܗܘܢ ܥܢ̈ܕܝܐ ܡ̈ܗܝܡܢ″. ܒܝܕ ܛܝܒܘܬܗ ܘܡܫܘܬܦܘܬܗ ܕܒܬܘܠܬܐ″ ܡܪܝܡܬܐ ܝܠܕܬ ܐܠܗܐ ܡܪܝܡ. ܫܘܒܚܐ ܕܩܕܝܫܘܬܗ. ܘܒܨܠܘܬ ܟܠܗܘܢ ܩܕ̈ܝܫܐ″. ܘܠܐܠܗܐ ܫܘ″ ܠܥܠܡ ܥܠܡܝܢ ܐܡܝܢ ܀

⌈ܫܠܡ ܗܢܐ ܫܪܒܐ ܕܒܘܬܐ[1] ܀

[1] Voces minio scriptae.

Brit. Mus. Add. 14,683 93 r°.

ܫܘܘܕܥܐ ܕܐܝܟܢܐ
ܐܬܬܣܝܡܘܢ ܪ̈ܝܫܐ ܘܫܪ̈ܒܬܐ ܘܫܢ̈ܝܐ
ܕܡܢ ܐܕܡ ܥܕܡܐ ܠܡܘܠܕܐ ܀

ܡܛܠ ܕܝܢ ܕܐܦ ܗܘ ܠܡܫܡ̈ܥܢܐ[1] ܕܫܪܪܐ ܕܐܬܟܬܒܘܢ ܒܟܠܗܘܢ ܕܒܗܘܢ ܠܫܪܪܐ. ܐܬܡܛܠ ܠܘ ܐܦ[2] ܟܠ ܗܕܐ ܐܝܟ ܘܩܒܠܢ· ܕܒܦܬܓܡܐ[1] ܡܢ ܟܬܒ̈ܐ ܡܩ̈ܕܫܐ ܢܚܙܐ ܐܝܠܝܢ ܕܒܗܘܢ ܘܒܟܠܗܘܢ ܣܦܝܩܘܬܗܘܢ. ܐܝܟܢܐ ܕܫ̈ܘܬܦܘܬܐ ܕܡܪ̈ܕܘܬܐ ܢܬܒܥܝ ܠܗܘܢ ܫܪܪܐ ܕܐܝܠܝܢ ܕܐܠܨܐܝܬ ܡܬܒܥܝܢ. ܘܡܛܠ ܣܢܝܩܐ ܕܡܬܠܐ ܡܢ ܠܐ ܢܦܩܬܐ ܘܡܬܡܛܠ ܠܡܕܥܐ ܕܩ̈ܕܡܝܗܘܢ. ܕܐܝܟ ܐܝܠܝܢ ܕܒܪܝܬܐ ܫܪܪܐ ܝܗܒܝܢ ܠܡܕܥܗ ܠܫܪܪܐ. ܢܕܥ ܦܠܓܐ [ܕ]ܚܕܕܒܕܐ ܘܫܪ̈ܒܬܐ ܕܐܒ̈ܗܬܐ. ܘܐܦ [ܙܒܢ̈]ܐ ܕܬܘܬܒܘܬܐ. ܘܡܕܒܪܢܘܬܐ ܕܕܝ̈ܢܐ. ܘܙ̈ܒܢܐ ܕܡ̈ܠܟܐ ܘܕ̈ܒܝܐ. ܘܐܝܠܝܢ ܗܘܘ ܒܝܘܡܝ ܐܝܠܝܢ ܡ̈ܠܟܐ. ܘܫ̈ܢܝܐ ܕܗܘܘ ܠܥܠܡܐ. ܒܝܘܡܝ ܐܝܠܝܢ ܡ̈ܠܟܐ ܘܕ̈ܝܢܐ. ܘܐܝܠܝܢ ܒܫܢܐ. ܘܐܝܟܢܐ ܡܬܝܒܠ ܙܒܢܐ ܕܐܒ̈ܗܬܐ ܘܡܫܬܠܡ ܒܡܢܝܢܐ. ܘܒܟܡܐ ܫ̈ܢܝܢ ܡܬܡܠܝܢ ܡܢ ܬܪܬܝܢܬܗ ܕܥܠܡܐ ܘܥܕܡܐ ܠܡܘܠܕܗ. ܒܠܗܘܢ ܗܟܝܠ ܐܝܟ ܕܒܦܬܓܡܐ[1] ܚܙܝ. ܠܘ ܒܐܘܡܢܘܬܐ ܕܠܦܬܪ ܐܠܐ ܒܫܪܪܘܬܐ ܕܡܢ ܟܬܒܐ ܀

*ܡܫܪܝܢ ܗܟܝܠ ܒܡܠܬܐ ܡܢ ܫܘܪܝܐ ܕܒܪܝܬܐ ܀ * 93 v°.

ܗܠܝܢ ܠܢ ܬܠܬܐ ܕܫܡܝܐ ܘܐܪܥܐ. ܒܝܘܡܐ ܕܒܪܐ ܐܠܗܐ ܠܐܕܡ. ܒܨܠܡ ܐܠܗܐ ܒܪܝܗ. ܕܟܪ ܘܢܩܒܬܐ ܒܪܐ ܐܢܘܢ ܀

ܘܐܕܡ ܚܝܐ ܡܐܬܝܢ[3] ܘܬܠܬܝܢ ܫ̈ܢܝܢ ܘܐܘܠܕ ܠܫܝܬ ܀

ܫܝܬ ܚܝܐ ܡܐܬܝܢ ܘܚܡܫ ܫ̈ܢܝܢ. ܘܐܘܠܕ ܠܐܢܘܫ ܀

ܐܢܘܫ ܚܝܐ ܡ̈ܐܬܝܢ ܘܬܫܥܝܢ ܫ̈ܢܝܢ. ܘܐܘܠܕ ܠܩܝܢܢ ܀

ܩܝܢܢ ܚܝܐ ܡܐܐ ܘܫܒܥܝܢ ܫ̈ܢܝܢ. ܘܐܘܠܕ ܠܡܗܠܠܐܝܠ ܀

[1] Puncta plur. desunt. — [2] Ms. ܘܐܦ. — [3] Ms. ܡܐܬܝܢ.

ܡܗܠܠܐܝܠ ܚܝܐ ܡܐܐ ܘܫܬܝܢ ܘܚܡܫ ܫ̈ܢܝܢ. ܘܐܘܠܕ ܠܝܪܕ ܀

ܝܪܕ ܚܝܐ ܡܐܐ ܘܫܬܝܢ ܘܬܪ̈ܬܝܢ ܫ̈ܢܝܢ. ܘܐܘܠܕ ܠܚܢܘܟ ܀ ܘܟܕ ܗܘܐ ܝܪܕ ܒܪ ܐܪ̈ܒܥܝܢ ܫ̈ܢܝܢ. ܫܠܡ ܐܠܦܐ ܩܕܡܝܐ[1] ܀

ܚܢܘܟ ܚܝܐ .ܩܣܗ. ܫܢܝܢ ܘܐܘܠܕ [ܠܡܬܘܫ]ܠܚ ܀

ܡܬܘܫܠܚ ܚܝܐ .ܩܣܙ. ܫ̈ܢܝܢ ܘܐܘܠܕ ܠܠܡܟ ܀

ܠܡܟ ܚܝܐ .ܩܦܚ. ܫܢܝܢ. ܘܐܘܠܕ ܠܢܘܚ ܀

ܢܘܚ ܚܝܐ ܚܡܫܡܐܐ ܫ̈ܢܝܢ. ܘܐܘܠܕ ܬܠܬܐ ܒ̈ܢܝܢ. ܠܫܡ ܘܠܚܡ ܘܠܝܦܬ ܀ ܘܟܕ ܗܘܐ ܢܘܚ ܒܪ .ܫܢܚ. ܫ̈ܢܝܢ. ܫܠܡ ܐܠܦܐ ܕܬܪܝܢ[1] ܀ ܘܒܬܪ ܡܐܐ ܫ̈ܢܝܢ ܠܡܠܝܘܬܗ ܕܢܘܚ ܗܘܐ ܛܘܦܢܐ. ܒܫܢܬ ܫܬܡܐܐ ܘܐܪ̈ܒܥܝܢ ܠܢܘܚ ܀ ܗܘܝܢ ܗܟܝܠ ܫ̈ܢܝܐ ܡܢ ܐܕܡ ܥܕܡܐ ܠܛܘܦܢܐ. *ܬܪ̈ܝܢ ܐ̈ܠܦܝܢ ܘܡ̈ܐܬܝܢ ܘܐܪ̈ܒܥܝܢ ܘܬܪ̈ܬܝܢ[1]. ܫܪܒܬܐ ܒܢܗܪ[2] ܀ * 94 r°.

ܗܠܝܢ ܬܘܠܕܬܗ[3] ܕܫܝܡ ܀ ܫܝܡ ܒܪ ܡܐܐ ܘܬܪ̈ܬܝܢ ܫ̈ܢܝܢ ܐܘܠܕ ܠܐܪܦܟܫܕ. ܒܫܢܬ ܬܪ̈ܬܝܢ ܕܛܘܦܢܐ ܀

ܐܪܦܟܫܕ ܚܝܐ .ܩܠܗ. ܫ̈ܢܝܢ ܘܐܘܠܕ ܠܫܠܚ ܀

ܫܠܚ ܚܝܐ .ܩܠ. ܫ̈ܢܝܢ ܘܐܘܠܕ ܠܥܒܪ ܀

ܥܒܪ ܚܝܐ .ܩܠܕ. ܫ̈ܢܝܢ ܘܐܘܠܕ ܠ[ܦ]ܠܓ. ܘܒܝܘܡܬܗ ܐܬܦܠܓܬ ܐܪܥܐ. ܫܪܒܬܐ ܗ̈ܘܝ ܚܡܫ[2]. ܫ̈ܢܝܐ ܐ̈ܪܒܥܡܐܐ ܘܬܪ̈ܬܝܢ[1] ܘܡܢ ܐܕܡ ܫܪܒܬܐ .ܝܗ.[2] ܫ̈ܢܝܐ ܬܪ̈ܬܝܢ ܐ̈ܠܦܝܢ ܘܫܬܡܐܐ ܘܐܪ̈ܒܥܝܢ ܘܬܪ̈ܬܝܢ[1] ܀

ܦܠܓ ܕܝܢ ܒܬܪ ܫܢܝܐ .ܩܠ. ܐܘܠܕ ܠܐܪܥܘ ܀

ܐܪܥܘ ܒܬܪ ܫ̈ܢܝܐ .ܩܠܒ. [ܐܘܠܕ ܠܣܪܘܓ ܀ ܘ]ܒܝܘܡܬܗ ܫܪܘ [ܒܢ̈ܝܢܫܐ ܠܡܣܓܕ ܦ]ܬܟܪ̈ܐ. ܘܠܡ[ܕܒ]ܚܘ ܕ[ܒ̈ܢܝܐ]. ܘܠܡܒܢܐ ܡܕ̈ܝܢܬܐ: ܘܠܡܣܓܕܘ ܘܠܡܫܡܫܘ ܠܫ̈ܐܕܐ ܀

ܣܪܘܓ ܒܬܪ ܫ̈[ܢ]ܝܐ .ܩܠ. ܘܐܘܠܕ ܠܢܚܘܪ. ܘܟܕ ܗܘܐ ܣܪܘܓ ܒܪ .ܟܓ. ܫ̈ܢܝܢ ܫܠܡ ܐܠܦܐ ܕܬܠܬܐ[1] ܀

ܢܚܘܪ ܒܬܪ ܫ̈ܢܝܐ .ܥܛ. ܐܘܠܕ ܠܬܪܚ ܀

[1] Voces minio scriptae. — [2] Vox minio scripta — [3] Puncta plur. desunt.

ܬܪܝܢ ܒܬܪ ܫܒܥܐ. ܒ. ܡܦܠܓ ܠܐܒܪܗܡ ܀

ܐܬ̈ܬܘ ܗܘܐ ܕܝܢ ܐܒܪܗܡ ܒܪ ܫܢܝܢ. ܥܗ. ܟܕ ܦܩܕ ܠܗ

ܐܠܗܐ ܕܢܦܘܩ ܡܢ ܒܝܬ ܐܒܘܗܝ * ܘܢܐܬܐ ܠܐܪܥܐ ܐܚܪܬܐ * 94 r°.

ܕܟܢܥܢ ܀ ܗܘܝܢ ܗܟܝܠ ܡܢ ܦܘܠܓܐ ܕܐܪܥܐ ܥܕܡܐ

ܕܐܬܬܐ ܐܒܪܗܡ ܠܐܪܥܐ ܕܟܢܥܢ. ܕܪ̈ܐ ܫܒܥܐ[1] ܫܒܥܐ

ܬܫܥܡܐܐ ܘܫܒܥܝܢ[2] ܘܡܢ ܐܕܡ ܕܪ̈ܐ ܒܫܢ̈ܝܢ[1]

ܫܒܥܐ ܬܠܬܐ ܐܠܦܝܢ ܘܡܐܬܝܢ ܘܫܬܝܢ[2] ܀

ܒܫܢܬ ܐܒܪܗܡ ܒܐܪܥܐ ܕܟܢܥܢ ܫܒܥܐ. ܨܗ. ܘܐܘܠܕ

ܠܐܝܣܚܩ ܀

ܐܝܣ[ܚ]ܩ ܕܝܢ ܒܪ ܫܒܥܐ. ܣܕ. ܡܦܠܓ ܠܝܥ[ܩܘ]ܒ ܀

ܝܥܩܘܒ ܕܝܢ ܒܬܪ ܫܒܥܐ. ܦܘ. ܡܦܠܓ ܠܠܘܝ ܀

ܠܘܝ ܕܝܢ ܒܬܪ ܫܒܥܐ. ܡܗ. ܡܦܠܓ ܠܩܗܬ ܀

ܩܗܬ ܕܝܢ ܒܬܪ ܫܒܥܐ. ܣ. ܡܦܠܓ ܠܥܡܪܡ ܀

ܥܡܪܡ ܕܝܢ ܒܬܪ ܫܒܥܐ. ܒ. ܡܦܠܓ ܠܐܗܪܘܢ ܀ ܒܫܢܬ

ܕܝܢ. ܦܓ. [ܕܐܗܪܘܢ ܢܦܩܘ] ܒܢܝ ܐܝܣܪܝܠ[ܐ] ܡܢ

ܐܪܥܐ ܕܡܨܪܝܢ] ܟܕ ܡܫܠܡܐ[ܝܢ] ܀ ܗܘܝܢ [ܡܢ ܐܒܪܗ]ܡ

[ܥ]ܕܡܐ ܫܒܥܐ ܐܪ̈ܒܥܡܐܐ ܘܬܠܬܝܢ[2]. ܘܒܡܕܒܪܐ

ܫܢ̈ܝܢ ܐܪܒܥܝܢ ܫܒܥܐ [ܐܪ̈]ܒܥܝܢ ܀

ܝܫܘܥ ܒܪ ܢܘܢ ܡܢ ܕܥܒܪ ܝܘܪܕܢܢ ܚܕܒܪ ܒܐܪܥܐ

ܫܒܥܐ. ܟܙ.. ܕܡܕܒܪܐ ܗܘ. ܘܡܢ ܒܬܪ ܕܐܘܪܬ ܐܪܥܐ

ܠܫܒ̈ܛܐ ܗܘܐ ܫܘܦܛܐ ܫܒܥܐ. ܟܐ. ܀ ܗܘܝܢ ܗܟܝܠ ܡܢ

ܕܐܬܬܐ ܐܒܪܗܡ ܠܐܪܥܐ ܕܟܢܥܢ ܥܕܡܐ ܕܥܒܪ ܝܫܘܥ

ܒܪ ܢܘܢ ܕܪ̈ܐ[1] ܫܒܥܐ. ܫܒܥܐ * ܐܪ̈ܒܥܡܐܐ ܘܫܒܥܝܢ * 95 r°.

ܘܫܒܥ[2]. ܘܡܢ ܐܕܡ ܕܝܢ ܕܪ̈ܐ. ܟܙ. [1]ܫܒܥܐ ܬܠܬܐ

ܐܠܦܝܢ ܘܫܒܥܡܐܐ ܘܫܬܝܢ ܘܐܪܒܥ[2] ܀

ܘܡܢ ܒܬܪ ܡܘܬܗ ܕܝܫܘܥ ܒܪ ܢܘܢ ܗܘ ܟܠܗ ܥܡܐ

ܐܫܬܠܛ ܠܫܒܛܝܢ ܫܘܦܛܐ ܕܝܠܗ ܘܫܒܩܘܗܝ ܘܦܠܚܘܗܝ ܥܡܡ

ܬܪ̈ܥܐ. ܘܗܘ ܚܝܒ ܠܗܘܢ ܐܠܗܐ. ܘܫܡ ܠܗܘܢ ܫܘܦܛܐ

ܒܐܬܪܐ (ܐܝܣܪܝܠ)[3] ܕܡܠܟ ܕܘܟܪ ܡܢܗ. ܕܐܬܬܘ̈ ܡܢ

[1] Vox minio scripta. — [2] Voces minio scriptae. — [3] Deest in ms., spatio vacuo relicto.

ܡܠܟܘܬܐ ܕܝܗܘܕܝܐ. ܗܢܐ ܐܬܒܢܝܬ ܒܝܬ ܫܘܫ ܘܡܠܟܗ. ܘܐܫܬܠܛ ܥܠ ܒܒܠ ܫ̈ܢܝܐ ܐܪ̈ܒܥܝܢ[1] ܀ ܘܬܘܒ ܒܪ ܢܦܠܘ ܐܫܬܠܛܘ ܠܡܠܟܘܢ ܕܟܠ[ܕ]ܝܐ ܕܒܒܐܝܠ. ܘܦܠܘܣ″ ܫ̈ܢܝܢ .ܟܚ. ܀ ܘܒܬܪ ܐܬܦܢܝܘ ܡܢܗ ܠܗܘܢ ܐܠܗܐ ܠܐܬܘܪ ܠܓܠܘܬܐ ܡܢ [ܡܠܟܘܬ]ܐ ܕܐܦܪܝܡ. ܘܡܠܟ ܠ[ܟ]ܠܕ[ܝ]ܐ. ܘܐܫܬ]ܠܛ ܥܠ ܒܒܠ ܫ̈ܢܝܢ .ܦ. ܀

ܘܡܢ ܒܬ[ܪ] ܕܡܝܬ ܐܚܫܘܪ ܢܦܠܐ ܒܒܠ. ܘܐܫܬܠܡ ܠܐܟܣܘܣ ܡܠܟܐ ܕܡܕܝ ܫ̈ܢܝܢ .ܟܚ. ܀ ܘܒܝ̈ܘܡܘܗܝ ܗܢܐ ܐܬܒܛܠܬ ܕܡܕܝܐ ܐܢܬܬ ܠܐܦܢܝܬܘܪ ܡܢ ܡܠܟܘܬܐ ܕܐܦܪܝܡ. ܘܒܐܝܕܘܗܝ[2] ܐܫܬܠܛ ܥܠ ܫܠܝܐ ܒܢܝܢ ܒܪ ܐܟܝܢܐ ܡܢ ܡܠܟܘܬܐ ܕܝܗܘܕܐ. ܗܢܐ ܐܬܒܢܝܬ ܒܝܬ ܡܩܕܫܐ ܒܪ ܫܠܝܐ ܕܐܟܝܢܐ ܘܒܢܝܢܘܗܝ܁ ܘܐܫܬܠܛ ܥܠܝܗܘܢ. ܕܝܠܗ ܕܝܢ ܕܡܘܪܐ ܫ̈ܢܝܢ .ܡ. ܀

ܒܬܪ ܕܝܢ ܡܘܬܗ[3] ܕܗܘܕܐ *ܢܦܠܐ ܒܒܠܐ ܘܐܫܬܠܡ ܠܟܠܕܝܐ ܫ̈ܢܝܢ .ܥ.. ܥܠ ܗܠܝܢ ܦܘܡ ܠܒܢܝܗܘܢ ܒܪ ܐܢܬ ܒܝܗ ܬܬܟܠܐ ܠܒܢܝܢ. ܘܬܬܟܢܫܐ ܪ̈ܒܘܢ ܐܘܒܕ ܒܝܘܡܘܗܝ. ܗܢܐ ܐܫܬܠܛ ܥܠ ܒܒܠ ܫ̈ܢܝܢ ܐܪ̈ܒܥܝܢ ܀ ܐܢܬܘ″ ܗܘܐ ܕܝܢ ܡܢ ܡܠܟܘܬܐ ܕܒܢܝܐ ܀ ܒܫܢܬ ܬܠܬܝܢ ܫ̈ܢܝܢ ܠܒ̈ܢܝܗܘܢ ⸢ܐܟܠ ܐܠܦܐ ܕܐܪ̈ܒܥܐ[4] ܀ * 95 r°.

ܒܬܪ ܗܢܐ ܐܟܝܣܠܘܣ ܒܪܗ ܫ̈ܢܝܢ ܬܠܬ ܀

ܘܒܬܪ ܗܢܐ ܐܫܬܠܛ ܥܠ ܒܒܠ. ܬܘܠܒ ܒܪ ܦܘܐܐ. ܕܐܬܘܗܝ ܗܘܐ ܡܢ ܡܠܟܘܬܐ ܕܐܦܪܝܡ. ܘܐܫܬܠܛ ܫ̈ܢܝܢ .ܟܒ. ܀

ܘܒܬܪܗ ܦܘܡ ܢܐܢ ܠܒܒܝܐ ܡܢ [ܡܠܟܘܬܐ ܕ]ܒܒܠܝܐ. ܘܐܫܬܠܛ ܥܠ ܒܒܠ ܫ̈ܢ[ܝܢ .ܟܒ.] ܀

ܘܒܬܪ ܗܢܐ ܢܦܠܐ ܒܒ[ܠܐ ܘܐܫܬܠܡܘ] ܠܒܒܘܠܝܐ. ܫ̈ܢܝܢ .ܟܚ.[ܘܒܗ ܬܘܒ ܠܗܘܬ][5] ܐܠܗܐ ܘܦܩܕ ܠܗܘܢ ܦܘܪܢܐ

[1] In marg. : .ܒܡ ܐܘܪܝܐ ܕܐܬܝܗܒ ܚܘܒܠܐ. — [2] Ms. ܘܗ″. — [3] Ms. ܘܠ″. — [4] Voces minio scriptae. — [5] Ex Exc. Barbari (Schöne, *Euseb.*, I, App., p. 196) et *Chron. Pasch.*, p. 150, supplevi.

ܢܦܠܬ ܦܠܓܘܬܐ ܡܢ ܥܕܬܐ ܕܩܕܝܫܐ. ܘܐܫܬܠܛ ܫܢ̈ܝܢ
ܫܬ[1] ܀
ܘܒܬܪ ܗܢܐ ܐܫܬܠܛ ܐܒܪܗܡ ܕܗܘܐ ܢܝܫܘܢ ܡܢ ܒܝܬ
ܠܦܛ ܡܢ ܥܕܬܐ ܕܡܚܘܙܐ ܫܢ̈ܝܢ ܥܣܪ ܀
ܘܡܢ ܒܬܪ ܗܢܐ ܐܫܬܠܛ ܐܠܗܢ ܕܡܢ ܙܒܢܐ ܡܬܝܢܐ
ܚܡܪ ܀
ܘܒܬܪ ܗܢܐ ܐܫܬܠܛ ܒܒܪܘܢ ܕܗܘܐ ܠܒܪܘܢ ܡܢ
ܥܕܬܐ ܕܐܦܪܝܡ ܫܢ̈ܝܢ ܬܡܢܐ ܀
(* 96 r°.) ܘܡܢ ܒܬܪ ܗܢܐ ܢܬܠܐ ܒܒܟܐ. ܘܐܫܬܠܛ *ܠܦܛܪܝܪܟܘܬܐ
ܫܢ̈ܝܢ .ܟ.. ܘܒܪ ܐܬܦܢܝܘ ܩܡ[2] ܥܡܘܕܐ ܒܪ ܟܝܘܫ ܡܢ
ܥܕܬܐ ܕܕܢ. ܗܘ ܕܐܡܪܢ ܥܡܗ ܦܛܪܝܪܟܘܬܐ ܘܐܫܬܠܛ
ܫܢ̈ܝܢ .ܟܘ.[3] ܀
ܘܒܬܪ ܗܢܐ ܐܫܬܠܛ ܫܡܥܘܢ ܫܢ̈ܝܢ ܬܠܬ ܀
ܘܒܬܪ ܗܢܐ ܒܠܝ ܒܗܢܐ ܕܢ ܠܒܒܐ ܫܢ̈ܝܢ .ܟܘ. ܀
ܘܒܬܪ ܗܢܐ ܡܫܡܐܝܠ[4] ܢܒܝܐ ܗܘ ܕܡܫܝܚ ܠܫܐܘܠ[5]
ܠܡܠܟܘܬܐ. ܒܬܪܗ ܡܫܡܐܝܠ ܐܘܦܝ ܡܐܡܘܬܐ
ܡܢ ܦܛܪܝܪܟܘܬܐ. ܘܐܬܠܝܗ ܠܒܝܬܗ ܕܐܒܝܢܕܒ. (ܘ)ܡܠܟ[6]
ܬܡܢ ܫܢ̈ܝܢ .ܟܘ. ܀ ܘܒܬܪ ܗܢܐ ܙܒܢܐ ܒܪ ܐܡܠܟܝ
ܕܐܘܝܕ ܐܚܝܡܗ ܡܢ ܒܝܬ ܐܒܝܢܕܒ. ܘܒܪ ܡܩܡ ܠܗ
ܐܚܝܬܘܦܠ ܬܘܪܐ. ܘܒܪ ܐܒܝܕ ܒܐܘܪܐ ܐܬܡܫܚ. ܘܒܪ ܕܝܠ
ܕܐܘܝܕ. ܐܡܠܟܗ ܠܫ[ܠ]ܝܡܘܢ ܕܒܘܟܪܐ ܐܚܘܗܝ ܒܚܝܠܐ.
ܘܡܠܟ ܬܡܢ ܫ̈ܢܝܐ ܬܠܬܐ ܀
ܐܡܠܟܝ ܕܝܢ ܡܫܐܠ ܫܢ̈ܝܢ .ܟ.. ܐܝܬ ܗܘܐ ܠܗ ܕܝܢ
ܬܡܢ ܐܦ ܚܢܢܐ ܐܒܝܢܕܒ. ܗܘ[7] ܕܝܢ ܡܫܡܐܝܠ ܐܦ
ܠܕܐܘܝܕ ܡܫܚ ܠܡܠܟܘܬܐ. ܗܢܘܢ ܗܟܝܠ ܡܢ ܕܒܝܬ
ܢܘܚ ܒܪܗ ܒܕܡܐ ܕܢܣܒ ܡܠܟܘܬܐ ܗܘ ܕܐܝܬܘܗܝ"
ܡܢ ܥܕܬܐ ܕܡܗܘܙܐ. ܫ̈ܢܝܐ ܐܪ̈ܒܥܡܐܐ ܘܬܫܥܝܢ[8]
ܕܪ̈ܐ ܥܒܕܐ[9]. ܡܢ ܐܕܡ ܕܝܢ ܫ̈ܢܝܐ ܐܪ̈ܒܥܐ ܐܠܦܝܢ

[1] Ms. . ܫܘ . (quasi litterae numerales). — [2] Sequitur in ms. ܒ. — [3] In marg. : ܐܝܟ ܒܫܢܬ .ܩ. — [4] Ms. ܫܡܘܐܝܠ. — [5] Ms. ܫܐܘܠ. — [6] Ms. "ܘ. — [7] Ms. ܗܘ. — [8] Voces minio scriptae. — [9] Vox minio scripta.

ܘܡܐܬܝܢ *ܘܐܪ̈ܒܥܝܢ ܘܫܒܥ[1]. ܕܪ̈ܐ ܬܠܬܝܢ[7] * 96 v°.
ܘܐܪ̈ܒܥܐ[1] ܀

ܒܬܪܗܘܢ ܡܠܟ ܕܐܘܝܕ ܫܢ̈ܝܢ ܡ. ܘܝܪ̈ܚܐ ܫܬܐ. ܒܚܒܪܘܢ ܫܒܥ ܫܢ̈ܝܢ ܘܝܪ̈ܚܐ ܐܫܬܐ. ܘܒܐܘܪܫܠܡ ܫܢ̈ܝܢ. ܠܓ. ܀ ܒܝܘܡܘܗܝ ܗܘܐ ܢܬܢ ܢܒܝܐ[2] ܐܒܝܬܪ ܒܪ ܐܚܝܡܠܟ[3]. ܘܡܢ ܫܪܒܬܐ ܐܚܪܬܐ ܗܘܐ″ ܨܕܘܩ ܟܗܢܐ ܀ ܡܬܢܒܝܢ ܕܝܢ ܒܝܘܡܘܗܝ ܕܐܘܝܕ. ܓܕ ܘܐܣܦ ܘܝܬܢ ܀ ܟܕ ܣܠܩܐ ܕܝܢ ܐܬܐ ܗܘܐ ܠܗ ܠܕܐܘܝܕ. ܝܘܐܒ ܒܪ ܨܪܘܝܐ. ܗܢܐ ܡܢܝܢܐ ܠܥܡܐ ܕܒܢ̈ܝ ܐܝܣܪܐܝܠ. ܘܗܘܐ ܡܢܝܢܐ ܕܡܢܐ ܝܘܐܒ ܒܪ ܨܪܘܝܐ. ܢܦ̈ܫܬܐ ܕܒܢ̈ܝ ܐܝܣܪܐܝܠ. ܐܠܦ ܘܡܐܐ ܐܠܦܝܢ. ܕܒܢ̈ܝ ܝܗܘܕܐ ܕܝܢ ܐܪܒܥܡܐܐ ܘܫܒܥܝܢ ܐܠܦܝܢ ܀ ܠܘܝ ܕܝܢ ܘ[ܒܢܝܡܝܢ ܠܐ] ܐܬܡܢܝܘ ܀ ܘܡܘܬܢܐ ܕܝܢ ܕܐܝܠܝܢ ܕܢܦܠܘ ܡܢ ܐܝܣܪܐܝܠ ܫܒܥܝܢ ܐܠܦܝܢ ܀

ܒܬܪ ܕܝܢ ܕܐܘܝܕ ܫܠܝܡܘܢ ܒܪܗ ܫܢܝܢ ܡ. ܀ ܘܒܫܢܬ ܐܪ̈ܒܥ ܕܫܠܝܡܘܢ ܫܪܝ ܕܢܒܢܐ ܒܝܬܐ ܠܡܪܝܐ ܀ ܘܒܝܘܡܬܗ ܗܘܘ ܐܬܢܒܝܘ ܗܠܝܢ ܢܒ̈ܝܐ ܘܐܚܝܐ ܕܡܢ ܫܝܠܘ[4]. ܘܥܕ ܚܙܝܐ ܨܕܘܩ ܀

ܒܬܪ ܗܢܐ ܡܠܟ ܪܚܒܥܡ ܒܪܗ ܫܢܝܢ ܝܙ. ܀ ܒܝܘܡܘܗܝ
ܗܢܐ ܐܬܦܠܓܬ ܡܠܟܘܬܐ. ܘܐܡܠܟ *ܝܪܒܥܡ ܒܥܒܕܐ * 97 r°.
ܕܫܠܝܡܘܢ ܥܠ[5] ܫܒܛ̈ܐ ܕܐܦܪܝܡ ܀ ܘܡܬܢܒܝܢܐ ܕܝܢ ܗܘܘ ܒܝܘܡܘܗܝ ܕܪܚܒܥܡ ܐܚܝܐ ܫܝܠܘܢܝܐ. ܘܫܡܥܝܐ ܒܪܗ (ܘ)ܒܬܪܗ[6] ܠܗܘ ܀[7]

ܒܬܪ ܗܢܐ ܡܠܟ ܐܒܝܐ ܒܪܗ ܫܢܝܢ ܓ. ܀

ܒܬܪ ܗܢܐ ܡܠܟ ܐܣܐ ܒܪܗ ܫܢܝܢ ܡܐ. ܀ ܗܢܐ ܒܣܝܒܘܬܗ ܗܘܐ ܠܗ ܟܐܒ ܪ̈ܓܠܐ ܀ ܐܬܢܒܝ ܕܝܢ ܒܝܘܡܘܗܝ ܚܢܢܝܐ ܀

ܒܬܪ ܗܢܐ ܡܠܟ ܝܗܘܫܦܛ ܒܪܗ ܫܢܝܢ ܟܗ. ܀ ܒܝܘܡܘܗܝ

[1] Voces minio scriptae. — [2] Puncta plur. desunt. — [3] Hic in marg. scriptum est ܚܕܐ. — [4] In marg. ܫܡܥܝܐ. — [5] Ms. ܥܡ. — [6] Ms. ܒܪ″; locus videtur corruptus esse. — [7] Hic in marg. scriptum est ܫܢܝ.

ܗܢܐ ܡܬܢܒܝܐ ܐܠܝܐ ܘܡܝܟܐ ܒܪ ܝܡܠܐ ܘܥܘܒܕܝܐ
ܒܪ ܚܢܢܐ. ܒܝܘܡܘ̈ܗܝ[1] ܕܝܢ ܕܡܝܟܐ ܐܝܬ ܗܘܐ ܢܒܝܐ
ܕܓܠܐ. ܝܗܘܐ ܒܪ ܚܢܢܝܐ ܀
ܒܬܪ ܗܢܐ ܡܠܟ ܝܘܪܡ ܒܪܗ ܫ̈ܢܝܢ .ܚ.. ܘܒܝܘܡܬܗ
ܡܬܢܒܝܐ ܐܠܝܐ. ܘܒܬܪ ܗܢܐ ܡܬܢܒܝܐ ܐܠܝܫܥ[2].
ܒܝܘܡܘ̈ܗܝ ܒܪܗ ܕܗܢܐ ܕܐܚܘܗ″ ܫܒܩܗ ܐܚܙܝܐ ܕܒܝܘܡܬܗ
ܟܦܢܐ ܒܫܡܪܝܢ ܒܪ̈ܝܫܘܢ (ܘ)ܚܪ̈ܝ[3] ܢܦܩܐ ܐܒܠܘ. ܒܗ
ܐܟܠܝܢ ܒܫܡܪܝܢ ܢܘܪܩ ܀
ܒܬܪ ܗܢܐ ܡܠܟ ܐܚܙܝܐ ܫܢܬܐ ܚܕܐ. ܘܒܝܘܡܬܗ
ܕܗܢܐ ܡܬܢܒܝܐ ܐܠܝܫܥ ܀
ܒܬܪ ܗܢܐ ܡܠܟܬ ܥܬܠܝܐ ܐܡܗ ܕܐܚܙܝܐ ܫ̈ܢܝܢ
.ܘ.. ܗܕܐ ܩܛܠܬ ܠܒ̈ܢܝ ܒܪܗ. ܡܢ ܙܪܥܐ ܗܘܬ ܠܒܝܬ
* 97 v°. ܕܐܚܒ ܡܠܟܐ ܕܐܝܣܪܐܝܠ. ܚܬܗ *ܕܝܢ ܕܐܚܙܝܐ
ܝܗܘܫܒܥ ܐܚܬܗ ܝܘܝܕܥ ܟܗܢܐ. ܓܢܒܬܗ ܠܝܘܐܫ ܒܪ
ܐܚܙܝܐ. ܘܟܠ ܗܢܐ ܗܘܐ ܝܘܝܕܥ ܡܠܟܘܬܐ ܀ ܡܬܢܒܝܐ
ܕܝܢ ܒܝܘܡܘ̈ܗܝ ܕܥܬܠܝܐ. ܐܠܝܫܥ ܀
ܒܬܪ ܗܕܐ ܐܡܠܟ ܝܘܐܫ ܒܪ ܐܚܙܝܐ ܫ̈ܢܝܢ .ܡ.. ܗܢܐ
ܩܛܠ ܠܙܟܪܝܐ ܒܪ ܝܘܝܕܥ ܟܗܢܐ ܀
ܘܒܬܪ ܗܢܐ ܡܠܟ ܐܡܘܨܝܐ ܒܪܗ ܫ̈ܢܝܢ .ܟܛ. ܀
ܘܒܬܪܗ ܥܘܙܝܐ ܒܪܗ ܫ̈ܢܝܢ .ܢܒ.. ܗܢܐ ܕܝܢ ܐܬܓܪܒ.
ܒܥܒܕܐ ܕܥܒܕ. ܕܐܪ̈ܝ ܗܘܐ ܕܝܢ ܒܝܘܡܬܗ ܢܦܩ ܒܪܗ.
ܗܘ ܕܠܐ ܒܕܒܝܠ ܐܡܠܟ ܗܘܐ ܀ ܡܬܢܒܝܢ ܕܝܢ
ܒܝܘܡܬܗ ܐܫܥܝܐ ܒܪ ܐܡܘܨ. ܘܗܘܫܥ ܒܪ ܒܪܝ. ܘܝܘܢܢ
ܒܪ ܡܬܝ. ܡܢ ܓܬܐܦܪ ܀
ܒܬܪ ܗܢܐ ܐܡܠܟ ܝܘܬܡ ܒܪ ܥܘܙܝܐ ܫ̈ܢܝܢ .ܝܘ. ܀
ܒܝܘܡܘ̈ܗܝ ܗܢܐ ܡܬܢܒܝܢ ܐܫܥܝܐ ܘܗܘܫܥ ܘܡܝܟܐ
ܡܐܪܫܝܐ. ܘܝܘܐܝܠ ܒܪ ܦܬܘܐܝܠ ܀
ܒܬܪ ܗܢܐ ܡܠܟ ܐܚܙ ܒܪܗ ܫ̈ܢܝܢ .ܝܘ.. ܘܒܝܘܡܘ̈ܗܝ
ܗܢܐ ܡܬܢܒܝܢ ܐܫܥܝܐ ܘܗܘܫܥ ܘܡܝܟܐ ܀ ܒܡܫܪܫ ܕܝܢ

[1] Puncta plur. desunt. — [2] Ms. ܫ″. — [3] Ms. ″ܝ.

ܪܟܘܫܬ ܒܡܨܪܝܬܐ ܐܘܪܝܐ ܀ ܒܝܘܡܘܗܝ ܗܢܐ ܫܠܡܢܐܣܪ ܒܪ ܐܡܠܟ ܥܠ ܐܬܘܪܝܐ. ܫܒܐ ܠܕܒܒܝܢ ܒܫܒܝܢ ܠܒܒܠ ܘܠܡܕܝ܀

ܒܬܪ ܗܢܐ ܡܡܠܟ ܣܘܝܐ ܒܪܗ ܫ̈ܢܝܢ . ܟܗ.. *ܘܒܝܘܡܘܗܝ * 98 r°.
ܗܘܐ ܡܬܢܒܝܢ ܐܫܥܝܐ ܘܗܘܫܥ ܘܡܝܟܐ܀

ܒܬܪ ܗܢܐ ܡܡܠܟ ܛܗܪܩܐ ܒܪܗ ܫ̈ܢܝܢ . ܝܗ.܀

ܒܬܪܗ ܐܡܠܟ ܐܡܗܘܢ ܒܪܗ ܫ̈ܢܝܢ . ܝܒ.܀

ܒܬܪ ܗܢܐ ܡܡܠܟ ܢܟܐܘ ܒܪܗ ܫ̈ܢܝܢ . ܠܐ.܀ ܗܢܐ ܗܘ ܩܛܠܬܐ ܕܝܘܫܝܐ ܥܠ ܡܩܠܬܐ ܕܦܬܓܡܐ ܐܝܟ ܕܟܬܝܒ܀[1] ܘܒܝܘܡܬܗ ܗܘܐ ܦܣܚܐ ܒܫܢܬ . ܝܚ. ܕܡܠܟܘܬܗ. ܕܡܢ ܒܪ ܕܡܝܬ ܝܫܘܥ ܒܪ ܢܘܢ ܠܐ ܢܛܪ ܥܡܐ ܦܨܚܐ. ܘܠܗܢܐ ܒܗܢܐ ܐܒܘܗܝ[2] ܕܐܪܡܝܐ ܢܒܝܐ ܐܫܟܚ ܒܗܝܟܠܐ ܣܦܪܐ ܕܢܡܘܣܐ ܒܫܢܬ . ܝܚ. ܕܡܠܟܘܬܗ ܕܝܘܫܝܐ܀ ܡܬܢܒܝܢ ܕܝܢ ܒܝܘ[ܡܬ]ܗ ܒܒܒ ܫܠܘܡ ܒܪ ܢܛܪ ܕܡܐܢܐ ܕܪܒ[3] ܟܗ̈[ܢ]ܐ. ܘܨܦܢܝܐ ܘܐܪܡܝܐ. ܒܝܘܡܘܗܝ ܕܝܢ ܐܪܡܝܐ ܐܝܬ ܗܘܐ ܢܒܝܐ ܕܓܠܐ ܚܙܘܐ܀

ܒܬܪ ܗܢܐ ܡܡܠܟ ܝܘܐܚܙ ܒܪܗ[4] ܝܪ̈ܚܐ . ܓ.܀ ܠܗܢܐ ܐܣܪ ܢܟܐܘ ܡܠܟܐ ܕܡܨܪܝܢ ܘܐܝܬܝܗ ܠܡܨܪܝܢ. ܐܩܝܡ ܕܝܢ ܚܠܦܘܗܝ ܠܐܠܝܩܝܡ ܐܚܘܗܝ ܗܘ ܕܐܦ ܝܘܝܩܝܡ ܐܬܩܪܝ. ܘܒܝܘܡܘܗܝ ܗܢܐ ܡܬܢܒܝܢ ܐܪܡܝܐ ܘܐܘܪܝܐ ܒܪ ܫܡܥܝܐ ܡܢ ܩܘܪܝܬ ܝܥܪܝܢ. ܡܡܠܟ ܕܝܢ ܫ̈ܢܝܢ . ܝܒ.܀ ܠܗܢܐ ܐܣܪ ܒܐܣܘܪ̈ܐ ܕܢܚܫܐ ܢܒܘܟܕܢܨܪ ܡܠܟܐ ܕܒܒܠ. ܘܐܘܒܠܗ ܠܒܒܠ܀

ܒܬܪ *ܗ ܝܘܝܩܝܡ ܕܗܘ ܝܘܟܢܢܐ ܝܪ̈ܚܐ[5] ܬܠܬܐ. ܘܠܗܢܐ * 98 v°.
ܫܩܠ ܠܗ ܢܒܘܟܕܢܨܪ ܡܠܟܐ ܕܒܒܠ ܘܠܐܚ̈ܝܢܐ ܥܡܗ. ܘܐܩܝܡ ܚܠܦܘܗܝ ܠܨܕܩܝܐ ܕܐܬܩܪܝ ܡܬܢܝܐ. ܗܢܐ ܐܚܘ̈ܗܝ ܕܝܘܝܩܝܡ. ܐܡܠܟ ܕܝܢ ܫ̈ܢܝܐ . ܝܐ.܀ ܒܫܢܬ ܕܝܢ

[1] Hic in marg. scriptum est ܣܥܕܝ. — [2] Ms. ܐܒܘܗ̈ (quasi abbreviatum). — [3] Ms. ܡܐܢܐ ܪܒ ܟܗ : ex Exc. Barb., p. 205, et Chr. Pasch., p. 224, correxi. — [4] In marg. ܗ̈ܢܝܢ . ܡ. — [5] Ms. ܡܬܠܐ.

.ܒܢ. ܡܗܡܠ ܠܗ ܒܡܗܡܕܢܝܢ ܠܡܫܒܠ ܒܗ ܒܡܘܢܐ.
ܘܗܕܡ ܠܒܪܬܐ ܡܫܝܚܐ ܠܘܬܗ ܠܒܪ ܡܢ ܙܒܘܪ̈ܐ ܕܒܚܝܬܘ
ܠܡܪܢܡ.: ܡܬܝܒܝܢ ܕܝܢ ܒܡܫܡܠܬܗ ܕܦܝܣܝܟܐ ܐܪܡܝܐ
ܘܒܪܘܡܝ ܘܫܒܡܘܡ. ܒܫܢܬ ܕܝܢ ܫܒܥ ܕܡܠܟܘܬܗ.
ܐܬܝܒܘ ܒܒܒܝܠ ܫܘܫܐܝܠ. ܘܒܬܪ ܗܢܐ ܐܬ[ܢ]ܨܒܘ
ܫܘܪ ܒܒܒܝܠ. ܘܡܠܐܟܘ ܘܕܢܝܐܝܠ.: ܗ̈ܘܘ ܕܝܢ ܡܢ
ܕܐܘܨ [ܒ]ܕܡܒܐ ܠܐܘܫܥܐ ܕܦܝܣܝܟܐ ܕܗܘ ܢܘܒܝܐ ܕܪ̈ܐ
ܥܒܬܒܘܪ[1] ܫ̈ܢܝܐ ܐܪܒܥܡܐܐ ܘܬܫ̈ܥܝܢ ܘܫܒܥ[2].
ܘܡܢ ܐܕܡ ܕܝܢ ܥܕܡܐ ܠܐܘܫܥܐ ܕܒܒܒܝܠ ܕܒܢ̈ܝܡܘ[3]
ܢܘܒܝܐ. ܕܪ̈ܐ ܫܒܥܝܢ ܘܫܒ[2] (ܫ̈ܢܝܐ)[4] ܐܪܒܥܐ ܐ̈ܠܦܝܢ
ܘܫܒܥܡܐܐ ܘܬܠܬܝܢ ܘܬܪ̈ܬܝܢ[2]. ܘܡܢ ܫܘܫܢܐ ܕܠܒܒܝܠ
ܥܕܡܐ ܠܟܘܪܫ ܫ̈ܢܝܐ .ܠ.:

ܟܘܪܫ ܘܡܠܟܐ ܐܚ̈ܪܢܐ ܬܠܬܒܘܪ. ܐܚܫܘܪܫ[5] ܕܠܐ
ܦܠܓܘ ܫ̈ܢܝܐ. ܡܐܬܝܢ ܘܐܪ̈ܒܥܝܢ ܘܫܒܥ[2]. ܗ̇ܘ ܕܝܢ
ܟܘܪܫ ܐܡܠܟ .ܠ. ܫܢܝܢ. ܒܫܢܬ ܕܝܢ ܬܪ̈ܬܝܢ ܒܗ ܐܡܠܟ
99 r°. ܟܘܪܫ. ܐܘܣܦ *ܠܥܡܐ ܕܐܝܣܪܝܠ ܠܐܘܪܫܠܡ.:
ܘܒܬܪ ܟܘܪܫ ܐܡܠܟ ܩܡܒܘܣܘܣ ܫܢܝܢ .ܚ.: ܘܒܬܪܗ
ܐܚ̈ܐ ܬܪ̈ܝܢ ܡ̈ܓܘܫܐ ܝܪ̈ܚܐ ܫܒܥܐ. ܕܒܬܪܗܘܢ ܐܡܠܟܘ″
ܪܒܝܥܐ ܕܪܝܘܫ ܕܐܡܠܟ ܫܢܝܢ .ܠܘ.. ܒܫܢܬ[6] ܬܪ̈ܬܝܢ
ܕܗܢܐ ܕܒܗ̇[7] ܡܬܒܢܐ ܒܝܬܐ ܐܘܚܪܬ ܗܝܟܠܐ. ܫܠܡ
ܠܚܘܪܒܗ̇[7] ܕܐܘܪܫܠܡ ܫܒܥܝܢ ܫܢܝܢ. ܘܡܬܝܒܝܢ ܗܘܘ
ܐܒܝܕܐ ܕܢܝܐܝܠ ܘܫܘܫܐܝܠ. ܡܠܐܟܝ .ܚܓܝ. ܘܙܟܪܝܐ.:
ܒܬܪ ܕܝܢ ܚܓܝ ܘܙܟܪܝܐ. ܫܡܥܘܢ ܒܪ ܫܠܝܡܐ ܡܢ ܙܪܥܐ
ܕܐܗܪܘܢ. ܗ̇ܘ ܕܒܢܝܐ ܠܡܕܝܢܬܐ ܐܘܪܫܠܡ ܒܗ
ܐܬܠܘ″ ܫܢܝܐ ܕܐܪܛܚܫܫܬ.:

ܒܬܪ ܕܪܝܘܫ ܐܚܫܘܪܫ ܒܪܗ ܕܕܪܝܘܫ ܫ̈ܢܝܢ .ܒܕ.:
ܐ[ܪ]ܛܒܢ ܝܪ̈ܚܐ ܫܒܥܐ.: ܐܪܛܚܫܫܬ ܐܪܝܟ ܐܝܕܐ
ܫ̈ܢܝܐ .ܡܐ.: ܟܣܪܟܣܘܣ ܕܬܪ̈ܝܢ ܝܪ̈ܚܐ ܬܪ̈ܝܢ.:

[1] Vox minio scripta. — [2] Voces minio scriptae. — [3] Puncta plur. desunt. — [4] Deest in ms., spatio relicto. — [5] Ms. ܓܘ″. — [6] Hic in marg. scriptum est ܒܚܐ. — [7] Ms. ܒܗ″.

ܣܘܛܪܐܢܘܣ¹ ܫ̈ܢܝܐ ܡܫܒܚܐ܀ ܕܪܝܘܫ ܒܪ ܕܪܘܒܬܐ²
ܫܢܝܢ .ܠܘ.܀ ܐܪܛܚܫܫܬ ܡܩܕܘܢܝܐ ܫ̈ܢܝܢ .ܟ.܀
ܐܪܛܚܫܫܬ ܗܘ ܕܗܘ ܐܘܟܘܣ ܫܢܝܢ .ܟܐ.܀ ܐܪܣܝܣ ܒܪܗ
ܫܢܝܢ .ܕ.܀ ܘܒܕ ܗܘܐ ܐܪܣܝܣ ܒܪ ܬܠܬ ܫ̈ܢܝܢ܆ ܥ̄ܠܡ
ܐܠܦܐ ܕܫܒܥܐ³܀
ܕܪܝܘܫ ܒܪ ܐܪܫܡ ܫܢܝܢ .ܘ.. ܘܒܫܢܬ ܫܬ ܠܡܠܟܘܬܗ.
ܐܠܟܣܢܕܪܘܣ ܡܩܕܘܢܝܐ ܕܟܣܗ ܘܫܠܛܗ ܠܡܠܟܘܬܐ
*ܕܦܪ̈ܣܝܐ. ܐܡܠܟ ܕܝܢ ܗܘ ܐܠܟܣܢܕܪܘܣ ܫܢܝܢ ܫܬ܀ * 99 v°.
ܒܬܪܗ ܦܛܠܡܐܘܣ ܒܪ ܠܐܓܘܣ ܫܢܝܢ .ܡ.܀
ܦܛܠܡܐܘܣ ܦܝܠܕܠܦܘܣ ܗܘ ܕܒܝܘܡܬܗ ܗܠܝܢ ܫܒܥܝܢ
ܠܡܠ̈ܦܢܐ ܡܬܪ̈ܓܡܢܐ⁴ ܦܫܩܘ ܣܦ̈ܪܐ. ܠܚ.܀ ܦܛܠܡܐܘܣ
ܐܘܪܓܛܝܣ ܗ" ܒܟܪ ܫܦܝܪ̈ܬܐ. ܫ̈ܢܝܢ .ܟܘ.܀
ܦܛܠܡܐܘܣ ܦܝܠܘܦܛܪ ܫ̈ܢܝܢ .ܝܙ.܀ ܦܛܠܡܐܘܣ
ܐܦܝܦܢܘܣ ܫܢܝܢ .ܟܕ.⁵܀ ܦܛܠܡܐܘܣ ܦܝܠܘܡܛܪ ܫ̈ܢܝܢ
.ܠܗ.܀ ܦܛܠܡܐܘܣ ܐܘܪܓܛܝܣ⁶ ܫ̈ܢܝܢ .ܟܛ.܀
ܦܛܠܡܐܘܣ ܦܣܩܘ ܕܗܘ ܣܛܪ ܫܢܝܢ .ܝ. ܘܝܪ̈ܚܐ
.ܘ.܀ ܦܛܠܡܐܘܣ ܐܠܟܣܢܕܪܘܣ [ܫ̈]ܢܝܐ .ܝ.܀
ܦܛܠܡܐܘܣ ܕܐܬܕܚܩ ܫ̈ܢܝܢ .ܚ.܀ ܦܛܠܡܐܘܣ
ܕܝܘܢܘܣܘܣ ܫ̈ܢܝܢ .ܠ.⁷܀ ܘܩܠܐܘܦܛܪܐ ܫ̈ܢܝܢ .ܟܒ.܀
ܒܫܢܬ ܬܪ̈ܬܝܢ ܕܡܠܟܘܬܗ⁸ ܕܩܠܐܘܦܛܪܐ ܐܡܠܟ
ܒܪܘܡܝ ܓܐܝܘܣ ܝܘܠܝܘܣ ܩܣܪ ܫܢܝܢ ܐܪ̈ܒܥ ܘܝܪ̈ܚܐ
.ܙ.܀

ܐܓܘܣܛܘܣ ܫ̈ܢܝܢ .ܢܘ. ܘܝܪ̈ܚܐ .ܘ.܀ ܘܒܫܢܬ ܐܪ̈ܒܥܝܢ
ܘܬܠܬ ܠܡܠܟܘܬܗ ܐܬܝܠܕ ܦܪܘܩܢ܀ ܟܢܫ ܕܝܢ ܫ̈ܢܝܐ ܕܡܢ
ܫܘܢܝܐ ܕܠܟܘܠ ܒܢܝܢܐ ܠܬܠܝܬܝܘܬܗ ܕܡܫܝܚܐ.
ܫ̄ܬܡܐܐ ܘܬܠܬ⁹. *ܘܕܪ̈ܐ .ܟܕ.¹⁰ ܡܢ ܐܕܡ ܕܝܢ ܕܪ̈ܐ * 100 r°.
.ܣܗ.¹⁰ ܫ̈ܢܝܐ ܚܡܫ̄ܐ ܐܠܦܝܢ ܘܬܠܬܡܐܐ ܘܬܠܬܝܢ
ܘܫܒܥ⁹܀

[1] Ms. "ܣܘܛܪܢܐ. — [2] Ms. ܕܪܘܬܐ. — [3] Voces minio scriptae. — [4] Puncta plur. desunt. — [5] Ms. .ܟܒ.; ex Eus. et Michaelis Syri Chronico, ed. Chabot, p. 80, correxi. — [6] Ms. ܐܘܪܓܛܝ". — [7] Ms. .ܠ.; e Mich., p. 83, correxi. — [8] Ms. ܘܠ". — [9] Voces minio scriptae. — [10] Vox minio scripta.

ܛܝܒܪܝܘܣ ܫܢܝܢ .ܟܓ.. ܘܒܫܢܬ ܬܡܢܥܣܪܐ ܕܡܠܟܘܬܗ.
ܚܫ̈ܗ ܡܪܢ. ܘܒܫܢܬ ܬܫܥܣܪܐ ܕܡܠܟܘܬܗ ܒܐܝܣܢ
ܐܕܪ ܒܬܪܘܣܐ ܢܫ.܀. ܘܗܘ ܢܠܗ ܕܝܢ ܕܡܫܝܚܐ ܒܝܘܡܐ
ܠܝܫܘܥ ܫܢ̈ܝܐ .ܠܒ.܀. ܘܗܘ ܚܫܐ ܒܝܘܡܐ ܠܫܢܬ
ܬܡܢܝܢܐ ܘܫܬܬܡܐܐ ܕܝܘܢܝܐ ܕܐܬܝܠܕ ܫܢܬ
ܬܡܢܥܣܪܐ ܕܩܐܘܪ ܛܒܠܝ ܡ̈ܠܟܐ ܘܗܘܡܘ ܐܢܛܝܘܟܘܣ
ܡܠܟܐ ܕܪ̈ܗܘܡܝܐ ܫ̈ܢܝܐ ⌝ܐܪ̈ܒܥܡܐܐ ܘܫܒܥܝܢ ܘܐܪ̈ܒܥ[1] .܀.
ܓܐܝܘܣ[2] ܫܢܝܢ ܐܪ̈ܒܥ.܀. ܩܠܘܕܝܘܣ[3] ܫܢܝܢ .ܝܕ.܀.
ܢܐܪܘܢ ܫܢܝܢ .ܝܓ.܀. ܘܡܛܠ ܠܓܐܠܒܘܣ ܘܠܐܘܬܘܢ ܘܠܐܘܝܛܠܝܘܣ.
ܘܐܚܪܒܘ ܝܗܘ̈ܕܝܐ ܠܝܪܘܫܠܡ ܒܐ[ܘܪܫܠ]ܡ .܀.
ܐܣܦܣܝܢܘܣ ܫܢܝܢ ܬܫܥ .܀. ܛܝܛܘܣ ܫܢܝܢ ܬܪܬܝܢ .܀.
ܒܝܘܡܬܗܘܢ ܐܬܟܒܫܬ ܐܘܪܫܠܡ .܀.
ܕܘܡܛܝܢܘܣ ܫܢܝܢ .ܝܗ.܀. ܢܪܘܐ ܫܢܬܐ ܚܕܐ .܀.
ܛܪܝܢܘܣ ܫܢܝܢ ܬܫܥܣܪܐ. ܒܫܢܬܐ ܠܫܢܬ .ܝ. ܕܡܠܟܘܬܗ
ܫܢܐ ܗܘܝܢ ܐܘܠܘܡܦܝܐ .܀.
ܗܕܪܝܢܘܣ ܫܢ̈ܝܐ .ܟܐ.[4] .܀. ܐܢܛܘܢܝܢܘܣ ܘܦܝܘܣ ܫܢ̈ܝܢ .ܟܓ.܀.
ܡܪܩܘܣ ܫܢܝܢ .ܝܛ.܀. ܩܘܡܘܕܘܣ[5] ܫܢ̈ܝܐ ܫܢܬܐ .܀.
ܣܘܪܘܣ ܫܢܝܢ *.ܝܚ.܀. ܐܢܛܘܢܝܢܘܣ ܩܪܩܠܘܣ ܫܢ̈ܝܢ .ܙ.܀. * 100 v°.
ܡܩܪܝܢܘܣ ܫܢܬܐ ܚܕܐ .܀. ܐܢܛܘܢܝܢܝܢܘܣ ܫܢ̈ܝܢ .ܕ.܀.
ܐܠܟܣܢܕܪܘܣ[6] ܒܪ ܡܡܐܝ ܫܢܝܢ .ܝܓ.܀. ܡܟܣܡܝܢܘܣ[7]
ܫܢ̈ܝܢ .ܓ.܀. ܓܘܪܕܝܢܘܣ[8] ܫܢܝܢ .ܘ.܀. ܦܝܠܝܦܘܣ ܫܢ̈ܝܢ .ܙ.܀.
ܕܩܝܘܣ ܫܢܬܐ ܚܕܐ .܀. ܓܠܘܣ (ܘ)ܘܠܘܣܝܢܘܣ[9] ܫܢ̈ܝܐ
ܬܪ̈ܬܝܢ .܀. ܘܠܪܝܢܘܣ ܘܓܠܝܢܘܣ ܫ̈ܢܝܢ .ܝܗ.܀. ܩܠܘܕܝܘܣ
ܫܢܬܐ ܚܕܐ ܘܝܪ̈ܚܐ ܬܫܥܐ .܀. ܐܘܪܠܝܢܘܣ ܫܢܝܢ ܫܬ .܀.
ܛܩܛܘܣ ܝܪ̈ܚܐ ܫܬܐ .܀. ܦܪܘܒܘܣ ܫܢܝܢ ܫܬ .܀. ܩܪܘܣ
ܘܒ̈ܢܘܗܝ" ܫܢܝܢ ܬܪܬܝܢ .܀. ܕܝܘܩܠܛܝܢܘܣ ܘܒ̈ܢܘܗܝ" ܫ̈ܢܝܢ[10] .ܒ..܀.
ܩܘܣܛܢܛܝܢܘܣ ܫܢ̈ܝܐ .ܠ. [.܀. ܩ]ܘܣܛܢܛܝܢܘܣ ܒܪܗ

[1] Voces minio scriptae. — [2] Ms. ܓܐܝܘܣ. — [3] Ms. "ܩܠܘܕ. — [4] Ms. .ܟܪ. ; ex Eus. et Mich., p. 106, correxi. — [5] Ms. ܦܘܡܘܕܘܣ. — [6] Ms. ܐܠܟܣܢܕܪܘܣ". — [7] Ms. "ܡܟܣܡܝܢܘܣ. — [8] Ms. ܓܘܪܕܝܢܘܣ. — [9] Ms. "ܘܠ. — [10] Ms. bis : locus videtur corruptus esse.

ܘܩܘܣܛܢܛܝܢܘܣ ܘܩܘܣܛܢܣ ܫ̈ܢܝܢ . ܟܕ . ܀ ܝܘܠܝܢܘܣ ܫܢܬܐ ܚܕܐ ܘܝܪ̈ܚܐ ܬܡܢܝܐ ܀ ܝܘܒܝܢܘܣ ܫ̈ܢܝܐ ܬܪ̈ܬܝܢ ܀ ܘܠܝܢܣ ܘܘܠܢܛܝܢܘܣ ܘܓܪܛܝܢܘܣ ܫ̈ܢܝܢ . ܝܗ . ܀ ܬܐܘܕܘܣܝܘܣ ܪܒܐ ܫ̈ܢܝܢ . ܝܘ .[1] ܀ ܐܪܩܕܝܘܣ ܘܐܢܘܪܝܘܣ ܘܬܐܘܕܘܣܝܘܣ ܙܥܘܪܐ ܘܘܠܢܛܝܢܘܣ ܫ̈ܢܝܢ . ܡܗ . ܀ ܡܪܩܝܢܘܣ ܫ̈ܢܝܢ ܫܒܥ ܀ ܠܐܘܢ ܫ̈ܢܝܢ . ܝܙ . ܘܝܪ̈ܚܐ . ܙ . ܀ ܙܝܢܘܢ ܫ̈ܢܝܢ . ܝܙ . ܀

*ܐܢܣܛܣܝܘܣ ܫ̈ܢܝܢ . ܟܙ . ܀ ܘܒܫܢܬ . ܝܛ . ܕܡܠܟܘܬܗ 101 r°.
ܐܬܚܙܝ[7] ܟܘܟܒܐ ܕܫܒܛܐ[2] ܀ ܝܘܣܛܝܢܘܣ ܫ̈ܢܝܢ ܬܫܥܐ ܀ ܝܘܣܛܝܢܝܢܘܣ ܫ̈ܢܝܢ . ܠܚ . ܀ ܝܘܣܛܝܢܐ ܫ̈ܢܝܢ . ܝܐ . ܀ ܛܒܪܝܘܣ ܫ̈ܢܝܢ ܫܬ ܘܝܪ̈ܚܐ ܫܒܥܐ ܀ ܡܘܪܝܩܐ ܫ̈ܢܝܢ . ܟ . ܘܝܪ̈ܚܐ ܫܬܐ ܀ ܦܘܩܐ ܫ̈ܢܝܢ ܬܡܢܐ[3] ܀ ܗܪܩܠܐ ܫ̈ܢܝܢ . ܠܐ . ܀

ܘܒܫܢܬ[7] ܬܫܥܡܐܐ ܘܬܠܬܝܢ[2] ܕܐܠܟܣܢܕܪܘܣ ܓܠ ܗܪܩܠܐ[4] ܘܪ̈ܗܘܡܝܐ ܠܩܘܣܛܢܛܝܢܘܦܘܠܝܣ. ܘܢܦܩ ܡܚܡܛ ܘܛܝ̈ܝܐ ܡܢ ܬܝܡܢܐ ܘܫܠܛܘ ܠܐܪܥܐ ܘܟܒܫܘܗ̇.

ܬܘܒ[7] ܫ̈ܢܝܐ ܕܡܗܓܪ̈ܝܐ[5]. ܘ[ܡܠ]ܟܐ ܕܟܠܗ ܗܘܘ ܒܗ ܠܡܘܪܝܐ ܘܐܚܝܕܘ ܒܫܘܠܛܢܐ ܡܢ ܫܢܬ ܬܫܥܡܐܐ ܘܬܠܬܝܢ ܘ[ܬܪ]ܬܝܢ ܕܐܠܟܣܢܕܪܘܣ[6] ܀ ܡܠܟ ܚܕ ܡܢܗܘܢ ܡܚܡܛ ܗܢܐ ܀ ܡܫܡܫ ܫ̈ܢܝܐ . ܝ . ܀ ܐܒܘܒܟܪ ܫܢܬܐ ܚܕܐ ܀ ܥ[ܘ]ܡܪ ܫ̈ܢܝܐ . ܝܒ . ܀ ܥܬܡܢ ܫ̈ܢܝܐ . ܝܒ . ܀ ܘܠܐ ܡܠܟܐ ܫ̈ܢܝܐ ܚܡܫ ܀ ܡܥܘܝܐ ܫ̈ܢܝܐ . ܟ . ܀ ܝܙܝܕ ܒܪܗ ܫ̈ܢܝܐ . ܓ . ܀ ܘܠܐ ܡܠܟܐ ܫ̈ܢܝܐ . ܛ . ܀ ܡܪܘܢ ܫ̈ܢܝܐ . ܛ . ܀ ܥܒܕܐܠܡܠܟ ܫ̈ܢܝܐ . ܟܐ . ܀ ܘܠܝܕ ܒܪܗ ܫ̈ܢܝܐ . ܛ . ܀ ܣܘܠܝܡܢ ܫ̈ܢܝܐ . ܒ . ܘܝܪ̈ܚܐ . ܐ . ܀ ܥܘܡܪ ܫ̈ܢܝܐ ܬ[ܪ̈ܬ]ܝܢ ܘܝܪ̈ܚܐ . ܐ . ܀ ܝܙܝܕ ܫ̈ܢܝܐ . ܕ . ܘܝܪ̈ܚܐ ܚܡܫܐ[7]
*ܘܗܫܡ ܫ̈ܢܝܐ . ܝܛ . ܀ 101 v°.

[1] Ms. ܢܘ.. — [2] Voces minio scriptae. — [3] Ms. ܦܘܩܐ. — [4] Ms. ''ܗܪ̈ܩ. — [5] Voces minio scriptae. — [6] Ms. (spatii angustiae causa) ''ܪ̈ܝ. — [7] Ms. habet punctum ܀.

ܘܒܫܢܬ ܐܠܦܐ ܘܬܠܬܝܢ ܘܫܒܥ[1]: ܕܐܬܘܬܗ̇ ܫܢܬ ܡܐܐ ܘܫܒܥ[2] ܕܝܘܢܝܐ. ܐܡܠܟ ܗܫܐܡ[3] ܒܪ ܥܒܕ ܐܠܡܠܟ ܒܐܬܪܗ ܕܝܙܝܕ ܐܚܘܗܝ ܀

ܘܒܫܢܬ [4]ܐܠܦܐ ܘܚܡܫܝܢ ܘܐܪܒܥ ܡܝܬ ܗܫܐܡ. ܘܐܡܠܟ ܘܠܝܕ ܒܪ ܝܙܝܕ ܗܘ ܕܐܬܩܛܠ. ܘܩܡ ܡܢ ܒܬܪܗ ܝܙܝܕ. ܘܡܢ ܒܬܪܗ ܩܡ ܡܪܘܢ ܒܪ ܡܚܡܕ ܀

ܘܒܫܢܬ ܡܐܐ ܘܚܡܫܝܢ ܘܬܡܢܐ ܕܝܘܢܝܐ ܡܠܟ ܡܪܘܢ ܀

ܘܒܫܢܬ ܡܐܐ ܘܚܡܫܝܢ ܘܬܫܥ: ܢܦܩ ܠܡܘܒܠ ܕܒܢܝ̈ ܚܪܘܪܐ ܀

ܘܒܫܢܬ ܡܐܐ ܘܬܠܬܝܢ ܕܝܘܢܝܐ: ܢܦܩ ܠܡܘܒܠ ܡ̈ܟܘܕܐ. ܘܐ[ܘܕܒܘ] ܡܢܗܘܢ ܘܒܙܡ ܘܒܒܚܪܝܢ ܐܬܩܛܠ ܡܢ ܐܒܘܡܣܠܡ ܪܫ ܚܝܠܐ ܀ ܘܒܗ̇ ܒ[ܫܢ]ܬܐ ܐܡܠܟ ܐܒܘܠܥܒܐܣ ܒܪ ܡܚܡܕ ܗܫܡܝܐ ܀

ܘܒܫܢܬ ܐܠܦܐ ܘܫܬܝܢ ܘܚܡܫ ܐܡܠܟ ܥܒܕܠܗ ܒܪ ܡܚܡܕ ܐܚܘܗܝ ܀

ܘܒܫܢܬ ܡܐܐ ܘܬܠܬܝܢ ܘܬܠܬ ܐܬܒܢܝܬ ܡܨܝܨܬܐ ܒܝܕܝܐ ܡܢ ܐܒܘܓܥܦܪ ܀ ܘܒܗ̇ ܒܫܢܬܐ ܐܬܒܢܝ̈ܬ ܩܠܝܬܐ ܕܒܝܕܝܐ ܕ[ܡܠ]ܛܝܢܐ ܀

ܘܒܫܢܬ ܐܠܦܐ ܘܬܡܢܝܢ ܘ[ܫܒ]ܥ ܒܬܫܪܝܢ ܒܐܕܪ
ܬܫܪܝ ܐܚܪܝ[5] *ܐܡܠܟ ܡܘܗܝ ܐܠܡܗܕܝ[6] ܒܪܗ.[7]

* 102 r°.

[1] Voces minio scriptae. — [2] Vox e ܫܒܥܝܢ″ correcta. — [3] Ms. ܗܫܐܡ. — [4] Ms. bis. — [5] Ms. ܐܚܪܢ. — [6] Ms. ܡܗܕܝ″. — [7] Infra, scriptum est : [illegible] (sic) [illegible] (sic) [illegible].

ܟܬܒܐ ܕܡܕܒܪ̈ܢܐ ܘܕܦܘܫ̈ܢܬܐ ܀[1]

Brit. Mus. Add. 25,875 77 v°, col. a.

ܬܘܒ ܒܝܕ ܡܢ̈ܝ ܚܠܘܒ ܐܢܐ ܕܐܝܠܝܢ ܒܡܕܒܪ̈ܢܐ ܗ̄ܘܘ ܡܢ
ܒܬܪ ܒܘܠܒܠܐ ܕܠܫ̈ܢܐ ܕܒܒܒܠ.[2]
ܥܝܪ[3] ܘܫܡܥ ܘܢܚܬ ܀ ܡܢ ܙܪܥܗ ܕܥܝܪ ܒܫܡ̈ܝܢ ܘܬܪܝܢ
ܒܡܕܒܪ̈ܢܐ ܘܐܣܛܘܟܣ̈ܐ ܘܠܫ̈ܢܐ. ܘܐܝܬ ܒܗܘܢ ܕܝܕܥܝܢ
ܣܦܪܐ ܣܓܝܐܐ ܠܫ̈ܢܐ. ܣܘܪ̈ܝܝܐ. ܘܥܒܪ̈ܝܐ. ܘܟܠܕ̈ܝܐ.
ܘܦܪ̈ܣܝܐ. ܘܚܢܢ̈ܝܐ. ܘܠܒܢܝܢ *ܐܪܒܥܐ ܡܢ ܚܕܝܢܐ.

* col. b.

ܘܒܕܡܐ ܠܢܦܫܐ ܪܒܐ ܣܦܪܝܢܘܣ ܡܢ ܡܕܝܢܬܐ. ܘܕܠܗܘܢ
ܒܡܠܬܗ ܕܐܪܥܐ ܀
ܘܡܢ ܥܝܪ ܗܘܝܢ ܬܠܬܡܐܐ ܒܡܕܒܪ̈ܢܐ ܘܐܣܛܘܟܣ̈ܐ ܘܠܫ̈ܢܐ.
ܘܐܝܬ ܒܗܘܢ ܕܝܕܥܝܢ ܣܦܪܐ. ܐܪܒܥܐ ܠܫ̈ܢܐ. ܚܘܪ̈ܝܐ.
ܘܒܒ̈ܠܝܐ. ܘܡܕ̈ܝܐ. ܘܦܘܢܝܩ̈ܝܐ. ܘܐܝܬܝܗ ܐܪܥܗܘܢ ܒܠܗ
ܦܠܓܐ ܬܝܡܢܝܬܐ. ܘܦܠܓܐ ܡܢ ܡܕܢܚܐ ܀
ܘܡܢ ܢܦܠܬ. ܗܘܝܢ ܬܠܬܝܢ ܘܫܒܥܐ ܒܡܕܒܪ̈ܢܐ ܘܐܣܛܘܟܣ̈ܐ
ܘܠܫ̈ܢܐ. ܘܐܝܬ ܒܗܘܢ ܕܝܕܥܝܢ ܣܦܪܐ. ܫܬܐ ܠܫܢܐ ܒܡܕܒܪ̈ܐ.
ܕܐܝܬܝܗܘܢ ܗܢܝ̈ܢ. ܚܬ̈ܝܐ. ܘܐܡܘܪ̈ܝܐ. ܘܐܬܠܢ̈ܝܐ. ܘܕܗܘܪ̈ܡܝܢܐ.
ܘܐܪ̈ܡܝܐ. ܘܟܢܥ̈ܢܝܐ. ܐܪܥܐ ܠܒܢܝܢ ܕܝܬܝܪܬܐ ܬܝܡܢ
ܚܕܝܢܐ. ܡܢ ܛܘܪܐ ܕܢܘܪ ܕܗܘܐ ܚܕܝܢܐ. ܘܒܕܡܐ
ܠܝܡܐ ܡܥܠܝ ܫܡܫܐ. ܡܢ ܦܠܣܛܝܢܘܣ ܘܒܕܡܐ
ܠܚܕܘܪܝ.

* 78 r°, col. a.

*ܘܗܘܝܐ ܐܪ̈ܥܐ ܒܬܠܬܐ ܡܕܒܪܐ ܩܠܝ̈ܠܬܐ. ܗܘܐ
ܐܘܪܚܐ ܕܚܕ ܚܕ ܡܢܗܘܢ ܡܢ ܚܕܝܢܐ ܠܡܕܝܢܬܐ.
ܣܓܝܐܐ ܐܠܦܝܢ ܘܡܕܒܪ̈ܢܐ ܦܪ̈ܝܫܝܢ. ܬܡܢ ܕܝܢ ܩܠܝ̈ܠܐ
ܐܢ̈ܫܐ ܚܝ̈ܘܬܐ ܘܬܠܝ̈ܬܝܐ. ܠܐ ܡܬܒܕ̈ܪܝܢ
ܐܝܬܝܗܘܢ. ܚܝ̈ܘܬܐ ܡܢ ܟܠ ܥܘܪܫܐ. ܘܬܠܝ̈ܬܝܐ ܡܢ ܟܠ
ܫܢܝܗ ܕܝܒܫܐ (.........)[4] ܒܐܪܒܥܦܢܝ̈ܬܗ
ܕܒܪܝܬܐ ܠܒܪ ܡܢ ܗܠܝܢ ܘܒܡܕܒܪܐ ܕܒܝܫܐ ܕܣܒܪ

[1] Inscriptionem addidi. — [2] Voces minio scriptae. — [3] Vocales prout sunt in ms., ubi distinguendi causa utiles videbantur, apposuimus, sed puncta «Quššāyā» et «Rukkākhā» negleximus. — [4] Exciderunt nonnulla.

ܠܐܢܕܪܘܢܝܩܘܣ ܦܠܣܛܝܢܐ ܘܒܬܪ ܒܝܚܝܕܝܘܬܐ. ܘܐܬܩܛܠ ܠܗ ܕܝܢ ܠܡܫܘܕܥܘ ܒܠܡܕܝܢ ܕܐܝܬ ܒܫܬܒܐ ܕܟܢܝܫܐ. ܒܐܬܪܘܬܐ ܓܒܪܐ ܕܠܒܪ ܡܢܗܘܢ ܠܘܬ ܡܕܝܢ ܐܚܪܢ ܐܠܐ ܐܢ ܐܪܒܐ ܩܘܣܛܘܬܐ ܕܒܠܗ ܪܕܐ ܗܘ. ܡܢ ܡܕܝܢܬܗ ܗܘܝܠ ܕܩܕܝܠ ܘܒܠܗ ܩܕܡ ܠܒܪ ܡܢ ܒܠܚܘܕ ܬܫܥܝܬܐ ܕܒܝܠܗ. * ܩܕܡܝܢ ܒܡܕܒܪܐ ܕܡܬܢܛܪܝܢ ܒܦܓܪܐ. ܘܫܒܘ ܗܠܝܢ ܐܢܬܘܢ ܒܢܘ ܢܦܫܗ. ܘܡܕܡܝܢ ܒܡܫܟܢܐ. ܘܠܒܪ ܡܢܗܘܢ ܐܝܬ ܐܚܪܢܐ. ܗܠܝܢ ܕܠܐ ܐܢܫ ܢܦܩ ܡܢ ܡܬܘܡ ܐܡܝܢܐ ܘܩܫܝܐ ܡܬܘܡܝܢ. ܠܐ ܓܝܪ ܡܫܟܚܐ ܐܝܬ ܠܗܘܢ. ܘܐܦܠܐ ܒܠܒܘܫܐ ܕܒܢܝܢܫܐ ܡܬܢܟܣܝܢ. ܐܠܐ ܦܓܪܗܘܢ ܒܒܝܬ ܠܒܘܫܗܘܢ. ܘܡܐܟܘܠܬܗܘܢ ܐܝܟܢܐ ܢܘܚܐ ܘܩܫܝܐ ܕܡܪܐ. ܐܦܠܐ ܒܪ ܠܡܫܡܫ ܘܠܡܬܠܠ ܢܕܥܝܢ. ܠܐ ܓܝܪ ܡܬܢܟܣܝܢ ܒܗܠܝܢ. ܐܪܒܥܗܘܢ ܓܝܪ ܢܦܠܐ ܠܠܒܬܐ[1] ܕܠܐ ܗܘܝܘ ܡܢ ܝܘܡܐ ܕܒܢܝܫܐ. ܐܝܠܐ ܒܪܢܫܐ ܐܝܟ ܕܐܠܗܐ ܕܗܘ ܒܚܕ ܐܝܟ ܐܝܟ ܕܒܪܐ. ܘܠܒܪ ܡܢ ܗܠܝܢ ܡܕܡ ܐܚܪܢ ܠܝܬ. ܐܝܠܐ ܐܢ ܐܬܪܐ ܪܕܐ ܘܩܘܣܛܐ. ܘܢܦܫܐ ܕܡܢ ܬܡܢ ܡܬܒܠܐ ܚܝܒܫܐ ܠܡܕܝܢܬܐ. ܒܠܗ ܕܝܢ ܚܠܐ ܕܢܒܗܐ ܗܘ ܐܠܗܘܬܐ * ܕܗܒܐ. ܘܕܗܒܐ ܗܘ ܚܝܘܪ. ܘܡܬܒܚܬܐ ܛܒܬܐ. ܘܟܕ ܕܢܚ ܚܝܒܫܐ ܒܠܚܘܕ ܕܝܢ ܒܪܢܫ ܘܚܘܬܝܢ ܠܗ ܢܦܫܐ ܕܠܐ ܢܬܢܪܗܘܢ ܡܢ ܠܝܡܢܗܘܢ.:·

* col. *b*.

* 78 v°, col. *a*.

ܬܘܒ ܕܦܠܬܐ ܡܕܝܢܬܐ ܕܐܡܢܐ ܐܝܬܝܗ ܘܩܪܝܐ ܐܝܬ ܒܗ[2]. ܠܡܕܝܢܬܐ ܕܝܢ ܠܒܪ ܡܢ ܒܠܚܘܕ ܬܫܥܝܬܐ ܕܐܘܣܛܝܢܘܣ ܢܦܫܐ ܪܒܐ. ܐܝܬ ܐܚܪܢܐ ܕܡܕܡܝܢ ܒܟܠܐ. ܕܡܐܟܘܠܬܗܘܢ ܐܝܬܝܗ ܡܢܗ ܕܐܬܪܐ ܦܐܪܐ ܕܐܝܠܢܐ. ܘܐܦܠܐ ܗܢܘܢ ܡܬܢܟܣܝܢ ܒܠܒܘܫܐ ܕܒܢܝܢܫܐ[3]. ܟܠ ܒܝܬ ܗܢܘܢ ܡܫܟܚܝܢ ܥܘܪܐ ܘܢܒܗܐ ܘܡܘܦܐ. ܘܠܒܪ ܡܢ ܗܢܘܢ ܡܕܡ ܐܚܪܢ ܠܝܬ. ܐܝܠܐ ܐܢ ܡܢ ܬܫܥܝܬܐ.

[1] Puncta plur. desunt. — [2] Voces minio scriptae. — [3] Ms. sine puncto post vocem.

ܘܐܦ ܬܘܒ ܒܠܗ ܚܠܐ ܕܒܥܠ ܢܒܝܐ ܗܘ ܕܡܗܢܐ ܗ̄ܘ.
ܘܕܡܗܢܐ ܗܘ ܠܒ. ܘܠܝܬ ܐܟܘܬܗ ܀
ܬܘܒ ܕܦܫܝܛܬܐ ܠܪܘܚܬܐ ܕܐܢܫܘܬܐ ܐܒܝܕܘܬܗ ܘܡܟܝܠܐ
* col. *b*. *ܐܝܬ ܒܗ̇[1]. ܠܪܘܚܢܐ ܕܝܢ ܠܒܪ ܡܢ ܒܠܚܘܕ ܬܫܘܒܚܬܐ
ܕܠܓܠ ܘܡ̈ܠܓܠ. ܒܟܠܗ ܐܬܪܐ ܕܫܕܪ̈ ܐܦܘܣܛܘܠܘܣ. ܐܝܟܐ
ܕܐܙܠ ܘܢܠܦ ܒܫܡܗ ܒܬܫܡܫܬܐ ܪ̈ܒܬܐ. ܐܝܬ ܒܒ̈ܢܝܢܫܐ
ܕܚܝܬܗܘܢ ܠܒ ܡܫܬܒܚܝܢ ܘܒܡܫܡܫܢܘܬܗܘܢ ܠܒܘܪܝ
ܘܣܒܠܝܢ. ܘܒܡܫܪܝܗܘܢ ܕܝܢ ܒܚܝܠܐ ܘܒܓܕܝܦܐ ܕܠܒܪ̈ܐ.
ܡܐܟܘܠܬܗܘܢ ܐܒܝܕܘܬܗ ܫܪܝܪܗ ܕܐܪܒܥܐ. ܠܒܫܫܐ ܕܝܢ ܠܝܬ
ܠܗܘܢ. ܐܦܠܐ ܒܒܪ̈ܐ ܕܢܫܝܬܐ ܕܒܢ̈ܝܫܐ ܡܬܒܥܝܐ
ܠܦ̈ܬܗܘܢ. ܘܒܥܡ ܗܠܝܢ ܒܡܪ̈ܒܘܬܐ[2] ܡܬܒܥܫܝܢ.
ܘܒܡܝܠܐ ܐ̈ܚܝܢ ܡܛܠ ܕܡܬܒܥܝܢ ܒܠܚܘܕܗܘܢ ܗܢܘܢ
(ܘ)ܫܒܩܝܢ[3] ܡܢܗܘܢ. ܘܡܢ ܗܢܘܢ ܗܘܬܐ ܕܡܬܩܒܠܝܢ ܒܡܪ̈ܒܘܬܐ
ܠܪ̈ܘܚܐ ܕܐܬܡܠܟܐ ܡܬܦ̈ܪܢܣܝܢ[4] ܡܢܗܘܢ. ܘܡܟܐ ܕܝܢ ܕܗܦܟܝܢ
ܒܡܪ̈ܒܘܬܐ ܠܡܐܙܠ ܠܬܡܢ. ܡܬܒܥܝܢ ܒܠܚܘܕܗܘܢ.
* 79 r°, col. *a*. *ܘܡܩܒܠܝܢ ܠܗܘܢ ܒܡܕܝܢܬܐ. ܘܗܢܘܢ ܐ̈ܚܝܢ ܠܗܘܢ.
ܡܛܠ ܕܒܡܪ̈ܒܘܬܐ (ܠܐ)[5] ܡܬܛܒܥܝܢ ܘܠܐܝܢ. ܐܝܟܢܐ
ܕܝܢ ܕܢܦܩܝܢ ܒܡܪ̈ܒܘܬܐ (. . . . .)[6]. ܘܠܒܪ ܡܢ ܗܢܘܢ
ܕܝܢ ܟܠ ܚܕ ܢܒܝܐ ܟܪ̈ܝܐ ܐܝܬ ܐ̈ܝܪܝܐ ܕܐܝܬܗܘܢ ܠܒ
ܡܫܒܚܐ ܘܕܚܝܠܐ. ܒܡܫܡܫܢܘܬܗܘܢ ܕܝܢ ܘܒܡܫܡܫܢܘܬܗܘܢ
ܠܒ ܠܒܘܪܝ. ܐܦ̈ܝܗܘܢ ܕܝܢ ܐܒܝܕܘܬܗܘܢ ܒܣܘܓܝܐܗܘܢ.
ܘܪܫܐ ܠܝܬ ܠܗܘܢ. ܘܫܒܩܝܢ ܒܟܠܗ ܚܠܐ. ܡܐܟܘܠܬܗܘܢ
ܕܝܢ ܐܒܝܕܘܬܗ ܡܢ ܐܝܠܝܢ ܕܡܬܠܒܫܝܢ ܡܢܝܐ. ܡܛܠ ܗܠܝܢ ܗܦܟܬ
ܒܡܬܐ ܕܝܠܝ ܡܢ ܪ̈ܘܚܐ ܘܦܠܗܡܢܐ ܐܢܘܢ ܕܒܢܝܬ ܐܪ̈ܥܐ.
ܠܐ ܓܝܪ ܦܓܪܐ ܐܢܫܐ. ܕܝܠܝ ܟܪ̈ܣܐ ܡܬܚܝܒܐ ܐܢܫ ܡܢܝܢ
ܠܗܘܢ. ܠܐ ܡܩܦܝܢ ܓܠ ܐ̈ܪܥܐ. ܐܝܠܐ ܒܪܫܝܢ ܠܓܘ
ܡܢܐ ܘܡܬܛܝܒܝܢ. ܠܒܪ ܡܢ ܗܠܝܢ ܠܝܬ. ܐܝܠܐ ܐܢ ܢܒܝܐ
ܪ̈ܒܬܐ. ܘܦܓܪ̈ܐ ܪ̈ܒܬܐ ܕܠܐ ܡܬܛܒܥܝܢ ܘܐܬܪ̈ܐ
* col. *b*. *ܗܦܟܐ.

[1] Voces minio scriptae. — [2] In marg. : ܦܘܬܒܝܠ. — [3] Ms. ″ܢ. — [4] Ms. ″ܣܘ. — [5] Deest in ms. — [6] Exciderunt nonnulla.

ܬܘܒ ܕܦܫܬܐ ܬܫܡܫܬܐ ܕܐܝܡܢܐ ܐܝܬܝܗ̇ ܘܡ̈ܠܟܐ ܐܝܬ ܒܗ̇ [1]. ܠܒܪ ܡܢ ܩܘܕܪܝܢܘܣ ܢܗܪܐ ܕܗܘ ܐܝܬܘܗܝ ܦܝܫܘܢ. ܡܢ ܬܝܡܢܗ ܐܝܬ ܗܠܝܢ ܕܡܬܩܪܝܢ ܩܘܪܢܝܢܘܣ. ܠܒܪ ܡܢ ܗܠܝܢ ܐܝܬ ܗܠܝܢ ܕܡܬܩܪܝܢ ܛܠܪܝܢܘܣ. ܘܠܒܪ ܡܢ ܗܠܝܢ ܐܝܬ ܗܠܝܢ ܕܡܬܩܪܝܢ ܣܘܪܘܣ. ܘܬܝܡܢܐ ܘܐܟܪ̈ܝܐ ܕܡܕܒܪܝܢ ܒܫܬܗܘܢ. ܕܠܘܬ ܚܕ ܡܢܗܘܢ ܬܠܬܐ ܪ̈ܫܝܢ ܐܝܬ. ܘܒܗܕܐ ܐܪ̈ܒܥܐ ܐܝܬ ܒ̈ܐܦܐ ܓ̈ܒܠܬܐ. ܕܦܘܪ̈ܕܘܢ ܘܦܬܟܪ̈ܐ ܘܓܙܘ̈ܠܐ ܟܡܐ ܣܓܝܐܐ. ܘܒܝܢܬܐ ܕܗܦܟܝܢ ܦܠܓ̈ܒܐ [2] ܠܡܒܠ ܠܬܡܢ. ܡܛܠ ܕܡܟܝܟܐ ܐܪ̈ܒܥܐ ܗ̇ܝ. ܒܪܘܡ ܬܫ̈ܥܐ ܘܫܬܝܢ ܫܢܝܢ ܐܪ̈ܒܥܐ ܡܛܠ ܕܕܚܠܝܢ ܡܢ ܦܠܓ̈ܒܐ. ܘܒܝܢܬܐ ܗ̇ܝܐ ܒܐܠܝܢ ܒܡܫ̈ܝܚܐ ܕܠܐ ܕܚ̈ܠܐ ܠܐܬܪܘܬܐ ܗ̇ܢܘܢ. ܘܥܡܘܩܝܢ ܡܢ ܒ̈ܢܘܠܐ ܘܚܐܦ̈ܐ ܢܡܪ̈ܬܐ *ܕܒ̈ܢܝܐ. ܠܐ ܒܪ ܒܐܠܝܢ ܠܬܡܢ ܐ̈ܢܫܐ ܐܢ ܠܐ * 79 v°, col. a. ܥܩܠܝܢ ܦܪܫܬܐ ܗ̇ܦܐ ܒ̈ܝܬܗܘܢ. ܘܠܐ ܡܬܒ̈ܪܢܝܢ ܒܠܚܘܕ ܬܫ̈ܥܐ ܡܢ ܕܝܠܬܐ ܕܒܗܘܢ. ܠܒܪ ܡܢ ܗ̇ܢܘܢ ܠܝܬ ܡܕܡ ܠܬܡܝܗܐ. ܟܝܬܐ ܐܢ ܢܒܥܐ ܒܠܚܘܕ ܀

ܡܢ ܓܢܣ ܘܥܡ ܘܢܦܩܬ. ܗܘܝܢ [3] ܣܓܝܐܝܢ ܘܬܪܝܢ ܒܒ̈ܒܪܐ ܘܐܟܬܘܒܬܐ ܘܠܫܢ̈ܐ. ܘܐܝܬ ܒܗܘܢ ܕܡܕܒܪܝܢ ܣܦܪܐ ܡܟܬܒܢܘܬܐ ܒܒܬ̈ܒܐ. ܘܣܓܝܐܐ ܠܐ ܦܪܫܝܢ ܡܢ ܒܪ̈ܢܫܐ ܐܝܟ ܚܝܘܬܐ ܕܠܐ ܒܗܘܢܐ ܪܕܝܢ ܥܠ ܐܦ̈ܝ ܐܪ̈ܥܐ.

ܥܠܡ ܕܦܫ̈ܬܐ ܕܐܢܕܪܘܢܝܩܘܣ ܢܣܛܘܪܐ [4].

ܗܠܝܢ ܕܡܕܡܝܢ ܣܦܪܐ ܐܝܬܝܗܘܢ ܣܘܪ̈ܝܝܐ. ܝܒܪ̈ܝܐ. ܟܠ̈ܕܝܐ. ܦ̈ܪܣܝܐ. ܚܒܫ̈ܝܐ. ܝܘܢ̈ܝܐ. ܚܘܙ̈ܝܐ. ܣܘܪ̈ܝܝܐ. ܩܦܛ̈ܝܐ. ܢܘ̈ܒܝܐ. ܐܪܡ̈ܢܝܐ. ܐܠ̈ܢܝܐ. ܪ̈ܗܘܡܝܐ. ܐܪ̈ܡܝܐ. ܓܝ̈ܪܐ. ܒܘܪ̈ܓܝܐ ܀

[1] Voces minio scriptae. — [2] In marg. ܦܓ̈ܠܝܐ ״ܘ. — [3] Ms. ״ܘܗ. — [4] Voces minio scriptae.

ܫܪܒܬܐ ܕܠܫ̈ܢܐ ܀[1]

ܬܘܒ ܦܘܫܩܐ ܕܟܠܗܘܢ ܠܫ̈ܢܐ ܘܕܐܝܢܐ ܗܘ
Brit. Mus. Add. 14541, f. 52 r° *a.* ܐܒܐ ܕܟܠ ܚܕ ܚܕ ܡܢܗܘܢ ܕܟܠܗ̈ܘܢ ܕܠܫ̈ܢܐ
ܕܡܦܪ̈ܫܝܢ ܠܐܘܣܒܝܘܣ ܩܣܪܝܐ ܀
ܒ̈ܢܝ ܝܦܬ ܓܡܪ ܐܒܘܗ̇ ܕܓ̈ܠܛܝܐ ܘܒܪ̈ܒܪܝܐ ܘܣܪܡܛܝܐ.[2] ܡܓܘܓ ܐܒܘܗ̇ ܕܩܠ̈ܛܝܐ ܘܓ̈ܠܛܝܐ.[3] ܡܕܝ ܐܒܘܗ̇ ܕܡ̈ܕܝܐ ܘܦ̈ܪܣܝܐ. ܝܘܢ ܐܒܘܗ̇ ܕܐ̈ܝܘܢܝܐ ܘܐܝܘܢܘܢ ܘܩܦܘܩܛܝܐ. ܬܘܒܠ ܐܒܘܗ̇ ܐܝܒܘܪܝܐ ܘܐ̈ܝܛܠܝܐ. ܡܫܟ ܐܒܘܗ̇ ܕܡܘܣܘܢܝܐ ܘܐܠܒ̈ܢܝܐ.[3] ܬܝܪܣ ܐܒܘܗ̇ ܬܪ̈ܩܝܐ[4] ܘܒ̈ܢܝ ܓܡܪ. ܐܫܟܢܙ ܐܒܘܗ̇ ܐܪ̈ܡܢܝܐ ܘܡܕܝ̈ܢܝܐ ܘܣܪ̈ܕܝܐ.[5] ܪܝܦܬ[6] ܐܒܘܗ̇ ܐܘܪ̈ܛܝܐ ܘܦܦ̈ܠܓܘܢܝܐ ܘܐܦ̈ܠܓܘܢܝܐ. ܬܘܓܪܡܐ ܐܒܘܗ̇ ܬܪ̈ܩܝܐ ܘܣܘܪ̈ܡܛܝܐ ܘܒ̈ܢܝ ܝܘܢ. ܐܠܝܫܐ ܐܒܘܗ̇ ܐܝ̈ܠܝܣܝܐ. ܬܪܫܝܫ ܐܒܘܗ̇ ܩܝܠ̈ܝܩܝܐ. ܟܬܝܡ ܐܒܘܗ̇ ܐܟܐܐ ܕܐܝܬܝܗܘܢ ܒܩܘܦܪܘܣ. ܕܘܕܢܝܡ[7] ܐܒܘܗ̇ ܕܪ̈ܕܝܐ ܘܕܠܬ̈ܚܬܝܐ ܘܪ̈ܗܘܡܝܐ ܕܐ̈ܝܬܝܗܘܢ ܒܡܕܒܪܐ ܘܒܓܪܒܝܐ

⌝ܒ̈ܢܝ ܚܡ[8] ܟܘܫ ܐܒܘܗ̇ ܕܟܘܫ̈ܝܐ ܘܡܨ̈ܪܝܐ ܘܦܘ̈ܛܝܐ ܘܡܕ̈ܝܢܝܐ ⌝ܘܒ̈ܢܝ[9] ܟܘܫ.[8] ܣܒܐ ܘܚܘܝܠܐ ܘܣܒܬܟܐ ܘܬܒܐܝܣ ܘܡܣܘܪܣ ܘܡܐܘܪ̈ܝܬܐ ܘܒ̈ܢܝ ܪܥܡܐ ܣܒܬܟܐ ܘܡܘܪ̈ܛܢܝܐ[10] ܘܡܬܪܬܪܢܝܐ ⌝ܘܒ̈ܢܝ ܪܥܡܐ[8] ܫܒܐ ܘܕܕܢ
*f. 52 r° *b.* *ܕܐܝܬܝܗܘܢ ܫܒܝܐ ܘܦܪ̈ܙܢܝܬܐ. ܟܘܫ ܐܘܠܕ ܠܢܡܪܘܕ ܓܢܒܪܐ ܗܘܐ ܗܢܐ ܠܒܒܠ ܘܠܐܪܥ ܕܐܬܘܪ ܐܘܪܗܝ ܘܠܐܟܪ ܕܐܬܘܪ ܐܘܪܗܝ ܢܝܢܘܐ ܘܠܟܠܚܐ[11] ܕܐܬܘܪ ܐܘܪܗܝ ܥܠܡ ܘܠܪܣ ܚܢܐ ܘܠܣܘܪܝܐ ܘܠܦܠܣܛܝܢܐ ܘܠܕܠܡܐ ܘܠܡܨܪ. ܘܡܨܪܝܢ ܐܘܠܕ ܠܠܘܕܝܡ ܘܠܥܢܡܝܡ ܘܠܠܗܒܝܡ ܘܠܢܦܬܘܚܝܡ

[1] Inscriptionem (e clausula) addidi. — [2] Ms.: ܣܘܪܡܛܐ. — [3] Ms. sine puncto post vocem. — [4] Ms.: ܬܪ̈ܩܐ. — [5] Ms.: ܣܪ̈ܕܝܐ vel ܣܪܕܝܐ. — [6] Ms. ܪܝܦ. — [7] Ms. ܕܘܕܢܝܡ. — [8] Voces minio scriptae. — [9] Puncta plur. desunt in ms. — [10] Ms. "ܘܪ̈ܛܝ". — [11] Ms. ܟܠܚ".

ܘܠܦܬܪܘܣܝܡ ܕܢܦܩܘ[1] ܡܢ ܬܡܢ ܦܠܫܬܝܐ ܘܩܦܕܘܩܝܐ
ܕܐܬܝܠܕܘ ܐܘܣܢܝܐ ܘܢܘܡܒܕܝܐ[2] ܘܦܪܘܓܝܐ ܘܒܝܬܘܢܝܐ
ܘܦܦܠܓܘܢܝܐ ܘܓܠܛܝܐ ܘܡܩܕܘܢܝܐ ܘܒܝܬܢܝܐ. ܘܒܢܝܢ
ܐܘܠܕ ܠܝܒܪܘܢ ܕܐܬܪܝܗܘܢ ܝܘܬܪܝܐ. ܘܝܒܪܢܝܐ ܘܗܠܝܢܝܐ
ܘܦܘܢܛܝܐ. ܒܟܘܫܝܐ ܐܬܝܠܕܘ[3] ܐܘܪܫܠܡܝܐ. ܐܡܘܪܝܐ
ܐܬܝܠܕܘ ܦܪܘܓܝܐ. ܒܓܘܡܫܝܐ ܓܠܛܝܐ ܚܒܪܝܐ
ܐܬܝܠܕܘ ܚܘܝܐ ܘܐܪܬܘܫܝܐ. ܒܪܘܡܝܐ ܐܬܝܠܕܘ
ܡܬܠܝܡܝܐ ܘܦܢܝܩܝܐ ܘܐܦܪܝܩܝܐ[4] ܐܡܘܪܝܐ ܐܬܝܠܕܘ
ܡܘܦܪܝܐ ܙܪܥܐ ܦܢܝܡ ܘܡܫܡܫܝܢ ܘܐܡܪܝܢ ܠܒܘܪܬܐ
ܚܬܝܬܐ[5] ܐܬܝܠܕܘ ܐܪܩܕܝܐ ܘܣܡܪܝܐ. ܘܪܘܣܝܘܢ[6]
ܕܟܠ ܚܕ ܒܦܠܓܘܬܐ ܕܐܬܝܗܒܬ ܠܗ ܬܚܘܡܐ ܘܡܠܟ ܡܢ
ܡܕܒܪܐ

[7]ܘܟܠܗ ܫܢܝܢ ܘܡܫܟܢ[7] ܐܘܠܕ ܐܦ ܗܘ ܐܒܗܘܬܢ ܕܟܠܗ ܒܢܝ
*ܐܫܟܚܘ ܕܢܦܠܬ[8] ܪܒܐ. ܟܠܗ ܫܢܝܢ ܒܟܠܗܘܢ ܒܬܠܡܝܕܐ * f. 52 v° a.
ܐܫܬܕܪ ܦܪܬܘܢܐ ܐܪܦܟܫܕ ܐܪܡܝܐ ܘܠܘܕܝܢ ܠܒܢܝܐ
ܘܐܪܡ ܣܘܪܝܐ. ܘܟܠܗ ܐܪܡ ܗܘܢ ܒܢܝ ܥܘܨ ܘܚܘܠ ܘܓܬܪ
ܘܡܫ. ܘܡܢ ܣܘܪܝܐ ܐܬܝܠܕܘ ܕܪܡܣܘܩܝܐ ܘܚܪܢܝܐ. ܘܟܠܗ
ܒܢܝ ܘܡܕܒܪܐ: ܘܝܩܛܢ ܐܘܠܕ ܠܐܠܡܘܕܕ ܘܠܐܦܪܝܩܝܐ.
ܫܠܦ ܐܘܠܕ ܗܢܕܘܝܐ ܘܚܪܦܬܝܐ. ܝܪܚ ܒܟܪܡܢܝܐ[9].
ܗܕܘܪܡ ܐܘܠܕ ܐܪܒܝܐ. ܐܘܙܠ ܐܪܙܢܝܐ ܘܕܒܪܝܐ.[10]ܕܩܠܐ
ܐܘܠܕ ܒܡܣܪܝܐ[11] ܘܒܒܠܝܐ[9]. ܒܥܒܠ ܚܘܪܝܐ ܘܟܠܗ ܡܫܪ[9].
ܐܒܝܡܐܝܠ[3] ܒܪܒܪܒܬܝܐ[9]. ܫܒܐ ܚܪܦܬܝܐ. ܐܘܦܝܪ
ܒܩܢܛܡܝܐ ܘܗܪܕܘܝܐ[9]. ܚܘܝܠܐ ܐܘܠܕ ܬܢܘܒܝܐ ܘܒܘܫܝܐ[9].
ܝܘܒܒ ܒܪܒܒܝܢܝܐ. ܘܪܘܚܐ ܕܢܬܬܘܗܘܢ ܐܬܝܗ
ܒܕܝܢܐ ܟܠܗ ܘܒܝܬܐ ܩܠܝܠ ܡܢ ܬܒܝܠܐ. ܕܒܬܬܝܒܐ
ܡܢ ܒܢܦܐ ܬܝܒܝܢܬܐ ܕܒܕܝܢܐ.[12] ܗܦܟ ܬܘܠܕܬܐ
ܕܒܕܟܐ ܕܒܬܠܠ ܒܪܐ ܠܓܒܪܐ ܫܪܝܐ ܕܡܢ ܒܠܡ :·:

[1] Ms. ܪܢܦܩܘ. — [2] Ms. ܢܘܡܕ̈ܝܐ" : e Libro Generationis correxi. — [3] Ms. cum puncto post vocem. — [4] Ms. ܦܪܝܐ" : e I Esdr., iv, 9 (vers. syr.), correxi. — [5] Ms. bis, prima vice minio scriptum. — [6] Ms. ܘܪ̈ܘܣܝܘܢ. — [7] Voces minio scriptae. — [8] Ms. ܪܢܦܠܬ. — [9] Ms. sine puncto post verbum. — [10] Vel ܘܪܘܫ̈ܝܐ : punctum non apparet. — [11] Ms. ܒܡܨܪ̈ܝܐ. — [12] Ms. ܡܕܝܢ̈ܬܐ.

ܬܘܒ ܕܒܥܒܐ ܠܥܡ̈ܡܐ ܗܘ̈ܝܢ ܕܢܕܥܘܢ ܫܦܝܪܐ
ܒܟܠ ܗܕܐ ܕܐܫܬܠܛ ܐܝܟ ܒܗܕܢ ܕܐܬܕܒܪܬ
ܒܡܘܕܥܢܐ ܠܝ ܀

*f. 52 v° b. ܒܒܟܠ *ܕܝܢ ܐܬܟܠܟܠܘ ܒܚܫܐ ܕܗܢܘܢ ˹ܠܠܫ̈ܢܐ ܫܩ̈ܠܝܢ ܘܬܪ̈ܝܢ[1]. ܘܗܕܐ ܬܘܒ ܕܦܓܥܬ ܕܬܕܒܪ ܕܒܥܒܐ ܗܘܝܢ ܕܢܕܥܘܢ ܫܦܝܪܐ ܘܐܦ ܗܕܐ ܒܡܘܕܥܢܐ ܠܝ. ܡܫܬܒܚܘܢ ܚܢܢ ܐܝܟ ܕܢܕܥܘܢ ܫܦܝܪܐ. ˹ܫܠܡܬ ܕܦܓܥܬ[1]. ܕܐܬܬܗܘܢ ܢ̈ܝܚܐ ܘܐܒܝܫ̈ܬܐ ܘܪ̈ܗܘܒܝܐ[2] ܘܐܪ̈ܡܠܬܐ ܘܡ̈ܕܒܪܢܐ ܘܐ̈ܠܝܢܐ ˹ܘܕܝܢ ܚ̈ܛܝܐ ܕܗܘܝܢ[1] ܒܒ̈ܝܬܐ ܘܫܘ̈ܦܪܐ. ܘܒ̈ܟܠܝܐ ܘܦ̈ܬܘܪܐ ܘܒܠܬܒܪܐ ˹ܘܕܝܢ ܐܪ̈ܒܥ[1] ܒܡ̈ܕܝܢܐ ܘܒ̈ܬܝܐ ܘܦܘ̈ܢܩܐ ܘܗܕ̈ܪܐ.

ܫܠܡ ܫܪܒܬܐ ܕܠܫ̈ܢܐ ܀

[1] Voces minio scriptae. — [2] Ms. ܘܪ̈ܗܘܡܝܐ (?) arctissime et indistinctissime.

[ܡܟܬܒ ܙܒ̈ܢ]ܐ ܕܐܘܣܒܝܘܣ ܩܣܪܝܐ[1]. ܡܢ Brit. Mus. Add. 17216, f. 1.
[ܫܘܪܝܐ ܕܒ]ܪܝܬܐ ܠܫܢܬ ܬ[ܠܡܫܝ]ܚ̈ܐ[2]
[ܘ.....ܘ]ܬܪ̈ܬܝܢ ܕܐܠܟܣܢܕܪܘܣ ܡܩܕܘܢܝܐ

ܐܕ[ܡ ܒܪ ܡ]ܐܐ ܘܬܠܬܝܢ ܫܢ̈ܝܢ ܐ[ܘܠܕ ܠ]ܫܝܬ ܀ ܫܝܬ
ܒܪ ܡܐܐ [ܘܚܡܫ ܫܢ̈ܝܢ] ܐܘܠܕ ܠܐܢܘܫ ܀ ܐܢܘܫ ܒܪ
ܡܐܐ ܘܬܫܥܝܢ ܫܢ̈ܝܢ ܐܘܠܕ ܠܩܝܢܢ ܀ ܩܝܢܢ ܒܪ ܡܐܐ
ܘܫܒܥܝܢ ܫܢ̈ܝܢ ܐܘܠܕ ܠܡܗܠܠܐܝܠ ܀ ܡܗܠܠܐܝܠ ܒܪ
ܡܐܐ ܘܫܬܝܢ ܘܚܡܫ ܫܢ̈ܝܢ ܐܘܠܕ ܠܝܪܕ ܀ ܝܪܕ ܒܪ ܡܐܐ
[ܘ]ܫܬ[ܝܢ] ܘܬܪ̈ܬܝܢ ܫܢ̈ܝܢ ܐܘܠܕ ܠܚܢܘܟ ܀
ܘܡܫܘܚܬܐ ܐܪ̈ܟܢܐ ܕܗܕ ܥܠܡ ܐܠܦܐ ܩܕܡܝܐ[3] ܀
ܚܢܘܟ ܒܪ ܡܐܐ ܘܫܬܝܢ ܘܚܡܫ ܫܢ̈ܝܢ ܐܘܠܕ ܠܡܬܘܫܠܚ ܀
ܡܬܘܫܠܚ ܒܪ ܡܐܐ ܘܫܬܝܢ ܘܫܒܥ ܫܢ̈ܝܢ ܐܘܠܕ ܠܠܡܟ ܀
ܠܡܟ ܒܪ ܡܐܐ ܘܬܡܢܝܢ ܘܬܡܢܐ ܫܢ̈ܝܢ ܐܘܠܕ ܠܢܘܚ ܀ ܢܘܚ ܒܪ
ܫܬܡܐܐ ܫܢ̈ܝܢ ܐܘܠܕ ܠܫܝܡ ܀
ܘܡܫܘܚܬܐ ܕܬܠܬܐܠܦܐ ܘܬܡܢܝܐ ܘܫܒܥܝܢ ܫܢ̈ܝܢ ܕܗܢܘ ܥܠܡ
ܐܠܦܐ ܕܬܪܝܢ ܀
ܫܝܡ ܒܪ ܡܐܐ [ܫܢ̈ܝܢ] ܐܘܠܕ ܠܐܪܦܟܫܕ ܀
ܘܡܫܘܚܬܐ ܡܐܐ [ܕܒܬ]ܪ ܗܘܐ ܠܛܘܦܢܐ[3] ܀
ܡܢ ܐܕܡ ܗܘ [ܥ]ܕܡܐ ܠܛܘܦܢܐ. ܬܪܝܢ ܐܠܦܝܢ ܘܡܐܬܝܢ
ܘܐܪܒܥܝܢ ܘܬܪܬܝܢ ܫܢ̈ܝܢ ܀
[ܐܪ]ܦܟܫܕ ܒܪ ܡܐܐ ܘܬܠܬܝܢ ܘܚܡܫ ܫܢ̈ܝܢ ܐܘܠܕ
ܠܩܝܢܢ ܀ ܩܝܢܢ ܒܪ ܡܐܐ [ܘܬܠܬܝܢ ܫܢ̈ܝܢ ܐܘܠܕ ܠܫܠܚ ܀]

[1] Fragmentum hoc cuiusdam epitomes Eusebianae, prelo minime dignum, praetermittere primum in animo habebamus; sed, cum Wright peculiarem articulum ei assignavit in suo *Catalogo* (n. DCCCCXIV, p. 1041), ut parcamus curiosorum labori, illud vulgare satius duximus. Codex e quo detractum est id folium primum scriptus est, Wright iudice, saec. VIII vel IX. — [2] Wright secutus ita scripsi; sed, utrum ܠܡܫܝ̈ܚܐ an ܠܡܫ̈ܝܚܐ sit vox perspicue discernere non possum. — [3] Voces minio scriptae.

PSEUDO-DIOCLIS FRAGMENTUM.

Fragmentum hoc edidit Lagarde in libro *Analecta Syriaca,* p. 201-205, e cod. Mus. Brit. add. ms. 12152, scripto anno 837 p. Chr. n. (cf. Wright, *Catal.,* p. 498).

Alterum exemplar nuper innotuit, in cuius possessionem cum venisset H. Zotenberg, Theodoro Nöldeke dono dedit, isque perhumaniter mihi Romam misit. Sed cum inter duo exemplaria pernimium intersit, ea separatim edere et latine vertere satius esse duxi. Cod. Nöldeke, chartac., p. 33 constans, et vocales adscriptas praebens ad rationem scripturae nestorianae, nostra aetate descriptus est ex archetypo saec. XIV in urbe Koi Ḳerkūk asservato; praeter hoc fragmentum continet vitam S. Šallīṭā (cf. Bedjan, *Acta Mart.,* I, 424).

Emendationes quas recenset Wright (*op. cit.,* p. 499, n.) in textum nostrum receptae sunt, nonnullasque iis addere licuit ex quo cl. E.-W. Brooks locos dubios cum codice contulit.

De auctore autem et origine fragmenti quid statuendum sit breviter attigimus in praefatione ad conversionem latinam.

I. G.

ܡܟܬܒܢܘܬܐ ܕܕܝܩܠܝܛܘܣ ܚܢܦܐ

Mus. Brit. Add. 12152, f. 194 v° a.

ܘܗܘܐ ܡܢ ܒܬܪ ܦܘܠܓܐ ܕܠܫܢܐ ܕܒܝܘܡܝ ܦܠܓ. ܒܫܢܬܐ ܚܕ ܡܢ ܒܢܝ ܢܘܚ. ܘܡܬܩܪܐ ܗܘܐ ܐܓܒܘܪ[1]. ܗܢܐ ܩܛܠ ܗܘܐ ܡܢ ܡܕܢܚܐ. ܘܐܬܐ ܘܥܒܪ ܒܡܥܒܪ ܢܗܪܐ. ܘܒܢܐ ܡܕܝܢܬܐ ܘܩܪܐ ܫܡܗ̇ ܐܓܒܘܪ[1]. ܕܡܬܩܪܝܐ ܒܠܫܢܐ ܣܘܪܝܝܐ ܐܘܪ. ܘܗܘܘ ܠܗ ܬܠܬܐ ܒܢܝܢ. ܣܘܪܘܣ ܒܘܟܪܗ. ܘܩܝܠܝܩܝܣ ܬܢܝܢܗ. ܘܦܘܢܝܩܝܣ ܬܠܝܬܝܗ. ܘܗܘܐ ܐܓܒܘܪ[1] ܐܒܘܗܘܢ ܐܡܠܟ ܒܝܘܡܝ .ܝܓ. ܫܢܝܢ. ܘܒܬܪ ܡܘܬܗ. ܦܠܓ ܐܪܥܐ ܠܒܢܘܗܝ. ܘܝܗܒ ܠܦܘܢܝܩܘܣ. ܦܘܢܝܩܐ. ܘܠܩܝܠܝܩܝܣ ܝܗܒ ܠܗ ܩܝܠܝܩܝܐ. ܘܠܣܘܪܘܣ ܝܗܒ ܠܗ ܣܘܪܝܐ. ܘܡܕܝܢܬܗ ܕܦܘܢܝܩܘܣ. ܨܘܪ ܗܘܐ. ܗܪܩܠܝܣ ܓܒܪܐ ܚܟܝܡܐ ܘܓܢܒܪ ܚܝܠܐ. ܗܢܐ ܓܒܪ ܓܢܒܪܐ: ܟܕ ܡܬܦܪܓܓܐ ܥܠ ܣܦܪ ܝܡܐ ܕܨܘܪ. ܘܚܙܐ ܟܠܒܐ ܚܕ ܕܪܥܝܐ. ܟܕ ܠܓܡܝ ܚܠܙܘܢܐ ܕܝܡܐ ܘܐܟܠ ܒܗ. ܕܡܬܩܪܐ ܡܘܪܥܠܐ. ܘܡܦܠܦܠ ܗܘܐ ܦܘܡܗ ܕܗܘ ܟܠܒܐ ܡܢ ܕܡܗ ܕܗܘ ܚܠܙܘܢܐ. ܘܚܙܐ ܠܗ ܗܪܩܠܝܣ ܠܪܥܝܐ ܗܘ ܕܟܠܒܐ ܗܘ. ܘܐܡܪ ܠܗ ܡܛܠ ܗܘ ܟܠܒܐ. ܘܡܚܕܐ ܐܝܬܘܗܝ ܗܘ ܪܥܝܐ ܥܡܪܐ ܘܨܒܥ ܒܗ ܦܘܡܗ ܕܗܘ ܟܠܒܐ. ܘܨܒܥ ܠܗ ܗܘ ܪܥܝܐ ܡܢ ܗܘ ܥܡܪܐ ܟܠܝܠܐ ܘܣܡܗ ܒܪܝܫܗ. ܘܟܕ ܚܙܐ ܟܠܗܘܢ ܫܒܚܘܗܝ: ܫܒܚܗ ܗܪܩܠܝܣ ܠܟܠܝܠܐ ܗܘ ܕܡܢ ܥܡܪܐ ܕܨܒܥܝܢ ܗܘܐ ܠܗ. ܘܐܬܕܡܪ ܒܫܘܦܪܗ. ܘܫܐܠܗ ܠܗܘ ܟܠܝܠܐ ܡܢ ܗܘ ܪܥܝܐ. ܘܠܡܘܟܐ ܐܚܪܢܐ ܫܩܠܗ ܗܪܩܠܝܣ ܠܪܥܝܐ ܘܠܟܠܒܐ. ܘܝܗܒ ܠܨܘܪ ܡܕܝܢܬܐ. ܘܚܙܐ ܟܠܒܐ ܚܠܙܘܢܐ ܚܕ ܟܕ ܢܦܠ. ܘܪܗܛ *ܗܘ ܟܠܒܐ ܘܠܚܟܗ. ܘܐܦܠܗ ܗܘܐ ܗܪܩܠܝܣ ܠܚܠܙܘܢܐ ܡܢ ܦܘܡܗ. ܘܫܕܪܗ ܠܪܥܝܐ ܕܢܐܙܠ ܠܒܝܬܗ. ܘܗܘ ܗܪܩܠܝܣ ܢܦܩ ܗܘܐ

*f. 194 v° b.

[1] Sic ms

*Nöld. p. 29. *ܬܘܒ ܫܪܒܐ ܬܫܥܝܬܐ ܕܗܘܬ ܡܢ ܒܬܪ ܦܘܠܓܐ ܕܠܫܢ̈ܐ. ܒܝܘ̈ܡܝ ܦܠܓ. ܘܐܝܬ ܒܗ̇ ܒܡܕܒܪܢܘܬܐ ܫܪܝܪܬܐ ܥܠ ܒܪ̈ܝ ⁘

ܗܘܐ ܡܢ ܒܬܪ ܦܘܠܓܐ ܕܠܫܢ̈ܐ ܒܝܘ̈ܡܝ ܦܠܓ. ܓܒܪܐ ܚܕ ܡܢ ܒܢ̈ܝ ܢܘܚ. ܘܡܬܩܪܐ ܗܘܐ ܐܬܘܪ. ܗܢܐ ܢܦܩ ܡܢ ܡܕܢܚܐ. ܘܐܬܐ ܘܝܬܒ ܒܝܬ ܢܗܪ̈ܝܢ. ܘܒܢܐ ܠܗ ܡܕܝܢܬܐ. ܘܩܪܐ ܫܡܗ̇ ܥܠ ܫܡܗ. ܕܐܬܘܪ ܦܘܢܝܩܐ ܕܣܘܪ̈ܝܐ. ܘܡܬܩܪܝܐ ܒܠܫܢܐ ܣܘܪܝܝܐ ܐܬܘܪ. ܘܗܘܘ ܠܗ ܬܪܝܢ[1] ܒܢܝ̈ܢ. ܣܘܪܘܣ ܒܘܟܪܗ ܘܩܝܠܝܩܘܣ ܘܦܘܢܝܩܘܣ ܬܠܬܝܗܘܢ. ܗܘ ܕܝܢ ܐܬܘܪܐ ܒܗܘܢ ܐܡܠܟ ܒܗ̇ ܥܣܪ[2] ܫܢ̈ܝܢ. ܘܒܬܪ ܕܡܝܬ ܦܠܓ[3] ܠܒܢ̈ܘܗܝ. ܘܝܗܒ ܠܦܘܢܝܩܘܣ ܦܘܢܝܩܐ. ܘܠܩܝܠܝܩܘܣ ܝܗܒ ܠܗ ܟܠܗ̇ ܩܝܠܝܩܝܐ. ܘܠܣܘܪܘܣ ܟܠܗ̇ ܣܘܪܝܐ. ܘܒܝܘܡܘܗܝ ܕܦܘܢܝܩܘܣ. ܗܘܐ ܩܕܡܘܣ ܓܒܪܐ ܚܟܝܡܐ ܘܦܝܠܣܘܦܐ ܚܝܠܬܢܐ. ܗܢܐ ܒܪ ܡܬܦܪܓܐ ܥܠ ܣܦܬ̈ܝ ܝܡܐ ܕܨܘܪ. ܚܙܐ ܠܟܠܒܐ ܕܪܥܝܐ ܚܕ ܐܟܠ ܣܠܘܢܐ ܕܝܡܐ ܕܡܬܩܪܝܐ ܡܘܪܟܠܐ[4]. ܘܡܦܠܦܠ ܗܘܐ ܦܘܡܗ ܕܟܠܒܐ ܡܢ ܕܡܗ ܕܣܠܘܢܐ ܗ̇ܘ. ܘܚܙܐ ܠܗ ܩܕܡܘܣ ܠܪܥܝܐ ܗܘ ܘܐܡܪ ܠܗ ܕܢܓܠ ܟܠܒܐ. ܘܡܚܘܝܐ ܐܝܬ ܪܥܝܐ ܒܥܡܪܐ ܚܘܪܐ. ܘܟܦܪܗ[5] ܒܗ ܠܦܘܡܗ ܕܟܠܒܐ. ܘܨܒܥܗ ܗܘ ܥܡܪܐ ܠܥܡܪܐ ܐܝܟ ܟܠܝܠܐ ܘܣܡܗ ܒܪܝܫܗ. ܘܟܕ ܕܚܙܬ ܥܡܡܐ ܟܠܗܘܢ. ܚܙܘܝ ܡܪܘܡܘܣ ܕܐܢܫܐ ܒܟܦܪ ܥܡܪܐ ܗܘ. ܬܡܗ ܘܐܬܕܡܪ ܒܫܘܦܪܗ. ܘܫܩܠܗ ܡܢ ܗܘ ܪܥܝܐ. ܘܠܡܠܟܐ ܐܝܬܝܗ ܗܘܬ ܠܗ ܒܬܟܠܝܬܐ. ܘܫܩܠܗ ܠܗ ܪܥܝܐ ܘܠܗ ܟܠܒܐ ܘܢܦܩ ܠܣܦܬ̈ܝ ܝܡܐ. ܘܟܕ ܡܗܠܟܝܢ ܗܘܘ ܬܪܝܗܘܢ. ܚܙܐ ܗܘ ܟܠܒܐ ܬܘܒ ܠܣܠܘܢܐ ܐܚܪܢܐ. ܘܢܟܬ ܘܠܥܣܗ. ܘܡܚܘܝܐ ܐܪܓܘܢܗ ܡܬܓܠܝܐ ܠܣܠܘܢܐ ܡܢ ܦܘܡܗ ܕܟܠܒܐ. ܘܟܕ ܚܙܐ ܣܘܡܗ

[1] Leg.: ܬܠܬܐ. — [2] Suppl. ܝܢ. — [3] Suppl. ܐܪܥܐ. — [4] Scrib.: ܕܡܬܩܪܐ ܡܘܪܟܠܐ. — [5] Lege: ܘܟܦܪ.

ܘܕܒܡܘܬܗ̇. ܫܒܩܗ ܠܪܒܝܐ ܕܢܐܙܠ ܠܒܝܬܗ. ܘܗܘ ܒܬܠܒܪܢ Cod. M. Br. ܥܠܝܗܘܢ ܥܠ ܗܦܪ ܢܦܫܐ. ܘܡܚܕܐ ܕܢܦܩ ܗܘܐ ܚܕ ܡܢ ܗܠܝܢ ܚܠܘܬܐ ܠܒܪ ܡܢ ܢܦܫܗ̇. ܪܗܛ ܗܘܐ ܘܠܟܝ ܠܗ ܠܡܠܟܘܬܐ. ܘܒܢܫ ܒܢܦܫܗ̈. ܠܗ. ܘܦܓܥܘ ܐܢܘܢ ܒܥܠ ܢܡܪܐ. ܘܟܕ ܒܕܒܚܘܢ ܒܒܪܝܐ ܚܡܪܐ. ܘܢܣܒܗ ܗܘܐ ܠܐܢܬܬܐ ܚܕܐ. ܘܒܒܕܬ ܠܗ ܒܢܝܗ ܒܒܦܪܐ. ܘܫܡܠܗ ܘܐܒܠܗ ܠܗܘ ܒܐܢܐ ܠܦܢܝܩܘܣ ܬܠܒܐ ܕܢܘܪ. ܘܒܪ ܫܢܘ ܬܗܪ ܒܫܦܪܗ. ܘܦܩܕ ܕܐܢܫ ܐܚܪܢ ܒܝܬܗ ܠܐ ܢܠܓܫ· ܐܠܐ ܐܢ ܗܘ ܬܠܒܐ ܒܠܚܘܕ. ܘܝܗܒ ܠܗ ܬܘܒ ܠܡܪܘܠܝܣ ܫܘܠܛܢܐ ܕܢܗܘܐ ܦܩܕ ܢܠܦܘܗܝ. ܘܒܬܪܟܗ ܕܗܘ ܐܢܬܘܗܝ ܐܟܡܐ ܕܬܠܒܘܬܗ.

ܘܗܢܐ ܡܪܘܠܝܣ. ܗܘ ܗܘ ܗܘܐ ܙܘܒܢܐ ܕܒܠܗܘܢ ܒܢܬܐ ܥܦܪܐ. ܘܐܢܒܢܐ ܩܠܝܠ ܬܘܒ ܡܬܒܚܬܐ ܡܢ ܢܦܫܗ̇. ܗܘ ܗܘ ܘܐܬܠܒ ܠܬܫܥܐ.

ܒܢܘܬܗܬܐ ܩܢܘܢ ܐܢܬ ܗܘܐ ܠܒܒܪܐ ܒܐܬܪܐ ܕܒܒܪܒܐ. ܘܫܒܒܗ ܗܘܐ ܪܘܒܢܐ. ܘܠܒܒܪܐ ܗܘܐ ܠܒܒܪ ܫܠܝܐ. ܘܒܢܘܬܗܬܗ ܐܢܬ ܗܘܐ ܒܠܒܪܬܐ ܗ̇ܝ ܕܩܠܝܡܝܣ. ܒܬܘܠܬܐ ܚܕܐ ܫܦܝܪܬ ܒܢܘܐ. ܘܒܒܝܢܕܐ ܗܘܬ ܒܘܒܪܬܐ ܒܢܘܗܐ ܕܐܪܝܣ ܐܠܗܐ. ܘܒܪ ܢܒܐ ܗܘܐ ܪܘܒܢܐ. ܐܬܬܒܪܟ ܠܗ̇. ܘܟܠ ܒܠܝܗ̇ ܘܒܠܒܪܬ ܒܢܝܗ. ܘܒܪ ܐܪܓܫܬ ܕܒܠܒܪܬ ܒܢܝܗ̇. ܗܘܬ ܒܕܢܠܬܐ ܪܒܬܐ. ܘܦܠܓܐ ܗܘܬ ܢܦܫܗ̇ ܕܠܐ ܢܪܓܫܘܢ ܒܗ̇ ܒܘܒܪ̈ܐ ܕܐܪܝܣ ܐܠܗܐ ܘܢܒܠܠܘܢܗ̇. ܘܒܪ ܢܠܕܬ ܬܪܝܢ ܬܐܡܝ̈ܢ. ܫܒܩܬ ܐܢܘܢ ܐܒܘܗܘܢ. ܘܝܗܒ ܐܢܘܢ ܠܐܢܬܬܐ ܚܕܐ ܘܪܒܝܬ ܐܢܘܢ. ܘܒܪ ܪܒܘ ܛܠܝܐ ܘܗܘܘ ܒܒܪ̈ܐ: ܫܡܗ ܠܚܕ ܐܒܘܗܘܢ ܫܡܥܘܢܐ. ܠܚܕ ܚܕ ܪܘܒܠܐܘܣ. ܘܠܚܕ ܐܚܪܢܐ. *ܪܘܒܘܣ. ܘܗܢܘܢ ܒܢܘ *f. 195 r° a. ܠܪܘܒܐ ܒܒܢܝܬܐ ܘܐܬܒ[ܠܠܘ ܒ]ܗ̇ ܘܠܒܠܗܘܢ ܦܠܫܘܢ ܩܪܝܢ ܗܘܘ ܠܗܘܢ ܪ̈ܘܒܢܐ. ܒܠ ܫܥܝܢ

Cod. Nöld. ܗܘܳܐ ܟܠܗܘܢ ܒܡܦ̈ܩܝ ܡܬܐ. ܘܡܚܝܕܐ ܕܢܦܩ ܗܘܳܐ ܚܕ ܡܢ ܚܠ̈ܘܨܐ ܗܠܝܢ ܕܢܛܪܐ ܠܬܪ ܡܢ ܡܬ̈ܐ ܠܒܪ ܗܘܳܐ ܠܗ. ܘܟܕ ܚܙܐ ܕܡܢܗܘܢ ܐܝܟ ܬܠܬܝܢ. ܚܙܐ ܐܢܘܢ ܒܢܘܪܐ. ܘܢܦܩ ܒܕܡܗܘܢ ܒܡܬ̈ܪܐ ܚܘܪܐ. ܘܢܡܘܣ ܠܐܢܬܬܐ ܚܕܐ ܘܡܚܕܪܬ ܠܗ ܡܢܗ ܒܕܦܪܐ. * p. 30. ܘܫܡܠܗ ܘܐܚܠܗ ܠܦܘܠܡܘܣ ܡܠܟܐ ܕܦܘܪ. ܘܟܕ ܢܦܩܗ. ܬܫܪ ܒܫܘܦܪܗ. ܘܐܡܪ ܕܠܐ ܐܢܫ ܐܫܟܚ ܢܠܒܫ ܡܢܗ. ܐܠܐ ܡܠܟܐ ܒܠܚܘܕ. ܘܢܣܒ ܠܗ ܠܡܪܩܠܝܣ ܫܘܠܛܢܐ ܕܢܗܘܐ ܥܠ ܚܠܦܘܗܝ.

ܘܗܘܳ ܗܢܐ ܡܪܩܠܝܣ ܡܫܡܫܢܐ ܚܕ ܡܢ ܟܠܗܘܢ ܓ̈ܘܢܐ ܕܓܘ̈ܡܐ ܣܓܝ̈ܐܐ. ܕܦܪܦܪܘ̈ܢ ܘܕܝܘܪ̈ܬܐ ܘܕܐܪ̈ܓܘܢܐ ܘܕܟܬܢܘ̈ܢ[1] ܘܕܦܪ̈ܫܝܢ. ܘܟܠ ܓܢ̈ܣܐ ܘܕܡ̈ܘܬܐ ܕܐܝܬ ܒܐܪܥܐ. ܘܗܘܳ ܚܒܪ ܘܡܣܟܐ[2] ܐܦ ܓܒ̈ܪܐ ܘܥܒ̈ܪܢܝܬܐ. ܕܐܝܟ ܐܢܫ ܣܘܓܐ ܡܢ ܡܠܟܐ ܕܦܘܠܡܘܣ. ܘܗܘܳ ܡܫܠܛ ܠܡܫܡܫܐ. ܒܟܠ ܕܓܒܪܐ ܗܘܳܐ ܡܫܡܫܐ.

ܘܒܗܘܢ ܒܝܘ̈ܡܬܐ ܗܢܘܢ ܐܝܬ ܗܘܳܐ ܓܒܪܐ ܚܕ ܡܕܝܢܝܐ ܘܡܬܘܪܐ ܗܘܳܐ ܪܗܘܡܝܐ. ܘܓܒܪܐ ܗܘܳܐ ܓܢܒܪܐ. ܘܗܘܳܐ ܕܝܢ ܒܡܘܬ̈ܒܗ، ܐܢܬܬܐ ܚܕܐ ܒܬܘܠܬܐ. ܘܫܦܝܪܬ ܒܚܙܘܐ ܒܛܝܒܘܬܐ ܕܡܫܝܚܐ. ܘܡܚܝܕܐ ܗܘܬ ܒܡܘܬܐ ܒܢܘܗܪܐ ܕܢܘܗܪܗ ܐܠܗܘܬܐ. ܘܡܫܡܫܐ ܗܘܬ ܡܕܡܢܗ. ܘܟܕ ܚܙܗ ܪܗܘܡܝܐ ܐܬܪܓܪܓ ܠܗ. ܘܟܠ ܚܠܝܗ ܘܟܠܝܬ ܡܢܗ. ܘܟܕ ܚܙܬ ܕܟܠܝܬ. ܗܘܬ ܒܕܚܠܬܐ ܪܒܬܐ. ܘܢܛܪܐ ܗܘܬ ܢܦܫܗ ܕܠܐ ܢܓܥܘܢ ܒܗ ܒܡܘ̈ܬܐ ܕܗܪܘܣ ܘܡܫܠܡܢܗ. ܘܟܕ ܢܠܕܬ ܢܡܟܬ ܬܪܝܢ ܒܒܢ̈ܝܗ ܠܐܟܡܘܢ. ܘܗܘܳ ܢܦܩ ܐܝܢ ܠܐܢܬܬܐ ܚܕܐ ܘܪܟܝܒܬ ܐܝܢ. ܘܟܕ ܙܒܢ ܦܠܛܐ ܗܘܘ ܓܒ̈ܪܐ ܓܢܒ̈ܪܐ، ܚܠܐ. ܘܡܪܐ ܠܗܘܢ ܐܟܡܘܢ ܫܟܝܢܐ. ܚܕ ܪܗܘܡܝܘܣ ܘܐܚܪܢܐ ܪܗܘܡܝܘܣ. ܘܒܢܝܗܘܢ ܬܪܝܢ ܠܪܗܘܡܝܐ. ܘܐܟܡܠܒܘ ܒܗ ܬܪܝܢ̈ܝܗܘܢ.

[1] Scr.: ܘܕܟܬܢܘ̈ܢ. — [2] Leg. potius ܘܡܣܟܐ(?).

Cod. M. Br.

ܐܒܗܘܗܝ. ܘܡܛܠ ܗܕܐ ܡܬܩܪܝܢ ܒܢܝ ܪܘܡܐ ܪ̈ܘܡܝܐ. ܘܗܢܘܢ ܒܢܘ ܬܘܒ ܠܩܦܛܘܠܝܘܢ ܗܘ ܕܡܬܦܫܩ ܪܝܫܗ ܕܡܕܝܢܬܐ. ܘܗܘ ܐܝܬܘܗܝ ܚܕܐ ܡܢ ܬܕܡܪ̈ܬܐ ܕܐܝܬ ܗܘܐ ܒܐܪܥܐ ܟܠܗ̇. ܘܗܢܘܢ ܐܝܬܝܘ ܠܨܠܡܐ ܪܒܐ ܕܐܝܬ ܗܘܐ ܒܗܠܕܘܣ. ܘܫܠܡܘ ܫܢ̈ܝܗܘܢ. ܠܟܠ ܡܢ ܪܝܫܗ ܕܩܦܛܘܠܝܘܢ. ܘܗܘܬ ܬܕܡܘܪܬܐ ܪܒܬܐ ܕܠܐ ܗܘܬ ܒܐܪܥܐ ܐܟܘܬܗ̇. ܘܗܢܘܢ ܟܕ ܠܕܝܡܘܣܝܘܣ ܪܒܬܐ ܗܝ ܕܒܐܬܝܢܘܣ. ܘܩܪܝܢ ܠܗ ܦܝܠܘܣܘܦܐ. ܕܝܡܘܣܝܘܣ ܕܣܘܦܝܐ.

ܘܗܘܐ ܕܝܢ ܚܪܝܢܐ ܒܝܢܬ ܬܪ̈ܝܗܘܢ ܐܚ̈ܐ. ܘܩܡ ܐܪܘܡܠܐܘܣ. ܘܩܛܠܗ ܠܪܘܡܘܣ ܐܚܘܗܝ. ܘܡܫܚܐ ܒܢܝܬ ܡܕܝܢܬܐ ܪ̈ܓܠܐ. ܘܟܕ ܒܢܘ ܪܘܡܐ ܕܪ̈ܓܠܐ ܡܕܝܢܬܗܘܢ. ܕܚܒܠܘ ܕܚܒܠܬܐ ܪ̈ܓܠܬܐ. ܘܟܒܗ ܕܒܝܪܘܢܘ ܡܢܝܢܗ ܟܠܗܘܢ ܒܡܡܘܬܗ. ܘܟܕ ܒܢܐ ܪܘܡܠܐܘܣ ܕܐܬܬܢܝܚܘ ܒܢܝ ܪܘܡܐ ܥܠ ܢܦܫܐ ܕܦܘܬܝܚܐ ܐܠܗܘܬܐ. ܡܐܟܠ ܡܚܝܢ ܕܬܓܠܐ ܠܗ ܕܡܛܠ ܡܚܝܐ ܪ̈ܓܠܐ ܡܕܝܢܬܐ. ܘܦܝܫܬ ܠܗ̇. ܕܡܛܠ ܕܡܬܛܠܠܝܗܘܢ ܠܐܚܝܢ̈. ܪ̈ܓܠܐ ܡܕܝܢܬܐ ܘܐܡܝܠܐ. ܡܛܠ ܕܗܘ ܒܢܝ ܒܒܝܢ. ܘܠܐ ܥܠܝܢܐ ܡܢ ܙܘܒܐ· ܒܕܡܘܬܐ ܕܚܙܝܐ ܠܗ ܠܐܚܝܢ ܕܢܬܒ ܒܒܝܢ ܥܠ ܟܘܪܣܝܐ ܕܡܠܟܘܬܐ. ܘܦܩܕ ܘܡܬܒ ܘܦܪܐ ܒܒܝܢ ܐܝܟ ܕܡܢ ܩܕܝܡ. ܘܟܕ ܐܫܬܡܥܬ ܡܠܬܐ ܗܕܐ ܒܟܠܗ̇ ܡܕܝܢܬܐ. ܐܬܟܢܫܘ ܐܝܟ ܕܢܬܒܥܘܢ ܠܪܘܡܠܐܘܣ ܒܒܐܩܐ ܥܠ ܕܩܛܠܗ ܠܐܚܘܗܝ. ܘܓܙܪ ܒܝܢܬܗܘܢ ܘܫܠܡ ܠܗ ܠܐܚܘܗܝ. ܘܟܕ ܡܓܒܘ[1] ܒܗ ܦܘܣܛܘܣ ܦܝܠܘܣܘܦܐ. ܐܬܐ ܘܡܓܒ ܒܠܫܢܗ، ܕܢܡܠܟܘܢ ܘܐܫܬܘܕܝ، ܠܗ ܕܐܝ ܟܬܒ ܠܗ̇ ܠܐܬܪ̈ܗܘܢ ܒܬܪ ܢܐܪ̈ܐ: ܕܠܝܬ ܠܗ ܠܡܠܟܘܬܐ ܕܪ̈ܘܡܝܐ ܚܠܝܦܗ *ܡܬܠܛܠܐ. ܗܘ ܐܙܠ ܠܪܘܡܐ. ܘܡܫܚ ܠܗܘܢ ܠܬܪܝ ܡܕܝܢܬܐ ܘܠܫܠܡܘܬܐ. ܘܐܩܝܡ ܠܗ ܡܩܕܫܐ ܕܒܢܐ ܠܗ ܗܕܐ. ܘܐܙܠ ܗܘ ܦܘܣܛܘܣ ܠܪܘܡܐ ܘܡܠܠ

*f. 195 r° b.

[1] Sic ms.

Cod. Nöld. ܘܦܪ̈ܩ ܗ̣ܘܘ ܠܒ̈ܢܝܢܗܘܢ ܪ̈ܗܘܡܝܐ. ܘܗܘܐ ܡܢ ܬܡܢ ܘܠܒܐ ܕܬܘܪ̈ܝܢ ܒܢ̈ܝ ܪ̈ܗܘܡܝܐ ܪ̈ܗܘܡܝܐ. ܘܗܠܝܢ ܬܪ̈ܝܢ ܐܢ̈ܫܐ ܒܢܐܘܗ̇ ܠܪ̈ܗܘܡܝܐ ܘܐܚܪܒܘܗ̇ ܫܘܪܐ. ܘܗܘܘܢ ܬܘܒ ܒܗ ܠܡܘܦܠܝܘܢ ܕܐܬܦܩܕ ܪܫܗ̇ ܕܡܕܝܢܬܐ. ܘܗ̣ܘ ܐܝܬܘܗܝ ܣܒܐ ܡܢ ܬܪ̈ܥܝܗ̇ ܕܒܠܒܟܐ. ܘܗ̣ܘܝܢ ܐܬܘܗܝ ܠܟܠܒܐ ܗ̣ܘ ܪܒܐ ܕܗ̣ܘܐ ܒܗ̇ ܠܕܘܣ. ܘܣܠܩܘ ܗ̣ܘܘ ܘܣܒܘܗܝ ܒܪܫܗ ܕܡܘܦܠܝܘܢ. ܘܗܘܘ ܬܕܡܘܪܬܐ ܪܒܬܐ. ܘܗܠܝܢ ܬܪ̈ܝܢ ܐܢ̈ܫܐ ܒܢܐܘܗܝ ܠܕܘܒܝܣܝܢ ܗ̣ܘ ܪܒܐ.

* p. 31. ܘܒܪ *ܗ̇ܘܐ ܚܘܣܡܐ ܪܒܐ ܒܝܢܬ ܐܢ̈ܫܐ ܗܠܝܢ. ܩܛܠ ܪܘܡܠܘܣ ܠܪܘܡܘܣ ܐܚܘܗܝ. ܘܡܫܝܚܐ ܫܪܝܬ ܒܡܕܝܢܬܐ ܪܒܬܐ. ܘܒܪ ܝܘܡ ܒܢ̈ܝ ܪ̈ܗܘܡܝܐ ܠܡܕܝܢܬܐ ܕܪܒܬܐ ܕܣܠܩ ܗ̇ܘ. ܘܒܢܘ ܕܝܢܘܢ ܡܢ ܪ̈ܗܘܡܝܐ. ܕܠܐ ܢܦܠܘܢ ܚܠܝܡܘܢ ܒܢ̈ܝܐ ܘܢܣܝܒܠܘܢ ܐܝܟܘܢ. ܘܒܪ ܝܢܐ ܐܪܟܠܐܘܣ ܕܐܬܬܢܝܚ ܒܪܫܐ ܕܡܕܝܢܬܐ. ܒܥܠ ܠܗ ܠܝܣܐ ܕܦܘܬܝܬܐ ܐܠܗܬܐ ܘܫܐܠ ܒܝܬܗ̇ ܕܬܐܡܪ ܠܗ ܡܛܠ ܡܢܐ ܪܚܠܐ ܡܕܝܢܬܐ. ܘܦܣܩܬ ܠܗ ܕܡܛܠ ܕܩܛܠܬ ܠܐܚܘܟ. ܘܗܘܐ ܐܒܠܐ ܥܠ ܡܘܬܗ. ܡܛܠ ܕܗ̣ܘ ܒܝܬܗ ܒܢܝܬ. ܘܠܐ ܫܠܝܐ ܡܢ ܙܘܥܐ. ܒܕܡܘܬܐ ܕܢܘܪܐ ܠܐܚܘܟ ܕܢܬܒ ܒܕܡܟ ܥܠ ܒܪܘܫܐ ܕܡܠܟܘܬܐ ܐܝܟ ܕܡܢ ܡܕܡ. ܘܒܝܕ ܕܢܬܒܥܘܢܝܗܝ ܠܐܪܟܠܐܘܣ ܥܠ ܕܩܛܠ ܠܐܚܘܗܝ. ܘܒܢܘ ܡܢܝܢܘܢ ܘܣܠܩ ܠܐܬܪܘܢ. ܘܒܬܪ ܫܒܥ ܦܘܠܛܘܣ ܦܢܝܩܘܣܐ ܡܠܟܘܬܗ ܕܐܪܟܠܐܘܣ ܐܫܬܘܕܝ ܠܗ ܕܢܬܠܘܒ[1] ܠܗ̇ ܠܐܬܪܘܢ ܒܪܬ ܢܐܕ̈ܐ. ܕܢܫܬ ܠܗܘܢ ܠܡܠܟ̈ܐ ܕܪ̈ܗܘܡܝܐ ܒܠܝܢܗ̇ ܫܘܠܛܢܐ. ܘܗ̣ܘ ܢܣܒ ܘܡܥܢ ܠܗܘܢ ܠܫܠ̈ܡܬܐ. ܘܠܒܢ̈ܝ ܡܕܝܢܬܐ ܘܡܫܡܠܝܢ ܠܗ ܒܚܝܠܐ ܘܒܐܘܣܬܐ.

ܗܠܝܢ ܕܒ̈ܝܫܐ ܚܦܝ̈ܢܐ ܘܦܘܡܪ̈ܝܐ ܐܬܪ̈ܝܐ ܗܘܐ ܗ̇ܘܐ ܐܪܟܠܐܘܣ ܒܝܬ ܡܠܟ̈ܘܬܐ ܕܪ̈ܗܘܡܝܐ.[2] ܒܪܒܐ ܐܒܘܬܗ ܕܡܠܟ ܒܡܕܝܢܬܐ. ܘܡܬܝܩܪ ܗܘܐ ܠܐܝܠܝܢ

[1] Leg. ܠܗ̇ ܢܬܠܘܒ. — [2] Suppl. ܘܠܐ ܗܘܐ ܒܥܡܗܘܢ ܪ̈ܗܘܡܝܐ.

ܒܒܗܘܢ. ܘܐܡܪ ܠܗܘܢ. ܕܐܢ ܡܩܒܠܝܢ ܐܢܬܘܢ Cod. M. Br.
ܠܡܠܟܘܢ ܒܫܠܡܐ. ܒܚܕܐ ܫܠܡܐ ܗܘܐ ܝܘܡܢܐ ܡܢ
ܡܕܝܢܬܟܘܢ. ܘܬܘܒ ܠܐ ܢܫܠܐ. ܘܐܢ ܠܐ ܡܩܒܠܝܢ
ܐܢܬܘܢ ܠܗ. ܒܠܚܘܕ[1] ܡܕܝܢܬܟܘܢ ܐܚܪܢܐ. ܘܡܕܝܢܬܐ
ܐܬܒܢܝܬ ܒܝܕ ܪܘܡܝܐ ܒܠܗܘܢ ܘܫܠܝܛܘ ܒܬܪ ܡܠܟܝܗܘܢ
ܠܐܬܢܝܘܣ. ܘܟܕ ܫܡܥܘ ܘܐܬܘ ܘܩܛܠܘ ܠܪܘܡܝ̈ܐ. ܢܩܡܬ̇
ܒܠܚܘܕ ܡܕܝܢܬܐ ܠܥܘܠܗ̇. ܘܟܕܘ ܘܐܬܚܪܝܢ ܠܗ. ܕܐܝܟܢܘ
ܕܢܕܒܪ ܐܢܬ ܕܒܡܠܟܝ ܕܠܡܕܝܢܬܐ ܫܠܡܐ ܢܗܠܐ ܡܢܢ̇.
ܬܐ ܒܟܠ ܒܘܝܐ ܘܒܐܝܩܪܐ. ܘܬܒ ܠܟܠ ܒܦܪܣܝܐ
ܕܡܠܟܘܬܟ. ܘܐܢܕܝܢ (ܠܐ)[2] ܘܠܐ ܫܠܡܐ ܝܘܡܢܐ ܡܟܝܠ. ܠܐ
ܬܒܘܠ. ܗܘ ܕܝܢ ܐܣܬܟܠ ܠܗܘܢ. ܕܫܠܡܐ ܝܘܡܢܐ ܗܘܐ ܗܢܐ
ܡܢ ܡܕܝܢܬܐ. ܘܟܕ ܗܘ ܗܢܐ ܦܝܠܘܣܘܦܐ. ܙܠܝܡܐ
ܕܗܘܡܐ ܐܝܟ ܕܚܒܘܬܗ ܕܐܒܘܗܝ. ܘܐܘܬܒܗ ܒܒܝܬܗ
ܒܠ ܒܘܪܣܝܐ ܕܡܠܟܘܬܐ[3] ܕܝܠܗ. ܘܦܩܕ ܠܗܘܢ
ܕܠܡܕܪܟ ܕܡܬܟܬܒ ܘܡܬܬܟܬܒ. ܐܝܟ ܕܡܢ ܦܘܡܐ
ܕܬܪ̈ܝܗܘܢ. ܘܟܬܒܘ ܗܟܢܐ. ܘܡܫܕܪܐ ܫܠܡܐ ܗܘܐ ܝܘܡܢܐ ܡܢ
ܡܕܝܢܬܗܘܢ. ܘܒܫܒܟܬܗ ܕܗܢܐ ܠܟܪܟܐ. ܫܠܡܐ ܗܘܐ
ܝܘܡܢܐ. ܘܐܫܬܡܥܘ ܒܡܘܪ̈ܝܗ ܒܡܢ ܡܠܟܝܗܘܢ. ܘܡܢ
ܗܝܕܝܢ ܠܒܝܬܗ ܪ̈ܘܡܝܐ ܕܢܗܘܐ ܒܢܝܐ ܕܢܬܒܢܘܢ
ܘܢܩܡܘܢ. ܐܚܪ̈ܢܝܢ. ܦܠܓܝܢ. ܘܫܡܠܝܬ ܐܬܢܝܘܣ ܡܢ
ܙܒܢܐ ܗ̇ܘ ܝܐܘܬܐ. ܕܠܐ ܫܠܝܛ ܒܠܚܘܕ ܡܠܟܐ
ܕܢܒܢܐ ܒܗ̇ ܡܕܡ ܒܡܛܪܐ. ܘܗܘ ܗܘܐ ܐܪܟܠܐܘܣ.
ܢܘܗ̇ ܐܦܣܛܘܢ ܕܦܪܛܢܐ. ܘܗܘ ܢܘܗ̇ ܡܪܛܝܢܘܣ. ܘܗܘ
ܢܘܗ̇ ܒܢܐܛܘ. ܦܪܣܝܣ[4]. ܡܕܝܢܬܐ. ܒܬܠܬ ܫܢܝܢ ܕܕܢܝܠ ܡܢ
ܒܢܝ ܪܚܡ.. ܐ.[5] ܢܡܛܠܘܣܘܢ ܐܝܟ ܕܒܛܠ ܗܘܐ
ܠܐܢܘܗܝ. ܐܝܟ ܡܕܡܗܘܢ. *ܬܪܝܢ ܒܬܪ̈ܝܢ ܕܦܢܝܢ ܝܗ *f. 195 v° *a.*

[1] Ms.: ܒܠܗ. — [2] Deest in cod. — [3] Primum scriptum fuit ܒܠ̈ et deinde emendatum (Wr.). — [4] Edidit Lagarde, hic et infra, ܦܪܣܝܣ; quarta littera dubia est in ms.; sed cum l. 2 et 3 paginae 368 sine dubio lectionem ܦܪܣܝܣ exhibeat cod., hanc etiam in locis dubiis recepimus. — [5] Coniectavit Wright ܘܪܚܡܐ ܕܠܐ; sed, monente Brooks, littera ܪ initio omnino certa est, tres aliae valde probabiles, ܕܠܐ in fine vix possibile.

Cod. Nöld. ܕܐܝܬ ܗܘܐ ܒܗܘܢ ܣܘܟܠܐ. ܐܡܟܠܝܢ ܕܝܢ ܒܗ ܒܪ̈ܘܡܝܐ ܥܢ̈ܝ. ܟܠܗ..

ܘܡܢ ܒܬܪ ܡܘܬܗ ܕܝܠܗ ܕܐܪܟܠܐܘܣ ܒܪܡܟܐ ܠܝܘܠܝܢܘܣ ܡܢ ܐܘܓܘܣܛܐ ܡܬܦܪܢܣܝܢ ܗܘܘ ܪ̈ܗܘܡܝܐ. ܗܘܘ ܗܢܐ ܢܠܝܘܣ ܒܪ ܚܡܫܐ ܠܗ ܐܡܗ ܡܠܬܗ ܒܢܝܢܐ. ܕܟܠ. : ܘܟܕ ܡܠܟܝܢ ܠܗ ܚܝܠܘܗܝ، ܒܪ ܡܗܘܡܝܢ ܒܒܪܗܘܡܝ. ܘܪ̈ܐܘܗ ܠܐܦܩܘܗܝ، ܒܪ ܢܘ. ܘܡܟܠܠ ܗܢܐ ܐܘܡܪ، ܫܡܗ ܢܠܝܘܣ ܩܣܪ. ܕܡܬܦܫܩ ܪܗܘܡܐܝܬ ܙܪܥܐ. ܘܗܘܐ ܡܢ ܬܡܢ ܘܠܗܠ *ܡܬܩܪܐ ܡܠܟܐ ܕܪ̈ܗܘܡܝܐ ܩܣܪ. *p. 32.

ܡܠܟܐ ܡܪܡܝܐ ܕܩܡ ܒܡܠܟܘܬܐ ܕܪ̈ܗܘܡܝܐ ܡܢ ܕܡܢ ܡܐܬܝܬܗ ܕܡܫܝܚܐ ܘܠܗܠ. ܐܓܘܣܛܘܣ ܐܡܟܠܝܢ ܫܢ̈ܝܐ. ܢܘ.[1] ܘܒܫܢܬܗ ܕܝܠܗ ܢܘܢܐ ܒܫܠܡܗ ܕܡܕܒܪ ܠܗ ܢܡܘܣܐ ܕܡܠܘܬܗ. ܘܟܠ[2] ܢܡܘܣܐ ܕܝܗܘܕܝܐ ܘܫܐܠ ܡܢܗ ܕܢܐܡܪ ܠܗ. ܕܡܢ ܡܡܠܟܝܢ ܒܬܪܗ. ܘܠܐ ܨܒܐ ܕܢܡܠܠ ܥܡܗ. ܘܟܕ ܬܘܒ ܠܗܢܘܢܐ ܕܦܬܟܬܐ ܐܠܗܬܐ ܐܡܗ ܕܝܗܘܕܐ ܘܫܐܠ ܡܢܗ. ܘܗܝ ܐܡܪܬ ܠܗ ܕܛܠܝܐ ܥܒܪܝܐ ܕܡܬܩܪܐ ܒܪ ܐܠܗܐ ܐܬܐ ܡܢ ܒܬܘܠܬܐ ܕܠܐ ܙܘܓܐ. ܐܠܐ ܦܪܘܩ ܠܝ ܡܢ ܕܒܫܡܝܐ. ܡܛܠ ܕܡܛܠ[3] ܠܗܘܢ ܕܒܢ̈ܝܐ ܘܢܩ̈ܫܐ ܡܠܠ ܗܢܐ ܠܐ ܨܒܐ ܕܢܡܠܠ ܥܡܝ ܕܝܢܘܗܝ. ܘܟܕ ܫܡܥ ܗܢܐ ܩܠܝܡ ܡܠܟܐ ܐܓܘܣܛܘܣ. ܒܢܐ ܢܒܥܐ ܪܒܐ ܕܗܡܟܐ. ܘܩܘܡܗ ܒܪܫܗ ܕܩܦܠܝܘܢ. ܘܟܬܒ ܒܠܘܗܝ ܪܗܘܡܐܝܬ. ܕܗܢܐ ܢܒܥܐ ܕܠܒܪܐ ܕܐܠܗܐ ܕܐܬܝܠܕ ܡܢ ܒܬܘܠܬܐ ܕܡܬܩܪܐ ܡܪܝܡ ܒܪܬ ܒܒܪ̈ܝܐ. ܘܟܕ ܫܠܡ ܫܒܥܝܢ ܠܪ̈ܗܘܡܝܐ ܘܐܡܒܪܝ ܬܡܢ. ܘܐܬܠܟܝܢ ܡܢ ܒܢ̈ܝ ܪ̈ܗܘܡܝܐ. ܐܡܪ ܠܗܘܢ ܫܒܥܝܢ ܬܘ ܒܬܪ، ܘܟܕ ܐܙܠܘ ܒܬܪܗ ܠܩܦܠܝܘܢ ܐܡܪ ܠܗܘܢ. ܩܪܘ ܠܝ ܡܕܡ ܕܡܬܒ ܥܠ ܐܦ̈ܘܗܝ ܕܢܒܥܐ ܗܢܐ. ܘܩܪܐܘܗܝ، ܕܗܢܐ ܗܘܐ ܩܘܡܐ ܕܢܒܥܐ ܗܢܐ. ܕܝܠܗ ܕܡܪܝܐ ܕܐܠܗܐ ܕܐܬܝܠܕ ܡܢ ܒܬܘܠܬܐ ܕܠܐ ܙܘܓܐ. ܘܟܕ ܩܪܐܘܗܝ، ܐܡܪ ܠܗܘܢ

[1] Sic ms.; sane pro ܢܘ. — [2] Sic ms. — [3] Lege ܕܡܛܠ.

ܠܚܕ. ܚܕ ܡܢ ܒܐܝܬܘܬܗ ܘܚܕ ܡܢ ܦܪܨܘܦܗ. ܘܐܡܪ ܗܘܐ Cod. M. Br.
ܕܐܝܟܢܐ ܕܡܬܝܕܥܝܢ ܟܠܗ ܒܐܝܬܘܬܗ. ܟܕ ܡܘܕܝܢ ܠܗ ܦܪܨܘܦܗ.
ܘܐܝܟ ܕܡܬܝܕܥܝܢ ܟܠܗ ܦܪܨܘܦܗ. ܟܕ ܡܘܕܝܢ ܠܗ ܒܐܝ̈ܬܘܬܗ.
. . .ܐ[1] ܗܘܐ ܬܪܝܢ ܟܝ̈ܢܝܢ ܡܢܗ ܒ. . .[2] ܕܡܕܢܚܝܬܐ ܐܝܟ
ܕܠܦܘܪܢܣܐ. ܘܡܦܠܓ ܗܘܐ ܠܚܕ ܒܐܝܬܘܬܗ ܠܚܘܫܒܐ
ܕܒܪܐ. ܘܠܗܘ ܐܚܪܢܐ ܠܚܘܫܒܐ ܕܦܪ̈ܨܘܦܐ. ܕܕܡܟܐ
ܠܡܢܝܢܐ ܕܐܪܒܥܐ. ܘܐܡܪ ܗܘܐ ܕܐܝܟ ܠܡ ܙܟܐ ܗܘܢܐ
ܕܠܒܫ ܒܐܝܬܘܬܗ. ܢܗܘܐ ܡܢܬܗܘܢ. ܘܠܐ ܒܐܠܝܢ
ܒܟܪ̈ܝܢܐ ܘܡܫܬܠܛܝܢ ܒܓܘܫܡܐ ܕܢܚܬܐ. ܡܛܠ ܕܐܝܠܝܢ
ܕܗܦܟܝܢ ܒܢܚܬ. ܗܢܘܢ ܫܡܠܝܢ ܠܗ ܠܒܝܬܐ. ܘܗܠܝܢ
ܕܗܦܟܝܢ ܒܢܡܘܣܐ ܡܢܕܒܝܢ. ܘܐܢ ܬܘܒ ܐܢܫܐ ܗܘ
ܕܠܒܫ ܦܪܨܘܦܗ. ܗܠܝܢ ܕܗܦܟܝܢ ܒܢܡܘܣܐ ܐܢܫܝܢ.
ܘܡܫܡܫ ܠܗܠܝܢ ܕܗܦܟܝܢ ܒܒܝ̈ܬܐ. ܘܡܢܚܬܐ ܕܦܪܨܘܦܝܢ
ܗܘܘ ܗܠܝܢ ܬܪܝܢ ܟܝ̈ܢܝܢ ܕܡܬܡܫܚܝܢ ܚܕ ܒܡ ܚܕ. ܗܠܝܢ
ܕܗܦܟܝܢ ܒܢܡܘܣ. ܡܬܝܠܕܝܢ ܗܘܘ ܕܢܚܬܐ ܒܐܝܬܘܬܗ.
ܘܗܠܝܢ ܕܗܦܟܝܢ ܗܘܘ ܒܢܡܘܣܐ ܕܢܚܬܐ ܦܪܨܘܦܗ. ܘܡܢ
ܬܡܢ ܘܠܒܢܐ ܗܘ̈ܝ ܗܠܝܢ .ܒ. ܩ̈ܠܝܗܘܢ ܕܡܫܠܡܢܘܬܐ
ܕܒܘ̈ܡܒܢܐ. ܕܒܐܝܬܘܬܗ ܘܕܦܪܨܘܦܗ. ܘܡܢܘܡܠܝܐ ܗ̇ܘ
ܐܪܡܠܝܘܬܗ ܚܘ. ܡܛܠ ܕܟܢ̈ܫܐ ܗܘܐ ܢܫܡ ܢܠܦܢܐ
ܘܢܫܡ ܦܘܪܢܣܐ ܘܢܫܡ ܓܠܝܘܬܐ. ܘܦܩܕ ܕܒܝܬ ܡܘ̈ܬܐ
ܕܡܬܘܢ. ܢܗܘܘܢ ܒܢܫ̈ܡܐ ܦܪܝܫ ܚܕ ܠܚܕ. ܘܡܫܬܡܫܝܢ
ܡܢܝ̈ܢܐ ܡܫܬܡܫܝܢ ܚܕ ܚܕ ܘܐܡܬܠܝܢ ܘܫܬܦܝܢ.
ܘܡܫܬܦܪܝܢ. ܘܦܩܕ ܕܒܠܚܘܕܝܐ ܡܢ ܐܬܪ̈ܬܐ ܕܐܠܦܐ
ܒܚܠܐ ܢܩܘܡ ܫܒܠܝܢ ܚܕܐ ܒܬܪ ܚܕܐ. ܘܒܠܚܘܕܝܐ
ܡܢܗܘܢ. ܬܗܘܐ ܦܪܝܫܐ ܒܝܘܡܗ. ܘܚܪܘ ܐܝܟܢ
ܒܪ̈ܘܡܠܝܐ ܕܡܬܦܫܩ ܒܠܫܢܐ ܝܘܢܝܐ ܢܐܡܘܠ ܘܢܫܬܐ
ܡܢ ܕܐܝܢܝܐ. ܗܢܘ *ܕܝܢ ܡܠܟܝܢ. ܘܗܘܐ. . ܐܡܪ. . ܕܪܟܐ *f. 195 v° b.
ܕܪܝܫܘܬܐ ܒܗ̇ܘ ܪ̈ܘܡܝܐ. ܘܢܦܩ ܠܟܠܗ ܝܐܪ̈ܐ ܐܝܣܪܐ
ܪܒܐ ܕܡܘܬܒܐ ܘܡܫܘܠܛܢܐ. ܕܢܗܘܘܢ ܦܩܕܝܢ
ܘܡܫܬܡܥܝܢ. ܘܦܩܕ ܚܘ ܕܢܗܘܘܢ ܡܘܠ̈ܕܐ ܒܡܠܟܘܬܐ

[1] Vox fere deleta; probab. ܡܣܟܢܐ, e vestigiis litterarum. — [2] Suppl.: ܚܢܢܐ.

Cod. Nöld. ܦܛܪܘܣ ܕܠܐ ܡܕܡ ܕܢܒܨܪ، ܠܡܠܟܘܬܟܘܢ ܡܟܪܙ ܐܢܐ ܠܟܘܢ. ܐܠܐ ܠܗܢܐ ܕܐܬܝܒ ܠܡܠܟܟܘܢ ܡܣܒܪ ܐܢܐ ܠܟܘܢ. ܘܣܦܪ̈ܐܐ ܡܢ ܪ̈ܗܘܡܝܐ ܪ̈ܫܐ ܘܡܢ̈ܝܢ ܚܐܪ̈ܐ ܗܝܟܢ ܗ̣ܘܘ ܀

ܘܒܫܢܬ ܬܠܬܡܐܐ ܘܫܒܥ ܕܐܠܟܣܢܕܪܘܣ ܐܫܬܠܚ ܓܒܪܝܠ ܡܢ ܠܘܬ ܐܠܗܐ ܥܠ ܙܟܪܝܐ ܘܐܣܒܪܗ ܒܝܘܚܢܢ

*p. 33. ܐܝܠܘܠ.. ܒܬܪ ܕܝܢ ܫܬܐ *ܝ̈ܪܚܝܢ ܕܒܛܢܗ ܕܐܝܫܒܥ. ܒܗ[1] ܐܝܟ ܡܢܝܢܐ ܕܝܘܢܝܐ. ܘܒܗ ܒܫܢܬܐ ܒܗ ܒܗ. ܐܫܬܠܚ ܓܒܪܝܠ ܘܐܣܒܪܗ ܗ̣ܘܐ ܠܒܬܘܠܬܐ. ܘܐܬܝܠܕ ܡܫܝܚܐ ܒܒܝܬ ܠܚܡ. ܘܡܬܦܫܩ ܫܢܝܗ̇ ܒܝܬܐ ܕܠܚܡܐ ܕܝܗܘܕܐ ܀ ܘܒܢܝܫܐ. ܠ. ܒܗ ܩܕܝܡ. ܒܗ. ܒܗ ܀ ܒܫܢܬ ܫܬܝܢ ܕܐܢܛܝܟܝܐ ܒܝܘܡ ܚܘܪܒܬܐ ܠܬܒܝܠܐ ܢܦܩܝܢ ܒܗ ܫܒܠܝ ܢܒܘܗܐ ܕܚܘܪܒܬܐ. ܘܡܕܡ ܕܝܢ ܒܝܘܡ ܠܐ ܐܬܦܣܩ. ܐܠܐ ܐܝܟ ܢܐ ܪ̈ܗܦܝܐ ܦܣܩ ܠܗ ܠܗܘܢܐ ܕܐܪܥܐ. ܘܡܕܡ ܒܝܘܡ ܠܐ ܡܬܒܥܐ ܘܠܐ ܫܠܡ. ܗܟܢܐ ܘܐܦ ܡܫܝܚܐ ܐܬܓܠܝ. ܒܪ ܬܪܝܢ ܦܘܪܘܗ ܠܐ ܣܓܝ ܡܕܡ ܀ ܘܒܝܘܡ ܬܬܡܠܐ ܠܡܚܘܠܘ. ܡ. ܢܦܩܝܢ ܓܠ ܠܗܘܢܐ ܀ ܒܬܪ̈ܬܝܢ ܫܢܝܢ ܕܐܢܛܝܟܝܐ ܡܠܟܗ ܫܢܝܢ ܗܘܐ ܒܠ ܐܢܫ̈ܘܗܝ. ܒܪ ܐܝܬܘܗܝ ܗܘܐ ܫܢܝܢ ܒܪ ܫܢܐ ܬܠܬܝܢ.. ܘܒܝܢ ܒܬܪ ܠ. ܫܢܝ ܐܬܒܥܕ ܒܡܘܪܕܢ ܡܢ ܝܘܚܢܢ ܒܪ ܙܟܪܝܐ. ܒܝܘܡ ܒܗ̇ ܐܢܝ، ܒܫܬܐ ܒܗ. ܒܒܣܪ ܫܢܝܢ ܒܝܘܡ ܕܒܫܒܬܐ. ܘܒܬܪ ܠ. ܫܢܝܢ ܘܦܠܓܗ ܕܒܒܕܗ. ܒܫܬܐ ܕܠܚ. ܒܗ ܒܝܘܡ ܕܒܫܒܫܒܬܐ. ܒܠܠܝܐ ܐܓܠ ܡܢ ܦܪܝܩܐ ܒܝܘܡ ܬܠܡܝܕܘܗܝ ܀ ܬܠܬ ܫܢܝܢ ܕܠܠܝܐ ܐܫܬܠܡ ܡܢ ܝܗܘܕܐ ܣܟܪܝܘܛܐ: ܘܨܠܝܒ ܠܝܠܝܐ. ܗ. ܫܥܝܢ ܝܘܡ ܓܪܘܒܬܐ.. ܒܬܫܥ ܫܥܝܢ ܩܒܪ ܒܡܠܐ ܪܒܐ ܘܐܫܬܠܡ ܪܘܚܗ. ܘܦܪܩܗ ܠܐܕܡ ܘܠܝܠܕ̈ܘܗܝ. ܕܠܗ ܫܘܒܚܐ ܥܡ ܐܒܘܗܝ، ܘܪܘܚܗ ܩܕܝܫܐ ܘܡܕܝܢܐ ܠܥܠܡ ܥܠܡܝܢ ܐܡܝܢ ܀

[1] Suppl.: ܒܗ [. ܒܗ. ܐܝܪ ܒܢܝܣܢ].

ܕܪ̈ܘܡܝܐ. ܗܢܘ ܕܝܢ ܕܢܗܘܘܢ ܡܫܡܫܝܢ ܒܢܬ ܡܠܟܘܬܐ. Cod. M. Br.
ܘܗܘ ܫܕܪ ܠܐܬ̈ܪܘܬܗ܀ ܘܐܚܝ̈ܕ ܡܢ ܬܡܢ ܠܓܠܝܩܘܣ ܘܠܠܬܪܘܣ ܗܠܝܢ ܦܝܠܘܣܘܦ̈ܐ. ܘܟܕܒ[1] ܠܗܘܢ ܐܘܪܟܘܢ ܕܢܗܘܘܢ ܡܬܦܪܓܝܢ ܒܡ̈ܠܐ ܫܦܝܪ̈ܐ. ܘܗܘ ܐܪܟܠܐܘܣ ܢܗܘ ܡܬܐܪܪܟܘܢ. ܘܦܩܕ ܕܡܠܟܐ ܕܡܬܟܢܫܝܢ ܒܢܝ̈ ܪ̈ܘܡܝܐ ܠܡܐܦܠܛܘܢ[2] ܢܗܘܘܢ ܢܣܒܝܢ ܛ̈ܠܝܐ ܒܫܒܝܠܐ ܡܢ ܪܫܗ ܕܡܐܦܠܛܘܢ[2] ܠܬܢܬ ܒܪ ܬܠܬܝܢ ܟܠ ܚܝܠܐ ܘܡܫܬܠܛܝܢ ܥܠܝܠܐ ܠܡܠܟܘܬܐ. ܐܝܟܢܐ ܕܢܬܚܙܐ ܠܕܢܒܪܘܢ ܚܢܟܪ̈ܐ ܥܠܝܠܐ. ܘܕܢܗܘܘܢ ܢܣܒܝܢ ܫ̈ܠܡܐ ܒܡܗ̈ܝܡܢܘܬܐ ܠܗܠܝܢ ܦܠܣܘܦܐ. ܒܪ ܡܦܩܢ ܕܢܦܩܘܢ. ܘܗܘ ܬܘܒ ܗܢܘ ܕܢܗܘܘܢ ܪ̈ܘܡܝܐ ܡܐܦܠܛܐ. ܕܐܝܟ ܕܢܗܘܘܢ ܡܬܬܪܥܝܢ ܥܠܘܗܝ ܗܘܬܐ. ܘܡܫܦܛܐ ܢܗܘܘܢ ܢܦܩܝܢ ܠܡܕܝܢܬܐ ܥܠ ܒܟܠܒܒܝܗܘܢ. ܘܗܘ ܝܗܒ ܘܐܩܝܡ ܒܬܪܐ. ܕܢܗܘܘܢ ܡܚܒܠܝܢ ܘܡܚܒܠܝܢ ܒܢܝ̈ܢܐ ܠܡ̈ܠܟܐ ܡܢ ܫܠܝ̈ܛܐ. ܢܡܟܐ ܕܝܢ ܕܒܗ ܢܦܩܝܢ ܪ̈ܘܡܝܐ ܠܡܕܝܢܬܐ ܘܦܬܚ ܠܗ ܬܪ̈ܥܝܗ. ܘܡܬܦܫܩ ܐܒܘܬܐ.

ܘܡܢ ܬܕܡܪ̈ܬܐ ܪ̈ܘܡܝܬܐ ܘܡܫܒܚܢܐ ܕܡܫܠܦܐ ܘܢܨܚܘܢܐ ܫܦܝܪ̈ܐ ܘܦܘܩܕܢܐ ܬܪ̈ܝܨܐ ܒܟܒܕ ܘܗܘܐ ܒܪܘܡܗ. ܘܠܐ ܗܘܐ ܒܠܚܘܕ ܪ̈ܘܡܝܐ܀ ܒܒܪܐ ܕܢܬܪ ܗܘܐ ܒܥܠܡܐ ܢܒܥܬܐ ܘܢܨܚܬܐ ܐܟܘܬܗ. ܘܠܐ ܕܢܗܘܙ ܗܘܐ ܠܐܢܫܝܢ ܕܐܝܬ ܠܗܘܢ ܫܘܒܚܐ. ܘܗܒܠܐ ܒܬܪ ܗܘܐ ܒܗܘܢܗ. ܐܝܟܢܐ ܕܡܢ ܫܬܗ ܘܡܟܠܠܗ ܢܗܘܐ ܗܘܐ ܦܪܫ ܠܓܢܫܐ ܡܢ ܓܒܐ. ܘܠܓܒܠܐ ܡܢ ܫܪܪܐ ....

[1] Sic ms., sed legendum, ut opinor, ܘܟܕܒܘ. — [2] Leg. : ܠܡܦܠܛܘܢ.

Cod. Vat., syr. CLXXIX, f. 104 vº.

*ܦܣܘܩܐ ܕܡܘܕܥ ܥܠ ܫܪ̈ܒܐ ܕܠܒ̈ܢܝܐ ܘܦܛܪ̈ܝܪܟܐ ܚܣ̈ܝܐ ܘܡܛܪ̈ܦܘܠܝܛܐ ܘܒܛ̈ܝܠܐ ܕܗܘܘ ܒܥܕ̈ܬܐ ܕܡܕܢܚܐ ܀

ܡܢ ܡܫܝܚܐ ܠܩܘܣܛܢܛܝܢܘܣ″ ܐܬܟܬܫ ܙܒܢܐ ܐܪܒܥܐ. ܘܗܘܘ ܒܗܿ ܒܥܕ̈ܬܐ ܛܢ̈ܢܐ ܣܓ̈ܝܐܐ ܘܒܛ̈ܝܠܐ ܕܠܐ ܡܢܝܢ. ܘܬܘܪ̈ܥܬܐ ܒܛ̈ܠܝܬܐ ܕܟܠ ܚܕ. ܘܡܬܐܡܪ̈ܢܘܬܐ ܕܒܢܝܐ ܘܫܪܒܐ ܀

* f. 105 rº.

ܘܟܕ ܗܿܘܐ ܡܠܟܐ ܩܘܣܛܢܛܝܢܘܣ *ܒܐܪܛܝܐ[1] ܫܩܠ ܛܒܥܐ ܕܣܝܪ ܠܪܘܡܝܐ ܡܢ ܒܒܘܬܐ ܕܛܪܘܝܐ. ܘܡܬܬܪܝܐ ܗܿܘܐ ܕܒܐܝܕܐ ܦܪܘܣܐ ܢܪܒܡ ܠܛܪܘܝܐ. ܘܒܐܝܕܐ ܐܠܗܐ ܢܩܪܐ ܠܒܘܪܝܢ ܕܢܒܪܝܢܘܗܝ ܘܗܿܘ ܢܣܒܪ ܠܗ. ܘܡܢ ܕܢܦܩ ܒܢܡ ܪ̈ܘܡܝܐ ܒܢܘܡܘܗ ܒܢܝܐ ܕܡܫܡܫܐ ܒܗ ܓ̇ܪ، ܘܡܟܐ ܠܡܪܢ ܒܝܕ ܒܫܡܫܐ ܘܒܢܝܐ ܐܣܛܘܢܐ ܕܢܘܗܪܐ ܒܐܣܡܟܬܐ ܕܓ̈ܠܝܢܐ ܘܟܬܝܒ ܒܠܘܗܝ، ܕܒܗܢܐ ܢܨܚܐ ܙܟܐ ܐܢܬ. ܘܗܿܘ ܒܪ ܒܢܝܐ ܫܓ̇ܐܠ ܠܐܠܗܐ ܕܒܒܢܘ ܕܐܢ ܐܦ ܗܿܢܘܢ ܢܚܢܢ. ܘܗܿܢܘܢ ܐܡܪܘܗܝ، ܕܒܢܝܢ: ܘܫܒܪܘܗܝ، ܠܡܠܟܐ ܘܛܒ ܚܕܝ. ܘܡܢ ܒܠܝܠܝܐ ܒܢܐ ܠܡܫܝܚܐ ܕܐܡܪ ܠܗ: ܕܒܒܪ ܠܝ ܢܨܚܐ ܒܪܒܘܬ ܗܢܐ: ܘܡܢ ܙܟܐ ܐܢܬ. ܘܒܪ ܒܒܪ ܘܓܒܐ ܒܒ̇ܪ ܘܗܢܒܢ ܀

ܘܒܪ ܐܬܬܚܝܡ ܐܪܝܘܣ ܡܢ ܐܠܟܣܢܕܪܘܣ ܫܒܪ ܡܠܟܐ ܠܗܘܣܝܘܣ[2] ܒܒܪܐ ܡܛܪܐ ܒܐܦܣܩܘ″ ܠܐܠܟܣܢܕܪܝܐ. ܕܢܚܙܐ ܬܪܥܘܬܐ ܒܝܬ ܐܠܟܣܢܕܪܘܣ ܠܒܠܝܗܘܢ ܐܦܣܩܦܐ ܕܒܡܪ̈ܝܢ ܘܒܠܐܘܡܝܐ[3] ܕܢܪܒ ܡܢܣܘܗܝ ܠܒܐܐ. ܘܐܚܪܡܘܗܝ، ܠܐܪܝܘܣ. ܘܒܬܒܘ ܠܡܒܝܢܐ

*f. 105 vº.

*ܘܐܘܕܥܘ ܕܡܢ ܒܬܪ ܕܐܚܪܡܘܗܝ ܐܢܘܢ ܗܠܝܢ ܕܒܢܝܬ ܐܘܣܒܝܘܣ ܡܥܠܐ ܐܢܘܢ ܀

[1] Sic ms.; legendum ܒܐܪܛܝܐ (?). — [2] Ms.: ܒܗܘܣܝܘܣ. — [3] Ms.: ܒܐܘܡܝܐ.

ܘܒܪ ܫܢܝܢ ܕܠܟܐ ܗܠܝܢ ܫܒܥܝܢܐ. ܒܫܢܬܐ ܦܩܕ ܒܟܠ ܕܬܬܟܢܫ ܣܘܢܗܕܘܣ ܬܒܝܠܝܬܐ. ܘܐܬܟܢܫܘ ܘܐܬܘ ܡܢ ܟܠ ܐܬܪܘܢ ܐܦܝܣܩܘܦܐ ܕܡܠܝܢ ܒܚܝܠܗܘܢ ܠܬܪܝܢ ܐܠܦܝܢ ܘܐܪܒܥܝܢ ܘܬܡܢܝܐ. ܒܪܡ ܕܝܢ ܣܛܪ ܡܢ ܬܠܬܡܐܐ ܘܬܡܢܬܥܣܪ ܠܐ ܐܫܬܟܚܘ ܒܗܘܢ ܕܢܩܒܠܘܢ ܠܐܓܪܬܗ ܕܐܠܟܣܢܕܪܘܣ ܕܐܘܪܫܠܡ. ܐܦ ܗܠܝܢ ܫܘܐܠܬ ܐܚܪܡܘ ܠܐܪܝܘܣ. ܐܦ ܠܐܘܣܒܝܘܣ ܕܢܝܩܘܡܕܝܐ. ܘܠܬܐܘܓܢܝܣ[1] ܕܢܝܩܝܐ. ܘܠܡܪܝ ܕܟܠܩܕܘܢܐ. ܘܠܬܐܘܢܐ ܕܡܪܡܪܝܩܐ. ܘܠܣܩܘܢܕܘܣ ܕܒܪܩܐ[2]. ܒܪܡ ܐܝܬܝܐ ܕܐܬܝܗܒܘ ܠܗܘܢ. ܘܗܕܐ ܗܘܬ ܒܫܢܬ ܫܬܡܐܐ ܘܬܠܬܝܢ ܘܫܬ ܕܝܘܢܝܐ ܒܝܪܚ ܐܝܪ ܒܥܣܪܝܢ ܒܗ. ܘܐܝܬܘܗܝ ܗܘܐ ܐܦܝܣܩܘܦܐ ܕܐܠܟܣܢܕܪܝܐ ܒܗܘ ܙܒܢܐ ܐܠܟܣܢܕܪܘܣ. ܘܕܩܘܣܛܢܛܝܢܦܘܠܝ[ܣ] ܐܠܟܣܢܕܪܘܣ. ܘܗܘ ܕܪܗܘܡܐ ⌝ܐܘ ܣܝܠܒܣܛܪܘܣ[3] ܐܘ ܝܘܠܝܘܣ. ܘܕܐܢܛܝܘܟܝ, ܐܘܣܛܛܝܘܣ ܪܒܐ ܘܪܫܐ ܕܣܘܢܗܕܘܣ. ܘܕܐܘܪܫܠܡ *ܡܩܪܝܣ ܘܫܡܫܗ ܕܐܠܟܣܢܕܪܘܣ ܕܫܕܪܗ ܒܟܢܫܐ ܗܢܐ ܐܬܢܐܣܝܘܣ ܕܒܬܪ ܟܢ. ܘܙܟܗ ܡܛܠܬܗܘܢ, ܒܚܟܡܐ ܐܪܬܕܘܟܣܝܐ ܀ *f. 106 r°.

ܘܬܘܒ ܢܦܠ ܐܪܝܘܣ ܘܐܬܡܣܟܠ ܐܝܟ ܬܫܒܝܚܬܐ ܘܒܝܠ̈ܘܬܗܘܢ ܕܡܕܝ̈ܢܬܐ ܟܕܪ, ܢܩܘܒ ܘܟܕܪ, ܐܠܟܣܢܕܪܘܣ ܕܫܒܩ ܐܠܗܐ ܒܨܠܘܬܐ ܕܐܬܚܢܢܗ. ܟܕ ܐܬܐ ܐܪܝܘܣ ܕܢܥܘܠ ܒܨܠܘܬ ܠܥܕܬܐ. ܟܠ ܒܗ ܐܬܪܐ ܢܦܠ ܘܡܝܬ ܕܐܫܬܒܩ ܘܢܦܠ. ܗܘܝܢ ܦܩܥ ܡܥ̈ܘܗܝ, ܥܡ ܬܘܒܠܬܗ ܢܦܩܝ ܗܘܘ. ܘܕܝܢܐ ܡܪܝܪܐ ܘܡܘܬܐ ܕܚܠܝܐ ܕܣܘܪܕܐ ܕܠܪܘܫܥܗ ܫܘܝܐ ܩܒܠ ܀

ܘܡܢ ܒܬܪ ܐܠܟܣܢܕܪܘܣ ܐܬܢܣܝܘܣ ܒܕܘܟܬܗ ܩܡ. ܒܗ ܒܙܒܢܐ ܐܬܟܢܫܬ ܣܘܢܗܕܘܣ ܒܐܢܛܝܘܟܝܐ. ܒܥܒܫܘ ܗܢܘܢ ܕܒܬܪ ܐܘܣܒܝܘܣ ܕܢܝܩܘܡܕܝܐ. ܘܠܐܘܣܛܛܝܘܣ ܪܒܐ ܟܕ ܣܘܦܢ̈ܝܐ ܕܬܒܥܘ ܥܠܘܗܝ, ܠܐܒܣܘܪܝܐ ܕܢܒܝܫܘ.

[1] Sic ms. — [2] Ms. : ܒܪܩܐ. — [3] Ms. : ܐܘܣܒܣܛܪܘܣ.

ܘܫܠܡܘܢܐ ܪܒܐ ܘܐܣܛܦܢܘܣ ܒܒܠܘܗ̇ ܡܕܝܢܬܐ. ܡܛܠ ܢܝܚܐ ܐܘܣܛܬܝܘܣ ܗܘܐ. ܘܐܪ̈ܝܐ ܠܐܘܣܒܝܘܣ ܩܣܪܝܐ ܐܝܟ ܡܢ ܕܒܪ ܪܚܝܡܘ̈ܗܝ ܐܝܬܘܗܝ ܕܝܬܘ̈ܝ ܠܡܕܝܢܬܐ ܢܓܗ. *ܫܪܒܗ ܕܒܪܒܐ ܠܩܕܝܫܐ ܐܘܣܛܬܝܘܣ ܕܢܦܩܘ̈ܝ ܡܬܒܬܫܝܢ ܗܘܘ. ܐܠܘ ܠܐ ܕܡܠܟܐ ܠܫܠܘܡܐ ܫܒܩܘ. ܘܐܘܣܒܝܘܣ ܐܫܬܐܠ ܡܢ ܕܢܐܬܐ. ܘܡܠܟܐ ܫܒܩܝܗ̇ ܒܕ ܐܡܪ ܕܠܘ ܕܢܕܐ ܡܕܝܢܬܐ ܫܪܘܐ ܕܢܗܘܐ ܐܦܝܣܩܘܦܐ ܐܠܐ ܕܬܒܝܠ ܟܠܗ̇. ܐܘܣܛܬܝܘܣ ܠܡܕܝܢܬܗ ܐܬܦܢܝ ܕܢܐܙܠ ܘܬܡܢ ܢܩܒܪ. ܗܪܟܐ ܐܝܟ ܡܢ ܕܫܠܡܐ ܗܘ ܡܠܟܐ ܕܠܐ ܒܢܝܢ ܕܝܢܗ ܕܓܒܪܐ ܕܐܝܟ ܗܢܐ. ܡܒܛܠܢܐ ܕܗܪܣܝܣ ܕܐܪ̈ܝܐ. ܘܪܫܐ ܕܗܝܡܢܘܬܗ ܕܢܝܩܝܐ:·

*f. 106 v°.

ܘܒܕ ܙܒܢܐ ܕܬܡܢܐ ܫܢ̈ܝܢ ܦܫ ܒܩܘܪܣܝܐ ܕܐܢܛܝܘܟܝܐ ܕܠܐ ܐܦܝܣܩܘܦܐ. ܒܝ̈ܘ ܓܒܗ ܕܐܪ̈ܝܘܣ ܠܐܦܪܘܢܝܘܣ[1] ܬܡܢ ܒܓܒܗ:·

ܘܒܕ ܐܪ̈ܝܐ ܠܐܬܢܣܝܘܣ ܡܛܪܕܝܢ ܗܘܘ. ܦܓܕ ܬܘܒ ܡܠܟܐ ܕܢܗܘܘܢ ܒܛܠܐܘܪܘܣ[2] ܬܬܒܥܫ. ܘܬܒܥܝܢ ܗܠܝܢ ܕܐܬܢܣܝܘܣ. [ܘ]ܐܬܢܣܝܘܣ[3] ܒܠܗܘܢ ܘܒܝܐ ܐܬܢܝܚ. ܘܬܘܒ ܐܪ̈ܝܐ ܠܘܬ ܡܠܟܐ ܐܙܠܘ. ܘܩܛܪ̈ܓܐ ܣܓܝ̈ܐܐ ܥܠ ܐܬܢܣܝܘܣ ܩܕܡ ܡܠܟܐ ܪ̈ܡܘ. ܕܒܪܟܐ ܕܐܬܢܣܝܘܣ ܒܐܠܟܣܢܕܪܝܐ ܐܝܬܘܗܝ ܬܘܕܝܬܐ ܕܐܪ̈ܝܘܣ ܠܐ ܡܩܒܠܐ:·

ܒܪܡ ܘܡܢ ܒܬܪ ܕܡܝܬ ܡܠܟܐ. *ܡܝܬ ܐܘܣܒܝܘܣ ܩܣܪܝܐ. ܐܩܩܝܘܣ ܬܠܡܝܕܗ ܒܕܘܟܬܗ ܩܡ.

*f. 107 r°.

ܐܦ ܐܠܟܣܢܕܪܘܣ ܐܦܝܣܩܘܦܐ ܕܩܘܣܛܢܛܝܢܘܦܘܠܝܣ[4]. ܡܢ ܒܬܪ ܕܕܒܪ ܒܕܬܐ ܒܫܢ̈ܝܢ ܘܬܠ̈ܬܝܢ ܫܢ̈ܝܢ ܫܒܩ: ܘܒܠ ܦܘܠܐ[5] ܘܒܠ ܡܩܕܘܢܝܘܣ ܢܣܒܐ ܕܐܦܝܣܩܘܦܘܬܐ ܫܒܩܘ. ܒܪ ܦܘܠܐ ܐܝܬܘܗܝ، ܗܘܐ ܡܫܝܚܐ ܕܒܕܬܐ ܠܒܪܐ ܪܒܐ ܒܕܝܘܬܐ ܘܡܘܠܦܢܐ. ܡܩܕܘܢܝܘܣ ܠܦܘܠܐ ܡܢ

[1] Sic ms. — [2] Ms. : ܒܛܠܐܘܪܘܣ. — [3] ܘ deest in ms. — [4] Sic ms. — [5] Hic habet cod. voces : ܠܦܘܠܘܣ ܗܘܐ ܡܫܡܫܐ; sed delendae sunt.

ܐܦܣܩܘܦܘܬܐ ܕܝܠܗ. ܘܠܐܘܣܛܝܢܘܣ ܕܢܨܝܒܝܢܐ ܗܘ̇ ܗܘ ܪ̈ܫܝܥܐ ܟܡܝܢ ܪܘܫܥܗ ܕܐܪܝܘܣ ܐܝܬ݁ ܘܩܡ ܒܙܒܢܬܗ. ܘܗܝܡܢܘܬܐ ܐܫܪܬܐ ܫܠܡ ܕܢܝܩܝܐ ܕܬܠܬܡܐܝܢ ܚܒܕ.:.

ܬܘܒ ܒܫܢܬ ܫܒܥܡܐܐ ܠܒܘܬܗ ܕܐܒܘܗܝ ܕܡܠܟܐ ܗܘܢܘܪܝܘܣ ܓܝܣܐ ܒܗܪ̈ܛܝܩܐ ܒܡܕܝܢܬܐ ܕܐܠܟܣܢܕܪܝܐ. ܘܐܝܬ ܗܘܐ ܒܗ̇ ܐܦ ܐܢܫܐ ܢ̈ܟܦܐ ܒܒܝܢܘܫܝܐ ܗܘ. ܐܝܟ ܢܠܝܘܣ ܕܪܗܘܡܝܐ. ܘܦܘܠܐ ܕܣܡܘܣܛܛܝܢܘܣ[1]. ܘܐܬܢܣܝܘܣ ܕܐܠܟܣܢܕܪܝܐ ܘܓܪܒܐ ܕܐܢܛܝܟܝܐ. ܘܐܕܡܐ ܠܗܘܢ ܕܢܬܬܘܢ ܠܐܬܢܣܝܘܣ ܘܦܘܠܐ. ܘܠܡܛܪܘܠܐ ܕܢܣܘܪܐ[2]. ܒܗ̇ ܗܝ ܡܕܝܢܬ ܗܕܪ ܗܠܝܢ ܕܒܠܘܗܝ *ܘܡܩܘܠܐ ܗܘܐ ܕܝܘܚܢܢ ܗܝܡܢܘܬܐ ܕܢܝܩܝܐ ܢܛܪܘ.:. * f. 107 v°.

ܒܗ̇ ܕܝܢ ܫܢܬܐ ܣܘܣܛܛܝܢܘܣ (ܡܠܟ)[3] ܕܢܦܩܐ ܒܥܕܬܐ ܕܐܢܛܝܟܝܐ ܘܫܒܩܗ ܘܠܐ ܫܠܡܗ̇ ܫܟܠܠܗ̇ ܣܘܣܛܛܝܢܘܣ ܒܪܗ. ܐܘܣܒܝܘܣ ܕܝܢ ܒܢܝܫ ܗܘܢܘܪܝܘܣ ܒܐܢܛܝܟܝܐ ܒܠܬ ܡܘܕܫܐ ܕܒܕܬܐ. ܘܒܠ ܒܐܦ̈ܝܢ ܟܢܝܫ ܗܘ̣ܐ ܕܢܡܝܩ ܗܝܡܢܘܬܐ ܕܐܪܝܘܣ. ܘܗܘ̣ܐ ܫܪܘܩܫܢܐ ܒܟܢܘܫܬܐ.:.

ܘܒܗ̇ ܢܦܩ ܡܠܟܐ ܕܦܪܣܐ ܡܛܠ ܦܘܠܐ ܘܡܩܕܘܢܝܐ. ܚܬܒ ܠܗܘܦܪܟܐ ܕܢܦܪܕܘܢܗ, ܠܦܘܠܐ. ܗܝܐ ܒܗ̇ ܕܢܒܠ ܡܕܝܢܬܐ ܒܒܕ. ܘܐܝܟ ܕܐܣܬܪܐ ܠܦܘܠܐ ܠܘܬܗ ܡܢܐ ܘܠܬܠܬܐ ܕܡܠܟܐ ܝܘ ܠܗ. ܐܦܣܩܘܦܐ ܕܡܕܝܢܬܐ ܦܬܐ ܦ̇ܠܒ ܒܠܗܘܢ, ܚܙܐ ܕܢܝܐ ܕܠܐ ܒܐܝܘܬܐ. ܗܘܦܪܟܐ ܗܬܪ ܕܒܬܐ ܘܫܒܗܘܢ, ܠܦܘܠܐ ܘܐܪܒܝܘܗܝ, ܒܐܠܦܐ ܘܢܝܫܘܗܝ, ܒܝܢܒܐ. ܘܐܙܕܝܚ ܒܡܩܕܘܢܝܘܣ ܒܡܪܘܒܐ. ܘܗ̈ܡܘܢܝܐ ܒܗ̇ ܒܛܝܒܝܢ ܘܐܬܝ̈ܢ ܠܒܕܬܐ. ܘܗ̇ܘܐ ܘܚܦܐ ܒܝܬ ܒܒܟܐ ܠ̈ܗܡܘܢܝܐ. ܘܡܒܟܪ ܗ̈ܡܘܢܝܐ ܕܠܬܒܘܫܬܐ ܒܚܠܒ ܒܒܟܐ: ܘܡܫܒܛܐ ܣ̈ܦܦܐ. ܘܐܬܩܛܠܘ ܬܠܬܐ ܐܠܦ̈ܝܢ ܘܒܐܐ ܘܫܒܥܝܢ ܠܒܢ̈ܝܢ ܒܗܠܝܢ ܡܬ̈ܒܐ. ܘܐܫܒ *ܕܒܟܐ. * f. 108 r°.

[1] Sic ms. — [2] Sic ms.; lege : ܐܝܣܘܪܐ. — [3] Deest in cod.

ܠܒܒܗ ܒܪ̈ܬܐ ܡܪ̈ܝܡܬܐ. ܒܟܠܗ ܒܢܡܘܣܐ ܐܚܪܢܐ ܒܡܫܝܚܘܬܗܘܢ. ܒܪ ܡܢܝܢ ܕܠܚܡܐ. ܘܡܫܝ̈ܚܐ ܬܠܬܐ ܡܫܚܗ ܒܪ ܕܬܬܒܪܟܝܢ ܒܡܫܒܚܬܐ ܘܡܘܬܒܠܐ ܡܫܢ̈ܝܐܐ ܒܗܘܢ ܒܟܒܪܘ.

ܘܬܘܒ ܒܟܒܪܘ ܒܢܡܘܣܐ ܒܐܪܡܢܝܘܣ. ܐܬܒܥܝܘ ܒܒ̈ܢܝ ܡܕܝܢܬܐ ܘܐܡܝܪܗ ܗܘ ܕܐܪܥܗܘܢ. ܘܒܠܚܘܕ ܦܠܓ ܕܠܒܪ̈ܬܐ ܕܐܬܢܓܝܐ ܢܬܬܪ. ܘܒܠܚܝܢ ܕܠܐ ܒܡܒܠ ܢܬܢܓܪ. ܘܠܒܢ̈ܝܗܘܢ ܕܠܐ ܫܠܡ ܠܐܒܗܘܪܝܐ ܢܫܬܪܐ. ܘܐܬܬܗܡ ܚܪ ܐܪܡܘܢܝܐ ܕܒܬܗ.

ܬܘܒ ܐܚܪ̈ܬܐ ܡܘܢܗܕܘܢ ܐܬܒܥܝܬ ܒܡܠܘܡܝܐ ܕܐܡܘܪܝܐ. ܘܒܪ ܠܫܪ̈ܟܐ ܫܠܒܗ. ܒܗ̇ ܐܬܒܠܥܘ ܠܗܬ ܒܠܚܐ. ܗܠܝܢ ܕܒܥܬ ܐܡܡܘܢ ܘܐܡܘܪܒܡܘܢ[1] ܘܡܘܪܒܗܘܢ، ܡܕ̈ܝܢܐ ܕܡܘܢܗܕܘܢ ܐܒܠܘ. ܗ̇ܘ ܡܘܢܗܕܘܢ ܠܗܠܝܢ ܒܫܪ̈ܟܐ ܒܒܪܬ. ܘܒܠ ܚܕܐ ܚܕܐ ܒܢܘܗܝܢ ܡܫܪ̈ܟܐ ܕܡܒܒܘܬܐ ܡܒܒܬ ܘܚܕܐ ܠܚܒܪܬܗ̇ ܠܐ ܫܠܒܬ. ܬܒܘܢܐ ܚܢܪ ܡܫܪ̈ܟܐ ܡܒܒܗ ܡܛܪ ܒܢ ܗ̇ܘ ܕܢܡܘܣܐ. ܠܐܘܡܛܘܗ ܕܡܐܒܡܛܐ ܘܠܒܡܫܠܘܗ ܕܐܡܘܪܝܐ[2] ܘܠܡܠܘܗܘܢ ܕܛܪܡܘܗ. ܒܗܢ ܒܡܪܐ ܐܚܪ̈ܢܐ ܐܢܫ̈ܐ ܢܪ̈ܒܐ. *ܒܡܗ̇ ܒܢܡܘܣܐ ܐܬܬܚܪ̈ܒܘ ܒܢ ܦܡܪܝܘܢ ܒܠܚܐ. f. 108 v°. ܘܗܠܝܢ ܐܝܟ ܕܝܘܡ ܬܐܕܘܪܘܢ ܒܦܫܡܛܐ ܕܟܠܝ. ܕܒܠܗܘܢ ܗܠܝܢ ܫܪ̈ܪܐ ܗܘܘ ܡܛܪ ܒܢ ܒܡܕܘܡܘܢ. ܐܝܟ ܒܬܒܪܠ ܒܗܘܢ ܗܢܐ ܢܐܘܡܛܐ ܒܕܠܐ ܢܪܒ ܠܗܘܢ.:܀

ܐܬܘܡܘܢ ܒܚܪ ܒܢ ܪ̈ܒܢܐ ܒܪ ܪܕܦܝܢ ܠܗ ܫܦܪ ܒܐܬܦܐ ܒܠܗܘܢ ܕܢܐܙܠ ܠܒܢܝܢ. ܘܒܪ ܫܒܩ ܕܡܢܒܝܢ ܐܝܠܝܢ ܕܪܕܦܝܢ ܠܗ. ܐܡܪ ܠܗܠܝܢ ܕܒܒܗ ܢܗܦܟܘܢ ܠܐܘܪܚܗܘܢ. ܘܒܪ ܗܢܘܢ ܐܚܪ̈ܢܝܢ ܗܘܘ ܕܠܒܪܒܢܐ ܢܪ̈ܘܡ. ܗ̇ܘ ܒܦܘܡ ܗܘܐ ܕܠܡܒܠ ܪ̈ܘܦܐ ܢܗܦܘܟ. ܘܒܢ ܕܗܦܟܘ ܘܦܠܓܘ ܒܫܪ̈ܒܐ. ܒܡܫܐܠܝܢ ܗܘܘ ܠܗܘܢ ܕܐܢ ܡܢܒ ܐܬܘܡܘܢ. ܗܢܘܢ ܕܝܢ ܐܡܪܘ ܠܗ ܡܛܠ

[1] Ms. : ܐܡܘܪܒܡܘܢ. — [2] Sic ms.; lege : ܐܡܘܪܝܐ; cf. p. 374, n. 2.

ܢܣܒ ܒܝܕܗܘܢ. ܐܠܐ ܡܠܠܐܝܬ ܡܕܒܪܝܢ ܐܢܬܘܢ ܠܗ. ܘܟܕ ܗܢܘܢ ܐܬܝܠܕܘ ܒܝܕܗܘܢ ܢܕܒܪܢ ܗܘܘ ܒܬܪܗ. ܐܬܚܫܒܘ ܟܠ ܠܐܠܗܘܬܐ ܘܐܦ ܢܦܫܗ. ܘܟܝܢܐܝܬ ܐܚܪܬܐ ܒܡܕܝܢܬܐ ܕܐܒܗ̈ܘܗܝ ܦܫܐ ܘܒܝܬܐ ܡܫܟܢܐ ܀

ܬܘܒ ܗܟܢܐ ܦܠܓܐ ܒܝܬ ܡܠܟܘܬܗ ܠܦܠܓܐ ܘܒܝܪܬܐ[1] ܐܘܕܥܡ ܒܢܘܗܪܐ ܠܡܠܟܘܬܗ. ܗܟܢܐ ܕܝܢ ܕܡܠܟܝ ܬܐܘܕܘܣܝܘܣ ܒܪܝܪ ܡܢ ܢܘܡܝܬܐ *[f. 109 r°.] ܒܢܝܐ ܒܝܠܕܘܬܗ ܠܡܠܟܘܬܗ ܒܪ ܡܒܠܓ ܠܗ ܐܘܓܠܐ ܕܡܠܟܘܬܐ ܘܦܐܝܣ ܠܗ ܒܠܠܐ. ܘܡܢ ܕܦܫܐ ܒܝܢܘܬܐ ܡܢ ܗ̇ܘ ܡܪܢܐ[2] ܕܫܕܪܗ ܠܐܓܪܝܘܣ ܐܟܠܝܒܗ ܒܝܕܗ ܒܫܬܡܫܬܐ ܒܝܬܗ ܐܚܪ. ܘܡܢ ܕܗܟܢܐ ܡܠܟܐ ܦܩܕ ܕܢܬܒܢܘܢ ܐܦܣܩܘܦܐ ܐܪܬܕܘܟܣܐ ܕܫܠܓܝܗ ܢܫܟܘܢ ܠܡܣܓܝܐܘܬܐ[3]. ܘܡܢ ܕܒܠܗ ܐܦܣܩܘܦܐ ܠܒܝܬܐ ܕܡܠܟܘܬܐ ܦܩܕ ܕܠܐ ܐܢܫ ܢܚܘܐ ܠܡܠܟܘܬܗ. ܘܡܢ ܕܒܪ ܡܠܟܐ ܒܠܗܘܢ ܐܫܬܘܕܝܘ ܡܢ ܚܝܘܐ ܕܒܝܬܐ. ܘܪܗܛ ܘܢܦܫ ܐܢ̈ܫܘܗܝ ܘܚܝ̈ܘܗܝ ܘܒܢ̈ܝܗܘܗܝ. ܘܐܡܪ ܠܗ ܟܠ ܚܝܘܐ ܀

ܒܗܝܐ ܕܝܢܐ ܗܟܢܐ ܐܟܪܙܘܗܝ. ܗܘ̣ ܒܠܚܘܕ ܠܡܠܟܐ ܕܟܠ ܡܠܟܐ ܕܐܒܕ: ܘܡܠܟܐ ܦܠܓ ܥܦܪ ܠܒܠܝܐ ܐܝܟ ܕܐܡܪܐ ܀

ܬܘܒ ܗܟܢܐ ܦܠܓܐ ܒܝܬ ܦܠܘܓܐ ܠܕܡܘܬܗܘܢ. ܘܦܩܕ ܡܠܟܐ ܕܐܝܠܝܢ ܢܬܪܒܐ ܠܕܡܘܬܗܘܢ. ܘܦܠܘܓܐ ܦܝܪܝ ܠܡܠܟܐ. ܐܝܟܢ ܕܒܟܠ ܗܝܡܢܘܬܗ ܕܠܐ ܫܠܡܐ ܠܫܠܝܚܐ. ܐܘ ܕܡܢܝ ܕܠܐ ܫܘܚܡ ܠܐܦܝܣܩܘܦܘܬܐ: ܠܗܘܢ ܠܡܬܪܓܡܘ ܒܡܘܬܒ ܐܝܢܐ ܕܝܢ. ܘܡܫܡܫ ܐܢܐ ܟܠ ܕܡܬܚܫܒ ܟܠܗ. ܐܢ ܕܝܢ ܡܬܠܠ *[f. 109 v°] ܒܦܘܪܫܢܐ ܘܪܫܝܡܬܐ ܡܬܚܫܒܝܢ. ܠܐ ܕܐܢ ܐܢܐ ܘܠܐ ܡܬܚܫܒܐ ܐܢܐ. ܠܡܠܟܢ.. ܕܢܟܝܠܘܬܢ.. ܥܠܝܗ̇. ܡܠܟܐ ܒܪ ܐܬܬܝܗ̇ ܒܗܠܝܢ ܥܠܝܗ̇ ܒܫܠܡܐ ܀

[1] Ms. : ܐܒܪܫܬܐ. — [2] Ms. cum puncto post vocem. — [3] Sic ms.

ܒܗܢܐ ܕܝܢܐ ܗܘܐ ܡܪܝ ܢܣܛܘܪܝܣ. ܗܢܐ ܬܠܡܝܕܐ ܗܘܐ ܕܬܐܕܘܪܘܣ ܒܦܘܫܩܢܐ. ܗܢܐ ܗܘܐ ܡܠܦܢܐ ܒܐܢܛܝܘܟܝ ܘܐܬܡܛܝܗ ܦܛܪܝܪܟܐ ܠܩܘܣܛܢܛܝܢܝܘܣ[1]. ܘܐܬܘܗܝ (ܗܘܐ)[2] ܓܒܪܐ ܒܒܢ̈ܝܐ ܡܫܦܪܐ. ܘܡܠܐ ܠܡܠܐ ܕܕܠܡܘܡܠܐ ܘܬܠܬܠܐ ܡܢ ܒܢ̈ܬܐ. ܘܐܫܪܝ ܠܕܝ̈ܢܐ ܕܢܠܕܝܢ ܒܟܬ̈ܒܐ ܘܡܫܘ̈ܩܐ[3] ܘܐܫܪܝܗ ܕܡܟܬܒܬܐ ܕܐܪ̈ܝܘܣܐ. ܘܗܠܝܢ ܗܘܐ ܒܚܝܠܘܗܝ ܐܢ̈ܫܐ ܒܬܪ ܡܠܟܐ ܘܡܠܠܗ ܒܗ. ܘܐܚܬܗ ܕܡܠܟܐ ܕܒܬܘܠܬܐ ܗܘܬ ܘܐܝܬ ܗܘܐ ܠܗ̇ ܒܥܝܐ ܕܬܐܟܘܠ ܥܡ ܦܛܪܝܪܟܐ ܝܘܡ ܚܕܒܫܒܐ ܒܬܪ ܐܪ̈ܙܐ. ܘܗܘ ܟܠܗ̇. ܘܐܝܬ ܗܘܐ ܠܗ̇ ܪܘܚܬܐ ܥܡ ܡܕܒܪܢܐ ܘܠܚܫܗ̇[4]. ܘܡܟܐܠܬܐ ܗܘܬ ܠܡܕܒܪܢܐ ܡܢ ܡܕܡ ܒܡܠܟܐ ܐܚܘܗ̇ ܘܐܦ ܡܢ ܗܕܐ ܟܠܗ̇. ܦܫ ܠܒܗ̇[5] ܘܢܣܒܬ ܠܡܠܟܐ ܐܚܘܗ̇.

ܘܒܗܘܢ ܒܝܘ̈ܡܬܐ ܚܕ ܡܫܡܫܢܐ ܕܒܕܝܬܐ ܒܒܝܬ ܡܪܬܘܬܐ ܘܐܡܪ ܕܡܪܝܡ ܒܪܝܫܐ ܠܡܠܟܬܐ. ܘܗܘ ܦܛܪܝܪܟܐ ܐܡܪ ܠܗ ܠܐ ܐܫܬܒܩ *ܕܠܡܠܟܬܐ ܒܪܝܫܐ ܐܝܟ ܕܒܗܕܐ ܦܠܐ ܕܡܫܝܚܐ ܒܪܝܫܐ ܗܘ ܫܡܝܕܐ. ܘܠܐ ܐܠܗܐ ܝܠܕܬ ܐܝܟ ܕܒܗܕܐ ܐܦܘܠܝܢܪܝܘܣ. ܐܠܐ ܐܫܬܝܢ ܝܠܕܬ ܒܡܫܝܚܐ ܐܠܗܐ ܘܒܪܝܫܐ. ܘܟܕ ܐܡܪ ܗܠܝܢ ܟܠ ܕܗܘܐ ܬܡܢ ܡܫܬܪܝܬ ܠܗ ܗܕܐ. ܘܐܝܬܝ ܒܬܪ ܗܠܝܢ ܡܗܝܡܢܘܬܐ ܡܢ ܐܦܝܠܝܘܣ ܘܐܣܛܪ̈ܬܐ ܕܦܘܠܘܣ. ܡܬܠܘܣ ܒܪ ܒܝܬܐ ܕܐܚܬܗ ܕܡܠܟܐ ܘܡܠܟܐ ܦܫ ܠܒܗܘܢ ܡܢܐܬܐ ܕܦܛܪܝܪܟܐ. ܒܗܝ ܡܫܝܪܐ ܕܠܐ ܗܟܐ ܠܡܠܟܐ ܘܠܐܚܬܗ ܘܠܐܦܣܩܘ̈ܦܐ ܡܫܒ̈ܠܐ ܘܠܥ̈ܡܐ ܕܡܠܟܘܬܐ. ܘܒܝܕܗ ܕܠܡܘܡܠܐ ܟܠ ܢܣܛܘܪܝܣ. ܘܗܕܐ ܗܢܐܬܐ ܗܘܬ ܕܡܘܠܐ ܠܘܪܐ ܟܠ ܕܐܗܦܟ ܗܘ ܢܣܛܘܪܝܣ ܠܚܪ̈ܬܐ ܕܢܐܚܝܘܗܝ ܦܘܡܐ

* f. 110 r°.

[1] Sic ms. — [2] Deest in ms. — [3] Ms. : ܘܡܫܘܚܩܐ. — [4] Ms. : ″ܠܚܡ. — [5] Haec locutio hucusque nonnisi in hoc documento inventa est, et quidem bis (cf. p. 378, l. 11), unde suspicio erroris amovetur (cf. tamen infra, l. 22). Maris (Gismondi, *De patriarchis Nestor. comm.*, p. 34), qui eadem fere verbatim recitat, ait فصعب عليها «et molestum ei fuit».

ܕܕܡܘܬܐ. ܘܡܨܒܪ ܐܢܘܢ. ܘܓܠܐ ܠܢܫ̈ܐ ܕܪ̈ܓܝܓܝܢ ܗ̈ܘܘ ܟܠܠܐ ܒܢܬ ܠܒܢ̈ܬܐ ܠܪܘܚܬܐ: ܘܐܡܪܝܢ ܗ̈ܘܘ ܡܕܪ̈ܫܐ ܘܡܥܢܝܬܐ. ܘܓܠܐ ܕܢܬܚܫܒ ܫܘܒܚܐ ܥܠ ܒܗܘܢܬܐ. ܘܗܠܝܢ ܒܠܗܘܢ ܝܗܒ ܡܘܪܝܘܣ ܫܪܝܐ ܒܠܚܘܕ. ܘܗܘܘ[1] ܫܘܒ̈ܚܐ ܘܩܘܠܠܐ ܘܟܠ ܚܕ ܐܝܟ ܚܝܠܗ. ܘܫܪܝ ܡܠܟܐ ܒܬܪ ܢܘܚ ܦܠܘܢܬܐ ܕܐܝܠܦܘ ܕܝܚܘܪ ܥܠ ܬܪ̈ܝܗܘܢ. ܘܥܕ ܐܬܬܐ ܘܒܪ *ܒܡܫܡܫܢܘܬܗ ܕܫܘܦܪܝܘܣ *f. 110 v°. ܘܒܝܬܗ ܕܡܠܟܐ ܠܕܝܠܢܝܐ. ܘܒܪ ܒܗ ܕܡܘܪܝܘܣ ܘܒܝܬܗ ܒܕܝܐ. ܘܐܙܠ ܠܘܬ ܡܠܟܐ ܘܐܡܪ ܠܗ ܕܠܐ ܙܕܩ ܗܘܐ ܕܢܬܠ ܐܬܪܐ ܠܚܪ̈ܫܐ. ܘܐܦܠܐ ܕܢܬܗܬܪܘܢ ܢܣܛܘܪܝܘܣ. ܘܐܚܪܒܘ ܠܡܘܪܝܘܣ ܘܡܟܒܢܘ. ܗܝܕܝܢ ܚܙܬܗ ܕܡܠܟܬܐ ܕܢܣܒܬ ܗܘܬ ܫܘܒܪܐ ܐܠܠܝܬ ܕܠܐ ܢܥܘܠ ܕܢܦܘܩ ܠܒܝܬܗ ܕܡܘܪܝܘܣ. ܘܢܘܚ ܦܠܘܢܬܐ ܚܙܝ ܠܡܠܟܬܐ ܚܟܝܡܬܐ ܕܡܘܪܝܘܣ. ܘܫܕܪ ܠܒܬܐ ܕܡܘܪܝܘܣ ܕܗܘܘ ܒܚܝܠܐ. ܘܐܡܟܢܘ[2] ܚܕ ܕܪ̈ܬܐ ܗܟܢܐ ܡܢ ܠܒܝܬܗܘܢ ܘܦܪܩܘܢܗܝ ܥܠ ܐܪ̈ܝܬܘܢ ܠܘܬ ܡܠܟܐ. ܘܗܝܐ ܐܡܪ ܠܡܠܟܬܐ ܐܝܟ ܡܢܘܬܐ ܐܝܬ ܠܝ ܫܪ̈ܪܗ ܕܡܘܪܝܘܣ ܘܦܪܩܢܗ ܕܢܣܛܘܪܝܘܣ. ܘܡܠܟܬܐ ܦܩܕ ܠܗ ܕܗܝܐ ܫܡܥܬܐ ܒܪ ܒܗ ܢܘܚ ܦܠܘܢܬܐ ܘܫܪܪܗ ܘܒܬܪ ܒܠܒܘ. ܗܡܢ ܙܠ ܠܝ. ܘܡܪܝ ܢܣܛܘܪܝܘܣ ܥܠ ܠܡܕܒܪܐ ܕܐܘܣܐ. ܘܡܘܪܝܘܣ ܒܕ ܐܬܬܚܝܪ ܥܠ ܠܚܕܐ ܕܪ̈ܬܐ ܕܒܟܪ ܗܘܐ ܒܗ ܕܢܣܛܘܪܝܘܣ. ܐܟܪܙ ܥܠ ܗܝܐ ܕܒܐܝܐ ܘܫܒܩܝܢ ܐܘ ܒܡܪܝܢ ܡܦܝܣ̈ܬܐ[3] ܕܗܘܬܐ ܫܘܒܚܐ ܥܠ ܢܣܛܘܪܝܘܣ ܕܐܦܩܗ ܡܢ ܒܡܪܘܣܗ. ܘܐܟܪܙ *ܒܠܚܘܕ ܕܠܐ ܐܟܠ *f. 111 r°. ܗܘܐ ܐܠܐ ܒܫܢܬܐ ܕܢܘܪ̈ܝܬܐ[4] ܕܚܕ̈ܝܬܐ. ܘܬܪܝܨܠܘܬܐ ܒܠܒܬܐ[5]. ܘܦܩܕ ܥܠ ܗܕܐ ܕܡܬܓܢܝܢ (ܡܢ)[6] ܥܠ ܐܠܦܐ ܚܝ̈ܘܬܐ ܚܕ ܗܘ ܕܢܥܘܠ ܘܗܘܝܢ ܕܠܐ ܢܥܒܕܝܢ ܠܐ ܒܗܕ ܐܢܘܢ ·:·:·:·:·

[1] Ms. : ܗܘܘ. — [2] Ms. : ܘܐܡܟܢ. — [3] Ms. : ܡܦܝܣܬܐ. — [4] Sic ms. Correxit Baumstark apud Goeller ܚܕܝܪܬܐ; sed mihi videtur esse phonetica mutatio vocis ܚܘܕܪܬܐ (*Thes. syr.*, col. 692). — [5] Ms. : ܒܠܒܐ. — [6] Deest in ms.

INDEX TOMI IV.

PARS PRIMA.

PARS SECUNDA.

PARS TERTIA.